Mittelalter

Ritter

Helden

Schlachten

Impressum

Genehmigte Lizenzausgabe für
BuchVertrieb Blank GmbH
Röhrmooser Str. 16-20
D-85256 Vierkirchen
www.buchvertrieb-blank.de

Copyright der Originalausgabe
Mathias Lempertz GmbH, Königswinter
Text und Redaktion: Dr. Klaus Hillingmeier
Satz und Layout: Ralph Handmann
Bilder: bpk Bildagentur für Kunst, Kultur und Geschichte

ISBN 978-3-937501-82-6

Mittelalter

Ritter

Helden

Schlachten

DAS EPOS DER TAUSEND JAHRE

Das Mittelalter wurde im Chaos geboren. Im fünften Jahrhundert n. Chr. war Rom müde und alt geworden. Seine Kraft reichte nicht mehr aus, um sich gegen den Druck der Völkerwanderung zu stemmen. Goten, Franken, Burgunder und Vandalen strömten ins Reich. Neue germanische Königreiche erblühten, wo einst Roms togatragende Statthalter geherrscht hatten.

Einigen dieser Reiche waren nur einige Jahrzehnte beschieden, wie dem Königreich der Vandalen, andere existierten mehre Jahrhunderte wie das Königreich der Westgoten in Spanien. Keine Reichsgründung aber war erfolgreicher als die der Franken. Bereits unter König Clodwig um 500 n. Chr. machtvoll, schmiedete im 8. Jahrhundert Karl der Große aus dem Frankenreich ein europäisches Imperium, das von den Pyrenäen bis zur Elbe reichte.

Im folgenden Jahrhundert erwuchs aus der Erbmasse des karolingischen Imperiums das französische Königreich und das römischen-deutsche Kaiserreich – das christliche Abendland begann Konturen anzunehmen. Mitteleuropa erlebe eine kulturelle Blüte, deren Träger die katholische Kirche war. Im Schatten der Kathedralen siedelte sich wieder städtisches Leben an; in den Bibliotheken der Klöster wurde altes Wissen erhalten und neue Ideen geboren.

Doch diese Welt war gefährdet. Vom Norden fielen Wikinger ein, im Süden plünderten die Reiterhorden der Ungarn und vom Westen bedrohten die Araber die christlichen Königreiche. Was das Abendland brauchte, war eine neue Kämpferelite, die jedem Gegner gewachsen waren: die Ritter.

Diese Kriegerkaste rekrutierte sich aus Kleinadel und ehemals unfreien Dienstmannen. Der Kampf zu Pferde erforderte ständiges Training und der Ritter lernte sein Handwerk von Kindheit an. Seine Ausrüstung stelle ein enormes Kapital da, denn das Eisen für Waffen und Rüstungen war wertvoll und ein durchtrainiertes Schlachtross für normale Menschen ein unerschwinglicher Luxus. Ohne die Kampfkraft der Ritter wäre aus dem Sachsenherrscher Otto I. niemals Kaiser Otto der Große geworden und aus dem Normannenherzog niemals Wilhelm der Eroberer. Es waren die Panzerreiter im Kettenhemd, die auf dem Lechfeld und bei Hastings triumphierten.

Bis ins 13. Jahrhundert sollten die Ritter die Schlachtfelder dominieren und die Fusskämpfer zu Hilfstruppen degradieren. Anders als in den Liedern der Dichter und Minnesänger, lebten diese Männer in einer sehr realen, sehr brutalen Welt. Sie waren harte Berufskrieger, auf dem Schlachtfeld zuhause und stets bereit für die Sache ihres Lehnsherren – gerecht oder ungerecht – zu töten. Und der Krieg war allgegenwärtig: Fürst gegen Fürst, Herzog gegen Herzog, König gegen König.

Immer wieder predigten Mönche und Priester vergeblich den Frieden, bis Papst Urban II. ein Schlachtfeld fand, auf dem die rauen Krieger für die Sache der Kirche kämpfen konnten. 1095 rief er die Fürsten und Ritter der Christenheit auf, das Kreuz zu nehmen und Jerusalem aus den Händen der Heiden zu befreien. Damit begann das größte Epos der Epoche: die Kreuzzüge. Zwei Jahrhunderte kämpften Kreuzfahrer und Moslems um die Vorherrschaft im Heiligen Land und Männer ritten in die Legende: Gottfried von Bouillon, Richard Löwenherz, Ludwig der Heilige.

Eigentlich durfte kein Blut an den Händen der Männer Gottes kleben, doch im Heiligen Land galten andere Regeln. Eine neue Ordensgemeinschaft betrat die historische Bühne, die Mönchtum und Ritterideal miteinander verschmolz: die Templer. Mit dem Segen des Heiligen Bernard von Clairvaux und dem Wohlwollen des Papst schützten sie die Pilgerwege und verteidigten die heiligen Stätten. Das Beispiel dieser Ordensritter war ansteckend. Schon bald griffen auch die Johanniter, ursprünglich der Krankenpflege verpflichtet, zum Schwert. Templer und Johanniter waren die Speerspitze des Königreichs Jerusalem und ihre mächtigen Festungen sein Schild. Doch auch ihr Mut und ihre Disziplin konnten die unabwendbare Niederlage nur verzögern.

Als Saladin die arabischen Welt einigte, war 1187 das Schicksal Jerusalem besiegelt. Was folgte, war ein Jahrhundert verbissener Abwehrkämpfe, bis 1291 Akkon, die letzte Bastion im Heiligen Land fiel. Während die Johanniter weiter im östlichen Mittelmeer gegen den islamischen Feind kämpften, verfiel der Templerorden in eine selbstmörderische Lethargie. Der französische König Philipp der Schöne fürchtete die Macht und den Einfluss des Ordens in seinem Land. In einer brillant vorbereiteten Aktion ließ der König gleichzeitig alle Templer verhaften, um die Gemeinschaft in einem Schauprozess zu zerschlagen. Man schrieb den 13. Oktober 1306 – ein Freitag.

Das 14. Jahrhundert war eine Zeit des Umbruchs: Mit der Pest kam die Apokalypse über die Menschen und die schlimmsten Kapitel der Bibel wurden Realität: Menschen krepierten auf den Straßen, Städte wurden entvölkert und die sozialen Systeme kollabierten. Der Triumph des Todes veränderte das Denken der Menschen so radikal wie ihr Leben. In Italien des 14. Jahrhundert läuteten Petrarca und Boccaccio die Renaissance ein. Gott hatte in der Pest versagt und so erhoben sie nach antikem Vorbild den Menschen zum Maßstab aller Dinge. Und jenseits der Alpen brach ein Gelehrter aus Oxford, John Wyclif, bereits 150 Jahre vor Luther radikal mit Papst und Rom.

Auch der Krieg hatte sein Gesicht verändert. 1415 siegten in der Schlacht von Azincourt 6.000 Engländer über 25.000 Franzosen. Die Blüte der französischen Ritterschaft starb im Pfeilgewitter englischer

Langbogenschützen aus dem einfachen Volk. Der unaufhaltsame Untergang des Rittertums hatte schon lange vor der Ära der Feuerwaffen begonnen.

Je mehr der Stand der Ritter auf den Schlachtfeldern an Bedeutung verlor, desto mehr erblühte die ritterliche Kultur auf den Turnierplätzen. Ursprünglich glichen Turniere kleinen Schlachten, chaotisch und wild. Doch im Spätmittelalter entwickelte sich der Reiterkampf zu einer regelrechten Kunstform: Die Kämpfe folgten einer ausgefeilten Inszenierung und niemals sah man prächtiger geschmückte Pferde und Krieger. Hier feierte sich der Adel und das einfache Volk klatschte begeistert Beifall.

Jenseits der Turnierplätze aber hatte das ritterliche Leben seinen Glanz verloren. Sie waren die großen Verlierer des wirtschaftlichen Wandels: Während die Städte immer reicher und fetter wurden, verarmten die Ritter zunehmend. Für Viele war „legaler Raub" der letzte Ausweg. Unter oft fadenscheinigen Gründen nutzen sie ihr Recht auf Fehde, erklärten einer Stadt den Krieg und plünderten deren Kaufleute aus. 1495 verbot der Ewige Landfrieden diese Praxis. Es war ausgerechnet König Maximilian, der „letzte Ritter", der den Ritter untersagte, ihr Recht in die eigene Hand zu nehmen. Wer sich dem Landfrieden nicht unterwarf, über den wurde – wie im Fall des berühmt-berüchtigten Ritters Götz von Berlichingen – die Reichsacht verhängt

Der Ritter mit der eisernen Hand war ein lebendes Fossil, passte nicht mehr in die Zeit. 1492 hatte Kolumbus die Tore zu einer neuen Welt aufgestoßen, 1509 Kopernikus die Erde aus dem Mittelpunkt des Universum geworfen und 1517 schlug Luther seine 95 Thesen an Schlosskirche zu Wittenberg. Tausend Jahre Mittelalter waren zu Ende, die Morgenröte der Neuzeit leuchtete über Europa.

Was vom Mittelalter blieb, ist mehr als Burgen und Kathedralen, Rüstungen und Schwerter. Das schönste Erbe der Epoche ist nicht aus Stein oder Stahl: Es sind seine Legenden von Männern wie Artus, El Cid oder Richard Löwenherz, es sind seine Ideale von Mut und Minne und es ist die kühne Idee des Rittertums. Vielleicht keine historische Wahrheit, sondern ein ferner Traum – aber gibt es schönere, edlere Träume?

Klaus Hillingmeier

Inhalt

Morgenröte des Rittertums

Die Reiterkrieger

Die Hauptaufgabe der Panzerreiter bestand darin, die gegnerische Kampflinie zu durchbrechen. Kein Problem, dank ihrer Angriffswucht. Und so dominierte die Reiterei jahrhundertelang die Schlachtfelder. Bis dann im Spätmittelalter die Ära der Landsknechte anbrach.

Der Reiter erscheint auf dem Schauplatz der Geschichte als eine neue Menschenrasse von gewaltiger Überlegenheit«, so charakterisierte der Sozialwissenschaftler Alexander Rüstow die epochale Bedeutung des Reiterkriegertums. Die Erfolgsgeschichte begann früh: Bereits im Altertum bildete sich eine militärische Elite, die in Form der Panzerreiter in Erscheinung trat.

Im 6. vorchristlichen Jahrhundert gelang es den Persern unter Kyros II. (559 – 528 v. Chr.) mit Hilfe berittener Bogenschützen, sich der medischen Oberherrschaft zu entledigen. Mit der Einbindung der medischen Oberschicht vollzog sich ein rasanter Aufstieg der iranischen Doppelnation, den Reitern war Dank. Wie wichtig die Manneskünste unter den Persern waren, beweist Dareios I. (521 – 486 v. Chr.): Ebenfalls Großkönig im altpersischen Reich, war er stolz auf seine guten Leistungen als Reiter und Bogenschütze. In seiner Grabinschrift ist zu lesen: »Als Reiter bin ich ein guter Reiter, als Bogner bin ich ein guter Bogner, sowohl zu Fuß als zu Ross, als Lanzenwerfer bin ich ein guter Lanzenwerfer, sowohl zu Fuß als zu Ross.«

Die Perser kämpften vornehmlich mit dem Bogen. Für Mann und Ross verwendeten sie als Schutz lederne und bronzene Lamellen- und Schuppenpanzer. Ein Privileg, denn die Reiterei stellte eine Elitetruppe dar – ähnlich den Rittern. Nur jeder zehnte Heeresangehörige saß zu

Pferde. Sie rekrutierten sich aus dem Adel und den großen Landeigentümern. Das persische Reitersystem hatte Stärken und Schwächen, das mussten sie im Krieg gegen die Griechen lernen. Denn die eher leichtbewaffneten persischen Bogner brauchten sehr viel Platz, um die griechische Hoplitenphalanx aufbrechen zu können. Sie waren außerdem zu schwach gepanzert, um gegen die Hopliten im Nahkampf vorgehen zu können. Andererseits konnte die persische Reiterei bei günstigem Terrain den Griechen schwere Verluste zufügen.

Weitere Vorläufer der Panzerreiter und Ritter stellen die Parther: Seit der Mitte des 3. Jahrhunderts v. Chr. begründete das iranische Reitervolk in Vorderasien ein bedeutendes Reich. Ihr Name leitete sich von der Satrapie Parthien ab, einer Provinz südöstlich des Kaspischen Meeres gelegen. Als Begründer der parthischen Macht galt Arsakes, der die Satrapie Parthien eroberte und sich zum König ausrief. Sowohl im 2. als auch im 1. Jahrhundert v. Chr. konnten die Parther nach und nach ihr Reich ausdehnen. Vor allem Mithridates II. (123 – 87 v. Chr.), der sogenannte »Große«, bezeichnete sich nach seinen Eroberungen als »König der Könige«.

Ein halbes Jahrtausend blieben die Parther Herrscher. Im 3. Jahrhundert n. Chr. traten die Sassaniden ihr Erbe an. Auch die Sassaniden zeigten sich auf dem Schlachtfeld überlegen, vor allem was den Einsatz der Reiterei anging. So konnten sie sich bis ins 7. Jahrhundert n. Chr. an der Macht halten. Das Geheimnis ihres Erfolges: ein umfangreiches Aufgebot an Berittenen. Weder die griechischen Seleukiden noch die Römer waren ihnen gewachsen.

Die parthische und sassanidische Reiterei kannten zwei unterschiedliche Typen: einerseits den leichtbewaffneten und gepanzerten Bogner, andererseits den schweren Panzerreiter mit Stoßlanze und Hiebschwert. Die gepanzerten Reiter kämpften sowohl als Kataphrakten, bei denen nur der Mann und nicht das Pferd den schweren Harnisch trug, wie auch als Clibanarier, bei denen sowohl Ross als auch Reiter im Einsatz geschützt waren. Bei guter Kooperation zwischen diesen beiden Einheiten erreichten die Heere eine enorme Schlagkraft.

Die Römer bekamen dies 53 v. Chr. bei Carrhae zu spüren. Die schwer bewaffneten römischen Legionäre waren dicht an dicht im Heeresviereck zusammengedrängt, während der parthische Bogner sie umkreisten und mit Pfeilen dezimierten. Als sich die römische Formation langsam auflöste, konnten die schweren Panzerreiter zum Angriff übergehen und die Flüchtenden niedermachen. Das zeigte Wirkung: Die Parther waren nun das »östliche Schreckgespenst« der Römer. Auf ähnliche Weise scheiterte 36 v. Chr. auch der Partherfeldzug des Antonius. Und die berittenen Truppen der Römer?

Das Reich besaß während der Königszeit nur eine zahlenmäßig schwache Reiterei. Was sich dann in der frühen Republik ändern sollte, denn da entwickelten sie sowohl eine Bürgerreiterei als auch eine Auxiliarreiterei, bestehend aus den Bundesgenossen. Vor allem die leichten afrikanischen Reiter ermutigten die Römer nach den Punischen Kriegen, germanische, gallische, iberische, thrakische und parthische Hilfstruppen zu Pferd einzusetzen.

Nicht nur die Truppen, sondern auch die Kampftechniken übernahmen die Römer in den ersten Jahrhunderten n. Chr., vor allem die der sarmatischen und parthischen Reiterei. Pferdebogner und eisengepanzerte Lanzenreiter zählten nun zum Repertoire. Kaiser Severus Alexander (222 – 235 n. Chr.), den orientalischen Einflüssen besonders zugetan, baute ein Kataphrakten- und Clibanariercorps im römischen Heer auf.

Zunächst versuchten die römischen Soldaten ihr Glück mit den erbeuteten Waffen ihrer Gegner. Der Erfolg gab ihnen recht: Im Laufe des 3. Jahrhunderts n. Chr. wurden die Kataphrakten wie auch die Clibanarier zu einer festen Einrichtung im römischen Heer. Zusätzlich schuf Kaiser Aurelian (270 – 275 n. Chr.) eine Kavalleriereserve und ordnete die allgemeine schwere Panzerung der römischen Reiter an. Die römischen Reiterrüstungen waren reich verziert. Die Darstellungen und ihre religiös-magischen Bezüge sollten den Träger schützen und den Feind abschrecken. Daneben musste der Krieger natürlich auch kämpfen können, was nicht ohne besonderes Training ging: Flavius Arrianus schilderte 136 n. Chr. in seinem Reitertraktat verschiedene Übungen der römischen Reiterei. Nach Arrianus übernahmen die Römer die Übungen von Kelten und Iberern.

Reiterstatue eines kämpfenden Kriegers, spätere Kopie eines Originals aus dem 2.Jh.v.Chr.

Pferderüstung zur Zeit der Reiterkrieger (Rosskopf).

Und Kaiser Hadrian führte als Neuerung parthische, armenische und sarmatische Lektionen ein, um die Leistungsfähigkeit seiner Reiterei zu steigern. Die Funktion der Spiele und Paraden als effektives Training lobte der Schriftsteller Vegetius noch im 4. Jahrhundert n. Chr.: »Es steht nämlich fest, dass auch heute in allen Gefechten die Teilnehmer der Reiterspiele besser kämpfen als die anderen. Daraus muss man die Erkenntnis ziehen, um wie viel ein geübter Soldat besser ist als ein ungeübter.«

Nach der Teilung des Römischen Reiches bildete sich auch in Byzanz ein Rittertum nach sassanidischem Vorbild. Ostrom bedurfte einer schlagkräftigen Armee und baute daher im Zuge der kriegerischen Auseinandersetzungen eine wehrfähige Ritterschaft auf. Diese wurde zum Kriegsdienst verpflichtet und erhielt als Gegenleistung Lehen.

Bereits unter Kaiser Justinian (527–569 n. Chr.) bestand die Feldarmee fast ausschließlich aus schwerer Reiterei. Diese schwere Lehnsreiterei rekrutierte sich aus den Bürgern des Landes. Später wurden berittene Bogenschützen als Söldner angeworben und begleiteten die schweren Panzerreiter.

Der schwer gepanzerte Ritter ist der charakteristische Typus des abendländischen Reiterkriegers. Ausgehend vom asiatischen Bereich gelangte er also über Rom in den abendländischen Norden, zu uns. Nun konnte sich das Rittertum voll und ganz entfalten. Seine Grundlage: die militärische Leistungsfähigkeit des gepanzerten Reiters.

Die Geburt des Rittertums auf germanisch-fränkischem Boden lässt sich nicht genau datieren. Vielmehr ist von einer Verschiebung in der Bedeutung des Fußvolkes hin zur Reiterei auszugehen. Die germanischen Volksheere bestanden zunächst aus dem Fußvolk und einer kleinen Reiterei. Die Reiter waren aber sehr schnell bereit, abzusitzen und zu Fuß weiterzukämpfen.

Auch unter den Franken bestand das Heeresaufgebot im 6. Jahrhundert vornehmlich aus Fußkämpfern. In der fränkischen Oberschicht gewann das Pferd aber immer mehr an Bedeutung. Vor den Araberkämpfen Karl Martells verfügten die Franken dann bereits über eine schlagkräftige Reitertruppe, an Zahl allerdings gering, da die Ausrüstung extrem teuer war. Dennoch konnten es die fränkischen Panzerreiter mit

jedem Gegner aufnehmen und den Sieg davontragen. Als Berufskrieger wurden sie in Form der Vasallität an ihre Herren gebunden. Deshalb kann man die fränkischen Panzerreiter als den direkten Ausgangspunkt des abendländischen Rittertums ansehen. Die kriegerische Tüchtigkeit des Einzelnen war das ausschlaggebende Kriterium für die Belehnung.

Der soziale Typ des Vasallenritters lässt sich in zwei Gruppen unterscheiden: Zum einen gab es die oberste Schicht der Militär- oder Grundaristokratie, die durch den Geburtsadel gebildet wurde, zum anderen gab es Emporkömmlinge, die sich im Kampf auszeichneten und so in den Ritterstand eindringen konnten. Zu diesen Emporkömmlingen zählten vielfach die Ministerialen, der sogenannte Dienstadel.

Otto I. (912 – 973), auch »der Große« genannt, betrieb beispielsweise eine Adelspolitik, in der er vor allem ihm ergebene Mitglieder des niederen Adels in Schlüsselpositionen berief, und missachtete bewusst die Ansprüche des dynastischen Adels. Der Erfolg sprach jedoch für ihn. Im Jahre 955 gewann er mit seinen Panzerreitern die Schlacht auf dem Lechfeld gegen die Ungarn. Der Sieg resultierte vor allem aus der Disziplin der königlichen Truppen. Die Ungarn flohen vor der erschreckenden Masse der deutschen Reiter.

Für die Kriegsführung hatte dieser Sieg bedeutende Folgen, denn das Reiterheer wurde für lange Zeit zur wichtigsten Form des militärischen Aufgebots. Damit verstärkte sich die dominierende Stellung des Adels, der als einziger zu solchem Kriegsdienst in der Lage war. Das Rittertum ging zwar von militärischen Aufgaben aus, es blieb in seinen Zielen und Auswirkungen aber nicht nur auf sie beschränkt.

Vor allem ethische und religiöse Ideale überformten den militärischen Bereich. Dies wurde besonders mit Beginn der Kreuzzüge deutlich. Hier begründeten die außermilitärischen Anliegen die Internationalität des Rittertums: der Einsatz für den »Gottesfrieden«. Hierbei sollte der allgemeine Fehdezustand der feudalen Welt durch den Einsatz des religiösen Motivs befriedet werden. Auch die Kreuzzugsproklamation Papst Urbans II. war mit einem Gottesfrieden verbunden.

Bis tief ins 13. Jahrhundert dominierten Ritter die Schlachtfelder, entschieden über Sieg oder Niederlage. Doch langsam aber sicher entwickelten sich wirkungsvolle Waffen für die Kämpfer zu Fuß, die einen Einsatz der Panzerreiter zunehmend in Frage stellten. Der englische Langbogen vernichtete die französischen Ritter bei Crécy (1346) oder Agincourt (1415). Die Schotten und Schweizer setzten lange Spieße, die so genannten Piken, wirkungsvoll gegen schwere Reiterei ein. Vor allem aber der Einsatz von Feuerwaffen führte zum Umdenken und in eine neue Ära. Der Panzerreiter wurde zum Auslaufmodell.

Jochen Zellner

Pferdegeschirr
Aus der Vendelzeit,
500-800 n. Chr.

Zwei Pferdeköpfe, Plastik / Bronze, vergoldet (1. Jh. v. Chr.) Die beiden Pferdeköpfe gehörten zu einer Gruppe vergoldeter Bronzen, die aus zwei Reitern und zwei weiblichen Figuren bestand.

Steigbügel, Beigabe aus einem Wikinger-Grab.

Die Spur der Artusritter

Jahrhundertelang haben englische Gelehrte die Wurzeln der Artussage in den keltischen Traditionen ihrer Heimat gesucht. Doch es gibt auch eine andere faszinierende Theorie: Die Ritter der Tafelrunde kamen aus den weiten Steppen Eurasiens, und König Artus war ein römischer Feldherr!

Im Jahr 1924 zündete der englische Historiker Kemp Malone eine wissenschaftliche Bombe: In einer kleinen Kirche in Dalmatien war man auf den Sarkophag eines römischen Provinzgouverneurs gestoßen, der den klingenden Namen Lucius Artorius Castus trug. Aber nicht die Namensähnlichkeit mit dem legendären britischen Helden war die eigentliche archäologische Sensation, sondern die biografischen Angaben der Inschrift auf den Sarkophagplatten: Bevor der römische Ritter seinen Lebensabend an der Adria verbrachte, hatte er ein kriegerisches Leben als Heerführer in Britannien geführt. War es möglich, dass Malone auf den historischen Artus gestoßen war? Seine militärische Laufbahn begann Artorius Castus um 158 n. Chr. in Syrien und Judäa als Centurion – ein Rang, der eigentlich unter seiner Würde als römischer Ritter war. Später wurde er nach Pannonien verlegt, wo das Römische Imperium an das Territorium der Jazygen grenzte. Die Jazygen gehörten zur Völkerfamilie der indoiranischen Sarmaten und hatten ihre ursprüngliche Heimat in den Steppengebieten nördlich des Schwarzen Meers. Im 1. Jahrhundert n. Chr. hatten sie dann eine neue Heimat in den weiten Ebenen zwischen Donau und Theiß gefunden.

Wie alle Sarmaten waren auch die Jazygen herausragende Reiter. So wie die Ritter des Mittelalters zogen sie schwer gepanzert mit Lanze und Langschwert in die Schlacht und brachen wie ein Sturm aus Eisen in die Reihen ihrer Gegner. „Ihre Kampfweise ist es, wie ein Widder gegen die feindliche Schlachtreihe zu stoßen, die eingeschlagene Richtung beizube-

halten und, selbst unverwundbar, alles, was im Weg steht, ohne Zögern niederzureiten."

Als 175 n. Chr. ein Krieg zwischen Rom und den Jazygen ausbrach, war es nur der unvergleichlichen Disziplin der römischen Legionäre zu verdanken, dass die Reiter aus der Steppe eine Niederlage hinnehmen mussten. Doch die Römer waren tief beeindruckt von der Verwegenheit und dem reiterlichen Können ihrer Gegner und rekrutierten zwangsweise unter den besiegten Jazygen 8000 Krieger für die Hilfstruppen ihrer Armee. 5500 dieser sarmatischen Reiter wurden unter dem Oberbefehl des Artorius Castus ans nördliche Ende der zivilisierten Welt geschickt: Am Hadrianswall sollten sie die romanisierte Bevölkerung Englands vor den ungezähmten Stämmen der Kaledonier schützen. Die Aufgabe der sarmatischen Kavallerie war es, durch Patrouillenritte und Strafexpeditionen jenseits des Walls den Widerstandswillen der Barbarenstämme für immer zu brechen.

Doch 183 n. Chr. schlugen sie zurück: Die „barbarischen" Kaledonier stürmten zahlreiche Forts des Hadrianswalls, fielen plündernd und brandschatzend in England ein und vernichteten zwei römische Legionen. Auch wenn die Quellenlage spärlich ist, so spricht einiges dafür, dass es der Schlagkraft von Artorius Castus und seiner sarmatischen Kavallerie zu verdanken war, dass das Land vor dem Hadrianswall nicht völlig zur Beute der Kaledonier wurde. In einer Reihe von Schlachten scheint es der Kavallerie gelungen zu sein, den Feind zurückzudrängen.

Artorius Castus beendete seine glänzende militärische Laufbahn im

Rang eines Dux (Heerführers) und erhielt den einträglichen Posten des Distriktgouverneurs von Liburnia in Dalmatien. Als Dux wird auch Artus in der frühesten Quelle des Mittelalters geführt – erst später wird er in den Überlieferungen zum König (rex Arthurus). Und es gibt noch weitere Indizien, dass Artorius und seine sarmatischen Reiter Ausgangspunkt der Artussage sein könnten: Ein zentrales Motiv der Artussage ist der Drache. Er erscheint als das Wappentier des Königs, und in zahlreichen Überlieferungen trägt Artus den Beinamen „Pendragon" (Drachenkopf). Im Mittelalter genoss das Drachenbanner bei Normannen wie bei Kelten gleichermaßen große Popularität, und noch heute ziert ein roter Drache die Flagge von Wales. Doch die ersten Krieger, die mit diesem Fabeltier auf britischem Boden in die Schlacht zogen, waren die Sarmaten, die den Drachen als heiliges Tier verehrten. Daher führten sie anstelle des römischen Adlers eine Drachenstandarte (draco) als Feldzeichen. Der Draco bestand aus zwei Teilen, einem ehernen Drachenhaupt sowie einem Windsack aus Stoff, der den Bogenschützen die Windrichtung anzeigte.

Auch die magischen Schwerter, die sich wie ein roter Faden durch die Artuslegende ziehen, könnten mit den Steppenreitern in Beziehung stehen. Schon der Name des legendären Schwertes – „Excalibur" oder „Caliburn" – verweist vielleicht auf die Kalyben, einen sarmatischen Stamm, dessen Schmiedekunst als einzigartig galt. Schwerter genossen bei den sarmatischen Völkern zudem eine religiöse Verehrung als Symbol ihres Kriegsgottes. So berichtet der römische Geschichtsschreiber Ammianus Marcellinus: „Bei ihnen sieht man keinen Tempel und kein Heiligtum; nicht einmal eine mit Schilf gedeckte Hütte kann man bei ihnen irgendwo erblicken, vielmehr wird ein entblößtes Schwert nach barbarischer Sitte in den Boden gestoßen, und dies verehren sie gläubig als Kriegsgott und Beschützer der Gebiete, die sie bewohnen."

Die rätselhafte Erzählung vom magischen Schwert im Stein, das einzig nur der von Gott erwählte König ziehen kann, könnte hier ihren Ursprung haben.

Wie aber konnten diese Traditionen und Vorstellungen die Zeitläufe überleben? Nach Ablauf ihrer 25-jährigen Dienstzeit blieben die überlebenden Sarmaten in England, siedelten sich in der römischen Veteranensiedlung von Ribchester (Bremetennacum Veteranorum) an und heirateten einheimische Frauen. Noch im späten 4. Jahrhundert ist eine sarmatische Kolonie in Ribchester belegt. Vielleicht fand auf diesem Weg die historische Überlieferung von Arthorius Castus und seinen Reitern ihren Eingang in die britische Folklore und bildete den unscheinbaren Keim, aus dem in den folgenden Jahrhunderten die strahlende Legende von Artus und den Rittern der Tafelrunde erwuchs.

Klaus Hillingemeier

König Arthurs Tafelrunde, Illuminierte Miniatur (Frankreich, um 1400).

Parzival - Illustrationen zum höfischen Roman von Wolfram von Eschenbach, Miniatur Oben: Hochzeitstafel von Gramoflanz und Itonie. Gramoflanz reicht Parzifal die Hand Mitte: Zweikampf Parzivals mit seinem Halbbruder Feirefiz Unten: Versöhnung der beiden Halbbrüder. aus: Münchener Parzival-Handschrift , 13. Jh. (Faksimile, Folio 49 v).

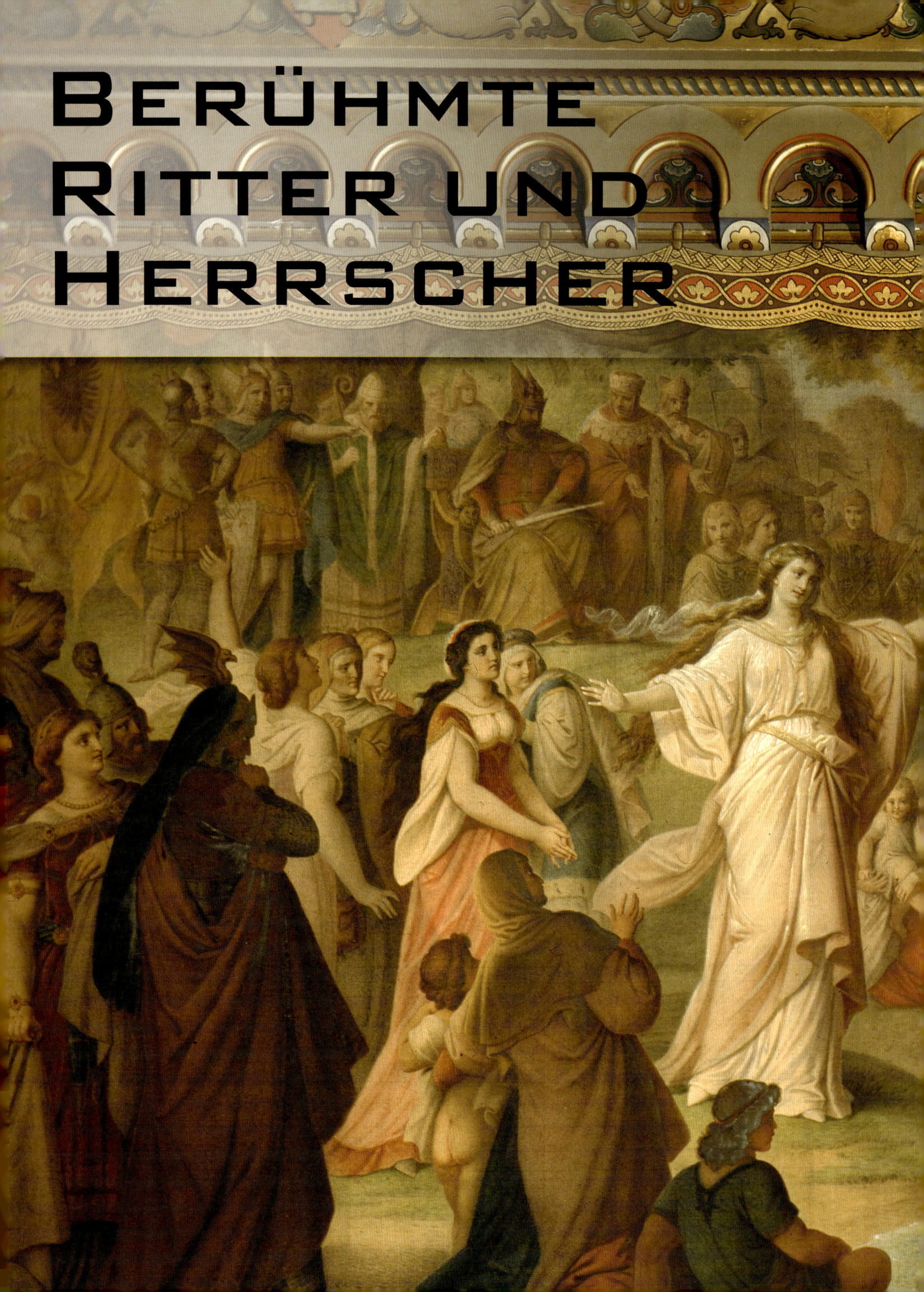

BERÜHMTE
RITTER UND
HERRSCHER

THEODERICH

Er gehörte zu den herausragendsten Gestalten der Spätantike: der Ostgotenkönig Theoderich. Am Hofe von Byzanz aufgewachsen, vereinte er in seiner Person römischen Geist mit den kriegerischen Tugenden seines Volkes. So konnte er mit der Feder regieren, was er mit dem Schwert erobert hatte.

Die Amaler waren das angesehenste Herrschergeschlecht der Ostgoten und stellten mit Theoderich dem Großen einen der berühmtesten Germanenkönige. Doch große Teile der Familiengeschichte liegen im Dunkel. Sicher ist nur, dass die von den Amalern geführte Gotengruppe lange Zeit unter dem Einfluss der Hunnen stand und Mitte des 5. Jahrhunderts im römischen Pannonien südöstlich des heutigen Plattensees siedelte. Dort kam um 453 Theoderich als Sohn des Amalers Theodemer und dessen Konkubine Erelieva zur Welt.

Nach dem Tod Attilas 453 schüttelten die Ostgoten die Oberherrschaft des hunnischen Reitervolks ab und wurden unabhängig. Sie verbrachten unruhige Jahrzehnte auf dem Balkan: Mal kämpften sie gegen rivalisierende Barbarenstämme, mal gegen römische Truppen. Sie kooperierten mit dem oströmischen Kaiser, plünderten aber auch dessen Städte. Als Kaiser Leo I. mit dem Gotenherrscher Valamer, einem Bruder Theodemers, 461 einen Vertrag schloss, kam Theoderich als Geisel nach Konstantinopel.

Theodemers Sohn bekam dort Unterricht in Griechisch, Arithmetik und anderen Wissenschaften. Doch viel wichtiger: Er lernte die Intrigen am Kaiserhof und die Spielregeln der Macht kennen. So waren die Kaiser von ihren Heermeistern abhängig und suchten dagegen oft Unterstützung bei Germanenstämmen wie den Ostgoten. Davon gab es auf dem Balkan neben den pannonischen Amaler-Goten noch einen südwestlich des schwarzen Meeres lebenden Zweig, den sein Namensvetter Theoderich Strabo führte.

471 durfte Theoderich zurück in die Heimat. Er war jetzt 18 Jahre alt und brannte vor Tatendurst. Mit 6000 Gefolgsleuten unternahm er seine ersten Raubzüge. Als sein Vater Theodemer drei Jahre später starb, wurde Theoderich König der Ostgoten. Auf der Suche nach neuer Beute zog er mit seinem Stamm auf dem Balkan umher, eine Plage für die Nachbarn und ein Unruheherd für den Kaiser. Dieser konnte zeitweise die beiden Theoderiche gegeneinander ausspielen. Erst der Tod Theode-

rich Strabos im Jahre 481 beendete die Rivalität. Theoderich war jetzt ohne Konkurrenten und setzte seine Plünderungen fort.

483 erneuerten der oströmische Kaiser Zenon und Theoderich ihr Bündnis. Der Amaler wurde endgültig Heermeister Ostroms und zum Konsul designiert. An den steten Auseinandersetzungen mit dem Kaiser änderte das aber nichts. So suchten beide ein neues Betätigungsfeld für die Goten – und fanden es in Italien.

Im ehemaligen Kernland des Römischen Reiches folgte ein schwacher Kaiser auf den nächsten. 474 griff der oströmische Kaiser Zenon in die Thronstreitigkeiten ein und sandte seinen Kandidaten Julius Nepos über die Adria. Der Heermeister Orestes verjagte Nepos jedoch mit Hilfe seiner germanischen Truppen und rief stattdessen seinen Sohn Romulus Augustus zum Kaiser aus. Weil Orestes seinen Germanen die geforderte Landzuteilung verweigerte, erhoben sich diese unter Führung des Odoaker. Dieser schlug Orestes bei Pavia, tötete ihn und verbannte den als Augustulus (kleiner Augustus) verspotteten Kind-Kaiser 476 nach Kampanien, wo er eine Leibrente erhielt. Mit dieser traurigen Gestalt endete das weströmische Kaisertum.

Jetzt herrschte Odoaker über Italien, er erkannte die formelle Oberhoheit Ostroms aber an. Zenon jedoch beauftragte Theoderich damit, Italien für Ostrom zurückzuerobern. Damit löste Zenon zwei Probleme: Er wurde den renitenten Ostgoten los und beseitigte zugleich den Usurpator Odoaker. Theoderich wiederum reizte der Reichtum Italiens. Dort war er zudem dem Zugriff des Kaisers entzogen.

Wohl im Spätsommer 488 brach Theoderich also von der unteren Donau auf; mit rund 100000 Goten – darunter etwa 20000 Kriegern – sowie einigen Römern und Hunnen. Der Tross mit den Familien und dem Hausrat verlangsamte den Vormarsch, so erreichten sie erst im Sommer 489 Venetien. Nach einem ersten Aufeinandertreffen wich Odoaker Richtung Verona zurück. Dort kam es im Herbst zu einer weiteren Schlacht, die Theoderich nach hartem Kampf für sich entscheiden konnte. Odoaker floh in das durch Sümpfe geschützte Ravenna, während

Theoderich Mailand und Pavia einnahm. 490 startete Odoaker eine erfolgreiche Gegenoffensive. Vermutlich rief er jetzt seinen Sohn Thela zum Caesar aus. Um das Chaos komplett zu machen, fielen auch noch die Burgunder in Italien ein und plünderten Ligurien.

Erst mit Hilfe westgotischer Truppen konnte Theoderich Odoaker entscheidend schlagen. Dieser zog sich wieder nach Ravenna zurück, wo die Ostgoten ihn drei Jahre lang belagerten. Im Februar 493 kam es überraschend zu einem Friedensschluss, bei dem Theoderich schwor, kein Blut zu vergießen. Odoaker vertraute dem Eid – ein tödlicher Fehler. Denn Theoderich wollte die Macht nicht teilen. Einige Tage später, am 15. März 493, erschlug der Ostgote persönlich seinen Rivalen – nach anderen Darstellungen ließ er ihn umbringen. Auch in der Familie des Odoaker wütete Theoderich: Der Bruder starb auf der Flucht, die Gattin verhungerte im Kerker, und Odoakers Sohn wurde nach Gallien in die Verbannung geschickt und schließlich dort ermordet.

Gleichzeitig metzelten die Goten Odoakers Truppen nieder. Deren Land gab Theoderich seinen Männern. Römische Landbesitzer blieben so weitgehend von Landverlusten verschont. Jetzt herrschte Theoderich als König über ein Gebiet, das einen Großteil des heutigen Italiens, Teile Bayerns, Österreichs und Ungarns, dazu Slowenien, Kroatien, Serbien und Bosnien sowie Südostfrankreich umfasste. Auf seine Anerkennung durch den Kaiser von Ostrom musste der Gotenherrscher aber noch einige Jahre warten…

Hans-Christian Dirscherl

Karl Martell — Der Hammer

Kaum jemand hätte es damals für möglich gehalten, dass ausgerechnet Pippins II. Findelsohn Karl, der vom Erbe ausgeschlossen war, den Machtkampf im Frankreich für sich entscheiden würde. Wegen seiner militärischen Erfolge erhielt er später den Namen Martell der Hammer.

Eigentlich hätte es nach germanischem Recht für die Erbnachfolge keine Rolle gespielt, ob Karl ehelicher oder unehelicher Abstammung war. Als Spross einer sogenannten Friedelehe (Ehe mit unstandesgemäßer Frau) hatte er ebenso Erbansprüche wie die anderen »legitimen« Nachkommen. Doch Karls Vater Pippin II. (der Mittlere) hatte ein Reich von gewaltiger Ausdehnung hinterlassen, nachdem es ihm gelungen war, in der Schlacht von Tertry 687 das neustrische Heer vernichtend zu schlagen. Damit stand er als Hausmeier zum ersten Mal an der Spitze beider fränkischer Teilreiche Austrien und Neustrien, während die Merowingerkönige nur noch ein Schattendasein führten.

Nach seinem Tod drohte jedoch das Reich schnell auseinanderzubrechen, da kein regierungsfähiger Nachfolger bereitstand. Prompt nahm Pippins resolute Witwe Plektrud die Zügel in die Hand und regierte quasi als »Hausmeierin«. Als Erstes ging sie daran, Karl, den Sohn der verhassten Nebenbuhlerin Chalpaida, politisch auszuschalten. Sie ließ ihren Stiefsohn in Aachen gefangensetzen. Da die leiblichen Söhne bereits verstorben waren, hatte sie ihren Enkel Theudoald für die Nachfolge vorgesehen.

Zwei Jahre später ermöglichte jedoch ein glücklicher Umstand dem jungen Karl die Flucht. Die Gegensätze zwischen Austrien und Neustrien waren wieder offen ausgebrochen. Plektruds Enkel wurde von neustrischen Truppen vernichtend geschlagen, und Karl verstand es angesichts der Zwistigkeiten, sich als rechtmäßiger Nachfolger der austrasischen Linie durchzusetzen. In der Schlacht von Soissons 718 fiel die Entscheidung zu seinen Gunsten.

Schlag auf Schlag begann er mit der Unterwerfung der verschiedenen Stämme. Zuerst setzte er sich mit seinen Truppen gegenüber den widerspenstigen Baiuwaren durch und rückte bis zur Donau vor. Das Glück war auf seiner Seite; mit reicher Beute beladen kehrte er siegreich in seine Heimat zurück, zusammen mit Swanahild, einer Angehörigen des bairischen Herzoghauses, und deren Tante. Ähnlich dominant verhielt er sich anderen Stämmen gegenüber, so gegen die Sachsen, und er konnte die Oberhoheit über die Herzogtümer jenseits des Rheins wiederherstellen.

Den spektakulärsten Sieg errang Karl jedoch über die spanischen Mauren, die in das Reich einfielen, bis nach Aquitanien vordrangen und eine ernsthafte Bedrohung darstellten. In der Schlacht zwischen

Schlacht bei Poitiers, 732. - Karl Martell besiegt die Mauren, Holzstich, koloriert, nach einer Zeichnung von Hermann Freihold Plüddemann, um 1865.

Rüstungshelm aus der Zeit Karl Martells.

Tours und Poitiers, südlich der Loire, gelang es ihm im Jahre 732 tatsächlich, die arabischen Truppen zu besiegen. Als deren Anführer Abd al-Rahman durch einen Lanzenwurf ums Leben kam, war das Heer führerlos, und die arabischen Truppen suchten ihr Heil in der Flucht.

Dieser Sieg ging als eine der entscheidenden Schlachten in die Weltgeschichte ein, und Karl wurde deswegen oft als Retter des »Abendlandes« bezeichnet. Aber die Bedeutung der Schlacht und der Sieg Karl Martells sind trotzdem stark überschätzt worden. So waren es zunächst reine Raub- und Beutezüge gewesen, welche die Araber über die Pyrenäen getrieben hatten.

Insgesamt haben Karls Siege zu seinem hohen Ansehen beigetragen. Dennoch wird er sehr erstaunt gewesen sein, als ihn eine Gesandtschaft des Papstes Gregor II. aufsuchte: Der Bischof von Rom sah sich massiv von den Langobarden bedroht, die ihr Reich auf Mittelitalien ausdehnen wollten, und richtete deswegen sein Hilfegesuch an den fränkischen Hausmeier Karl. Wegen des Zwistes der Westkirche mit Ostrom war das Frankenreich die einzige Stelle, von der sich der Papst Unterstützung versprechen konnte.

Doch die Rechnung des Papstes ging nicht auf; Karl weigerte sich, Gregor zu Hilfe zu kommen, zumal er dem Langobardenkönig Liutprand freundschaftlich verbunden war. Trotz der Ablehnung blieben die Hoffnungen des Papstes auf das Frankenreich gerichtet. Da der Merowingerthron vakant war, hatte der Papst sein Gesuch direkt an den karolingischen Hausmeier gerichtet. Seit dem Tod des Königs Theuderich IV. hatte es Karl nicht für nötig befunden, einen Nachfolger auf den Thron zu setzen. Die tatsächliche Macht lag längst bei den Pippiniden; die Könige waren nur noch Marionetten in den Händen der Hausmeier. Karl selbst griff jedoch nicht nach der Krone, zu sehr hatte er noch das Schicksal seines Großonkels Grimoald vor Augen, der mit seinem Putschversuch verhängnisvoll gescheitert war.

Als Karl im Alter von 52 Jahren starb, teilte er das »Erbe« unter seinen Söhnen Karlmann und Pippin auf. Mit der Wahl seiner Grabstätte in der Abtei von Saint-Denis unterstrich er zusätzlich seinen Anspruch auf Königswürde. Die Weichen für eine Machtübernahme waren gestellt. Es war nur noch eine Frage der Zeit, wann die Dynastie Pippins endgültig die Merowinger-Schattenkönige vom Thron stoßen würde.

Evi Kästner

Karl
der Große

Mit dem Griff zur Königskrone
hatten die Hausmeier aus der
Familie Pippins einen gewaltigen
Karrieresprung getan.
Wer hätte aber gedacht,
dass der Sprössling Karl auch
noch die höchste weltliche Würde
der Christenheit und den
Beinamen der Große
erringen würde?

Karls historische Größe wurde den Zeitgenossen vor allem durch die gewaltige Machtentfaltung während seiner langen Regierungszeit bewusst. Nach Pippins Tod (768) war Karl zunächst nur fränkischer Teilkönig zusammen mit seinem Bruder Karlmann: Nach Karlmanns Tod (771) schob er dessen Erben beiseite und beherrschte ein wieder geeintes Reich.

An diesem Punkt wollte Karl jedoch nicht stehenbleiben, sondern er erweiterte sein Herrschaftsgebiet nach fast allen Richtungen. Wenig Erfolg hatte er dabei nur im Südwesten, an der Grenze zum muslimischen Einflussbereich auf der Iberischen Halbinsel. Es waren auch nicht Truppen des Emirs von Cordoba, sondern christliche Basken, die 778 Karls Nachhut vernichteten. Diese stand unter dem Befehl des bretonischen Markgrafen Roland, den spätere Überlieferung zu seinem Neffen machte.

Dagegen gelang es Karl, im Nordosten die heidnischen Sachsen zu unterwerfen. Hierzu waren freilich mit viel Härte geführte Kriege gegen das freiheitsliebende Volk unter der Führung seines Herzogs Widukind notwendig, die sich von 772 bis 804 hinzogen.

Im Osten seines Einflussgebietes setzte Karl seinen Vormachtanspruch gegen Bayernherzog Tassilo III. durch, der 788 seiner Würde enthoben und in ein Kloster verbannt wurde. In den Jahren danach zerschlug der Franke in mehreren Feldzügen das Awarenreich an der mittleren Donau.

Völlig anders gestaltete sich Karls Italienpolitik. Das erste Eingreifen südlich der Alpen wurde durch einen Hilferuf Papst Hadrians I. veranlasst, der sich von dem wiedererstarkten Langobardenreich unter König Desiderius bedroht fühlte. Diesmal machte der Franke, der bereits eine gescheiterte Ehe mit der Tochter des Langobardenfürsten hinter sich hat-

te, kurzen Prozess: Die fränkischen Krieger rollten das Herrschaftsgebiet des germanischen Brudervolkes von den Alpen her auf und bezwangen die Hauptstadt Pavia in mehrmonatiger Belagerung. Desiderius und seine Angehörigen, soweit Karl sie in die Hand bekam, verschwanden in fränkischen Klöstern; der Sieger aber nannte sich seit 774 König der Franken und Langobarden.

In der Folge wurde Oberitalien für Jahrhunderte von den Karolingern und ihren Rechtsnachfolgern beansprucht. Noch zukunftsträchtiger wurden Karls Maßnahmen für die weltliche Herrschaft der Päpste. Konkret wurde die Angelegenheit mit Karls zweitem Italienzug 781, als er Papst Hadrian das Land um Rom, das Exarchat Ravenna, die Pentapolis und die Südtoskana als weltliches Herrschaftsgebiet übertrug. Eine weitere Romfahrt von 787 brachte dem römischen Bischof weitere Gebietsgewinne.

Obwohl Hadrians Nachfolger Papst Leo III. nicht das Format seines Vorgängers erreichte, war gerade er es, der mit der Krönung Karls zum Kaiser Weltgeschichte schrieb. Die Umstände, unter denen der Frankenfürst diesen Herrschertitel erhielt, erscheinen bis heute rätselhaft – nicht zuletzt aufgrund des merkwürdigen Verhaltens der Beteiligten. Bekannt ist die Darstellung von Karls Biographen Einhard, wonach der König am 25. Dezember 800 mit der Krönung geradezu überrumpelt wurde. Später soll er Einhard gegenüber gesagt haben, die neue Würde sei ihm anfangs so zuwider gewesen, dass er die Kirche nicht betreten haben würde, wenn er die Absicht des Papstes geahnt hätte. Will der Biograph allen Ernstes behaupten, Leo III. habe Karl ein ungeliebtes Kaisertum aufgedrängt?

Wo das Problem wirklich lag, ergibt sich aus Einhards anschließender Notiz: »Den Neid der römischen Imperatoren, die ihm die Annahme des Titels verübelten, ertrug er mit großer Geduld.« Damit waren die oströmischen Herrscher von Konstantinopel gemeint, die auch als byzantinische Kaiser bezeichnet werden. Tatsächlich war es dann der Byzanz-Experte Paul Speck, der die tatsächlichen Hintergründe von Karls Kaisertum aufhellte.

Das »Byzantinische« oder »Ost-römische« Reich sah sich als Weiterführung des antiken Römischen Reichs an. Nur hatte man die Hauptstadt vom Tiber an den Bosporus verlegt, wo Konstantin der Große an der Stätte des alten Byzanz eine neue, nach ihm selbst benannte Metropole gegründet hatte. Während die Germanen im Westen eigene Königsherrschaften schufen, hatte der Osten seinen Besitzstand und sein Selbstverständnis zunächst wahren können und die Stürme der Araber- und Slaweneinfälle überstanden. Zur Zeit der frühen Karolinger waren Ostreich und Ostkirche jedoch durch innere Kämpfe geschwächt: Der zwischen Bilderverehrern und Bilderfeinden (Ikonoklasten) ausgetragene Streit ließ kaum Energien für eine effektive Außenpolitik übrig. In diesem Zusammenhang gebührt Kaiserin Irene (griechisch: »Frieden«) das Verdienst, die theologischen Kämpfe im Herbst 787 auf dem 2. Konzil von Nikaia (Nicäa) beendet zu haben.

In weltlichen Dingen hatte Irene eine weniger glückliche Hand. Zunächst war sie nur dadurch zur Macht gelangt, dass ihr Gatte, Kaiser Leon IV., vorzeitig starb und sie für ihren unmündigen Sohn Konstantin VI. die Regentschaft führte. Auch als dieser erwachsen war, konnte es die Kaiserin-Mutter nicht lassen, ihm andauernd hineinzuregieren. Im Juli 797 endete Konstantins Herrschaft abrupt. Die Karolingischen Reichsannalen berichten: »Als der König (Karl) in Aachen angelangt war, empfing er zuerst die aus Konstantinopel

angekommenen Gesandten der Kaiserin Herena (Irene). Denn ihr Sohn Konstantinus war wegen seines übermütigen Betragens von seinen eigenen Leuten gefangengesetzt und geblendet worden« – so die offizielle Version Irenes.

Der griechische Chronist Theophanes lässt dagegen keinen Zweifel daran, dass es die Kaiserin selbst war, die die Umgebung ihres Sohnes dazu angestiftet hatte, ihm sein Augenlicht zu nehmen. Paul Speck konnte schließlich nachweisen, was manche Historiker schon immer vermutet hatten: Konstantin verschwand nicht etwa in irgendeinem Kloster, sondern er starb an den grausamen Verstümmelungen, die ihm die Schergen seiner Mutter angetan hatten.

Trotz (oder gerade wegen) der erfolgreichen Beseitigung des widerborstigen Sprösslings befand sich Irene in keiner beneidenswerten Lage. Ihr »Weiberkaisertum« war schon bei ihren eigenen Untertanen umstritten; im Westen würde man ihr noch deutlicher gesagt haben, dass man das Kaisertum als vakant ansehe, solange kein Mann die Krone trug. Dazu kam, dass Karl freundliche Beziehungen zum Erbfeind Konstantinopels aufnahm, zu Harun ar-Raschid, dem Kalifen von Bagdad. In dieser kritischen Situation kam Irene, eine politisch eminent erfahrene Frau, auf eine zukunftsweisende Idee: Sie beschloss, das römische Doppelkaisertum wieder aufleben zu lassen, jene Konstruktion, nach der es zwischen 395 und 476 ein Weströmisches und ein Oströmisches Reich gegeben hatte.

Bildnis Karls des Großen im Krönungsornat, Gemälde / Öl auf Lindenholz (1512) von Albrecht Dürer (1471-1528) (eines der beiden Kaiserbilder).

Karl der Große mit der Aachener Reichskrone Karls IV.. Die Krone ist ein Werk Prager Goldschmiede, angefertigt für die Krönung Karls IV. 1349 in Aachen.

Dass dies tatsächlich so geplant war, ergibt sich aus den Annalen von St. Amand in Flandern, nach denen Irenes Gesandte, die Karl im August 798 in Aachen traf, den Auftrag hatten, ihm »das Kaiserreich zu übergeben«, oder – wie man den lateinischen Text auch übersetzen kann – ihm »das Kaisertum zu übertragen«.

Lange hat die sensationelle Tatsache, dass Unterhändler der oströmischen Kaiserin zu dem Frankenfürsten gereist seien, um diesem den Kaisertitel anzubieten, bei Historikern Ratlosigkeit hervorgerufen. So wurde die Nachricht für ein Missverständnis gehalten, oder man vermutete, oppositionelle Kreise in Byzanz hätten den Franken zur Übernahme der Herrschaft in Konstantinopel aufgefordert. Paul Speck hingegen erkannte, dass es Irene selbst war, die sich entschlossen hatte, Karl einen Titel zuzugestehen, dessen Machtfülle er längst besaß.

Ebenfalls Idee der Kaiserin scheint es gewesen zu sein, den römischen Bischof in den Vorgang einzubinden; schließlich waren die ihm von Pippin und Karl übertragenen Herrschaftsgebiete früher oströmischer Besitz gewesen. Irene konnte nicht wissen, dass der in Rom umstrittene Papst seine eigenen Pläne verfolgte.

Es waren denn auch die stadtrömischen Schwierigkeiten des Papstes, welche die Angelegenheit erst richtig in Gang brachten: Bei einer Prozession im Jahr 799 wurde Leo überfallen, schwer misshandelt und in einem Kloster festgesetzt. Er konnte jedoch entkommen und zu Karl nach Paderborn fliehen. Wahrscheinlich sind bereits dort Verhandlungen über die Kaisererhebung geführt worden.

Zunächst aber ließ der König den Papst unter sicherem Geleit nach Rom zurückbringen; Karl selbst kam im November 800 in die Stadt und gab Leo die Gelegenheit, sich mit einem Reinigungseid von den gegen ihn erhobenen Vorwürfen zu befreien. Unterdessen wurde Karls feierliche Krönung zum Kaiser sorgfältig vorbereitet. Ein wichtiger Bestandteil der Zeremonie sollte zweifellos der Hinweis sein, dass der König der Franken und Langobarden im Auftrag der Kaiserin Irene zu einem Mit-Kaiser ernannt werde. Karl muss seinen Ohren nicht getraut haben, als er feststellte, dass der Papst, dem er soeben aus der Patsche geholfen hatte, selbst als Kaisermacher auftrat und Irene nicht einmal erwähnte. Im Blickwinkel der legitimen Römischen Kaiser in Konstantinopel hatte der Franke damit nicht nur eine getroffene Vereinbarung gebrochen, sondern stand geradezu als Usurpator da! Es dauerte bis zu Karls Lebensende, bis ein diplomatischer Ausweg aus dieser verfahrenen Situation gefunden wurde.

Karls »kaiserliche Zeit« – vom 25. Dezember 800 bis zu seinem Tod am 28. Januar 814 – gilt gemeinhin als Epoche höchsten Glanzes, der insbesondere mit dem Ausbau Aachens zur kaiserlichen Residenz und der von dort ausgehenden Bildungsbewegung augenfällig wurde. Die materielle und kulturelle Blüte des Frankenreiches in Karls späteren Jahren verdeckt indessen nur, dass das »Zweikaiserproblem« ungelöst war.

Als Erste verschwand Irene von der politischen Bühne: Unter den Augen von Karls in Konstantinopel weilenden Gesandten stürzte der Finanzminister Nikephoros Ende Oktober 802 seine Chefin und übernahm das Amt des Kaisers selbst. Obwohl auch er mit dem westlichen Kaiseranwärter ins Reine kommen wollte, brachen die Verhandlungen ab und wurden erst 811 wieder aufgenommen.

Inzwischen hatte sich auch in Karls Umgebung einiges getan. So starb im selben Jahr sein ältester Sohn Karl, auf den er große Hoffnungen gesetzt hatte, nachdem ihm im Jahr davor sein Bruder Pippin im Tod vorangegangen war. Der war während des Versuchs gestorben, Venedig zu unterwerfen. Die Befürchtung, nach all dem anderen italienischen Besitz nun auch die venetianischen Küstengebiete einzubüßen, brachte Nikephoros auf den Gedanken, zu retten, was noch zu retten war: Für die Rückerstattung des Herrschaftsgebiets Venedigs erklärte er sich zu einem Friedensvertrag bereit, mit dem Karls Kaisertum anerkannt wurde.

Die Früchte dieses bescheidenen Erfolges konnte der frühere Schatzkanzler nicht mehr selbst ernten, da er im Juli 811 im Kampf gegen die Bulgaren unterging. So wurden die Vereinbarungen von seinem Schwiegersohn Michael ratifiziert, dessen Gesandte 812 nach Aachen reisten und Karl feierlich als »Basileus« (»Kaiser«) begrüßten. Diese Einigung kam keinen Monat zu früh: Jetzt erst konnte der gebrechliche Karl daran denken, seinem als Einzigem übrig gebliebenen Sohn Ludwig noch bei Lebzeiten die Nachfolge in der Kaiserwürde zu verschaffen. Dies geschah auf einem Aachener Reichstag im September 813. Mit diesem Übergang war das Kaisertum des Westens für ein Jahrtausend festgeschrieben.

Martin Schlottky

Karl der Große und König Pippin, Minatur.

Königsthron Karls des Großen in der
Pfalzkapelle der Marienkirche (Dom) in
Aachen, Möbel / Holz / Spolien (Stein)
(790er Jahre).

Denar (Karl der Große), Münze / Silber (800-814)
Oben: Vorderseite: KAROLVS IMP AVG [Karolus Imperator Augustus].
Büste Karls des Großen mit Lorbeerkranz und Kaisermantel
Links: Rückseite: XPICTIANA RELIGIO [Christiana Religio].
Viersäulige Kirche, im Frontjoch und auf dem Giebel je ein Kreuz.

Heinrich I. — Der Kriegerkönig

Das alte Frankenreich war auseinandergebrochen. In allen drei Teilen herrschten letzte Abkömmlinge der Karolinger. Doch ihre Tage waren gezählt. Vor allem in Ostfranken, wo ein junger Sachsenherzog unverblümt Machtansprüche gegen König Konrad geltend machte.

Er war so etwas wie ein mittelalterlicher Spin-Doctor. Er trachtete danach, Heinrich von Sachsen auszuschalten, Konrads größten Widersacher und stärksten Rivalen. Der Mainzer Erzbischof Hatto (891 – 913), graue Eminenz im Hofstaat des ostfränkischen Königs Konrads I. (911 – 918) und einflussreichster Kirchenfürst im ganzen ostfränkischen Reich, war ein Fuchs, eine falsche Schlange, ein Ränkeschmied erster Güte.

Als er Herzog Heinrich 913 zu einem Gastmahl einlud, sollte der Sachsenfürst reich beschenkt und geehrt werden. Ein Goldschmied erhielt extra den Auftrag, eigens dafür eine goldene Kette anzufertigen. Diese Kette war aber von der Art, dass sie sich mechanisch von selbst verengt und denjenigen, der sie trägt, unweigerlich erdrosselt. Nach genau dieser Methode hatte der Erzbischof einige Jahre zuvor schon einmal einen Widersacher aus dem Weg geräumt, nämlich Adalbert von Babenberg. Der Goldschmied, der die Absicht des Erzbischofs durchschaute, verließ heimlich Konrads Hof und eilte Heinrich entgegen, der sich bereits auf der Anreise befand. In der Nähe von Kassel, so berichtet die Legende, habe er Heinrich abgefangen und den Hinterhalt verraten. Heinrich, so erzählt der Chronist Widukind von Corvey, »ward heftig erzürnt, ließ den Gesandten des Bischofs kommen … und sagte ihm: Geh, melde dem Hatto, dass Heinrich keinen härteren Hals hat als Adalbert, und dass wir

es deshalb für besser erachtet haben, daheim zu bleiben und zu überdenken, wie wir ihm dienen können, als ihm durch unser zahlreiches Gefolge jetzt beschwerlich zu fallen.«

Ein letzter Versuch Konrads, den immer mächtiger werdenden Rivalen aus dem Osten aus dem Weg zu räumen, war damit gescheitert. Neben Heinrich von Sachsen verweigerten auch die Herzöge von Bayern und Schwaben die von Konrad beanspruchte unterwürfige Gefolgschaft. Diese Herzöge hatten zwar 911 Konrad, den Herzog von Franken, in Abkehr vom alten karolingischen Erbrecht zu ihrem gemeinsamen ersten deutschen König gewählt, und damit die Spaltung des Frankenreichs in West- und Ostfranken besiegelt, aber sie machten keinerlei Anstalten, Konrads Hoheit auch faktisch anzuerkennen.

Es waren allesamt machtbewusste und skrupellose Fürsten, die den Einfluss ihrer Stammesherzogtümer über Jahrzehnte auf Kosten der zerfallenden Karolinger ausgebaut hatten. Sie wollten zwar einen König haben, akzeptierten ihn aber nur als Oberbefehlshaber gegen äußere Gefahren. Bei ihren inneren Angelegenheiten, insbesondere bei ihren Ambitionen, den eigenen Macht- und Herrschaftsbereich auszudehnen, hatte dieser König sich gefälligst herauszuhalten.

Am meisten setzte in dieser Hinsicht in den folgenden Jahren Heinrich von Sachsen (* 876, † 936) dem König zu. In den ständigen und oft heftig entflammenden Kleinkriegen vermochte Konrad es nicht, Heinrich wirksam zu unterwerfen. Und so musste Konrad sich 918, den nahen Tod vor Augen, eingestehen, dass er im Ostfränkischen Reich weder die Stämme hinter sich vereint noch es geschafft hatte, das Königtum zu echter Herrschaft auszubauen. Vielmehr stand es vor dem Verfall, und die territoriale Einheit Ostfrankens drohte zu zerbrechen.

In dieser Situation bewies er staatsmännische Größe und historischen Weitblick. In seiner eigenen Linie sah er keinen geeigneten Nachfolger, dafür aber in Heinrich von Sachsen einen starken Rivalen, dem vielleicht gelingen mochte, was ihm selbst versagt geblieben war: ein geeintes ostfränkisches deutsches Reich aufzubauen. Und so beauftragte er vom Sterbebett aus seinen Bruder Eberhard, Frieden mit dem mächtigen Sachsen zu schließen und ihm die Königswürde anzubieten.

Auch um diesen Vorgang ranken sich blumenreiche Volkslegenden, ähnlich wie jene von Hattos Goldkette. Der Sachsenherzog sei im Mai 919, inmitten einer Vogeljagd, von den Boten des Hofes aufgestöbert und von seiner Königswahl unterrichtet worden. Der niederösterreichische Schriftsteller Johann Nepomuk Vogl hat im 19. Jahrhundert daraus die Ballade von »Heinrich dem Vogeler« gemacht, in deren Mittelpunkt die Szene steht:

> »Der Staub wallt auf, der Hufschlag
> dröhnt, es naht der Waffen Klang.
> ›Dass Gott! Die Herr'n verderben mir
> den ganzen Vogelfang!‹ …
> Da schwenken sie die Fähnlein bunt und jauchzen:
> ›Unsern Herrn! – Hoch lebe Kaiser Heinrich! – Hoch!
> Des Sachsenlandes Stern!‹ …
> Da blickt Herr Heinrich tiefbewegt hinauf zum Himmelszelt:
> ›Du gabst mir einen guten Fang! –
> Herr Gott, wie Dir's gefällt.‹«

Tatsächlich war der damals 42-jährige Heinrich von Sachsen ein leidenschaftlicher Jäger, und zusammen mit dieser Legende und ihrer Ausschmückung trug ihm dies den Beinamen »der Vogeler« ein.

Im Mai 919 erkannten die höchsten Fürsten und Edlen von Sachsen und Franken die Ernennung Heinrichs zum König von Ostfranken an. Das Anerbieten des neuen Mainzer Erzbischofs Heriger, Heinrich nach alter Sitte kirchlich zu salben und ihm das Diadem zu überreichen, schlug Heinrich jedoch aus. Es war vielleicht eine demonstrative Distanzierung von der kirchlichen Hoheit. Heinrichs Königsautorität fußte damit auf einem Bund zwischen König und Volk, die Kirche hatte in dieser Verbindung keinerlei Autorität.

Die Schwaben und die Bayern blieben vorerst zurückhaltend. Bayerns Hochadel unternahm sogar den Versuch, den eigenen Herzog Arnulf (907 – 937) zum Gegenkönig auszurufen. Heinrich richtete seine Aufmerksamkeit zunächst auf das schwächere Schwaben und zwang dessen Herzog Burchard (917 – 926) mit einer Mischung aus Drohungen und Verhandlungen zur Unterwerfung. Anschließend besiegelte er auch mit den Bayern einen Pakt, indem er Arnulf für dessen Herzogtum weitreichende Zugeständnisse in kirchlichen und militärischen Fragen machte. Ohne dass es größere Kampfhandlungen gegeben hätte, erklärten sich 920 sowohl Burchard von Schwaben als auch Arnulf von Bayern zum Vasallen des Sachsen Heinrich. Die Einheit des jungen ostfränkischen deutschen Reiches war damit fürs Erste besiegelt.

Dem inneren Ausbau seiner Macht, unter anderem durch

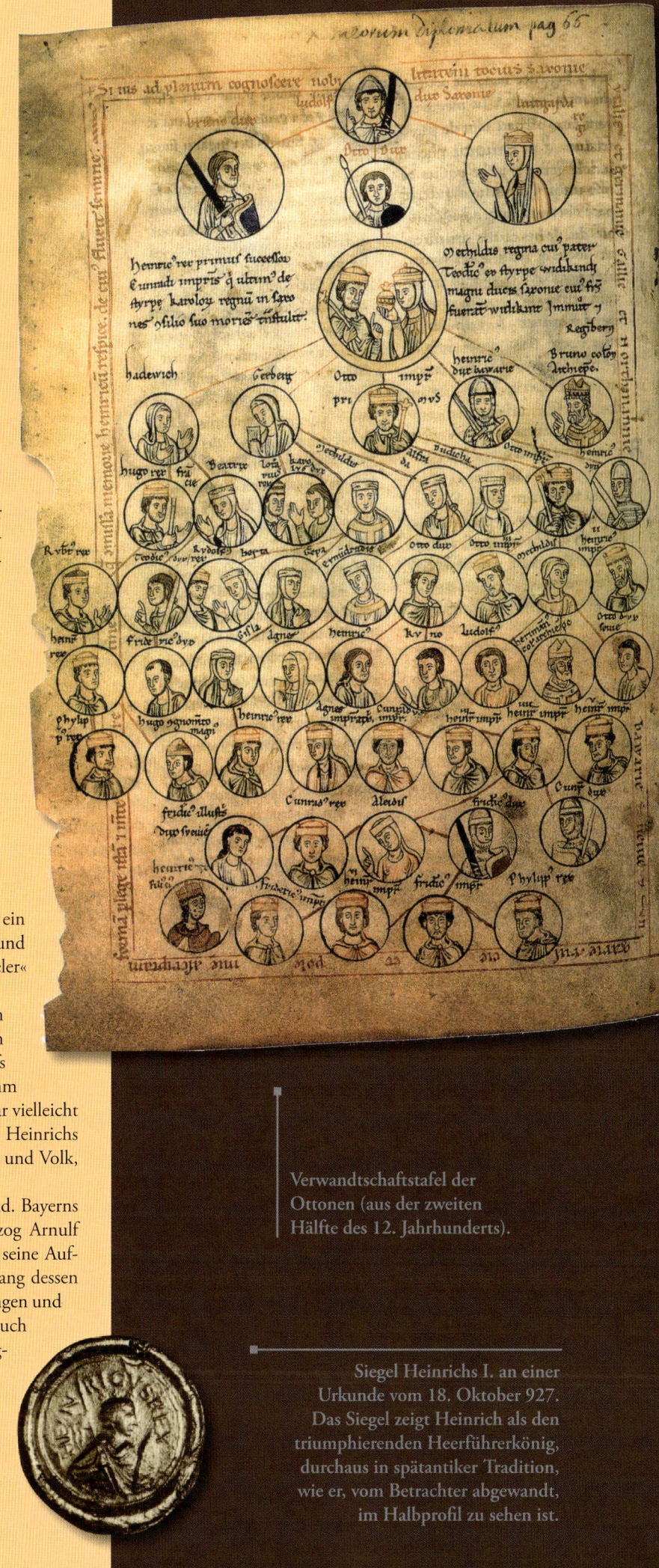

Verwandtschaftstafel der Ottonen (aus der zweiten Hälfte des 12. Jahrhunderts).

Siegel Heinrichs I. an einer Urkunde vom 18. Oktober 927. Das Siegel zeigt Heinrich als den triumphierenden Heerführerkönig, durchaus in spätantiker Tradition, wie er, vom Betrachter abgewandt, im Halbprofil zu sehen ist.

kluge Einbindung kirchlicher Würdenträger, folgte die Ausdehnung nach Westen, indem Heinrich 925 den Abfall Lothringens vom Westfrankenreich betrieb und diesen Teil des karolingischen Erbes seinem Ostreich einverleibte. Später sicherte er diesen Zuerwerb auch noch durch geschickte Heiratspolitik ab. Gleichzeitig schaffte er die Anerkennung seines Königtums durch die westfränkischen Karolinger.

Auch hier zeigte sich die diplomatische Meisterschaft Heinrichs, gepaart mit seinem untrüglichen Machtinstinkt. Im November 921 traf er sich mit dem König des Westfrankenreichs Karl III. dem Einfältigen in der Nähe von Bonn auf einem in der Mitte des Rheins verankerten Schiff. Für Karl war es wegen seiner innenpolitischen Schwierigkeiten wichtig, sich gegen Osten abzusichern. Und so sicherten sich die beiden Könige gegenseitig die Anerkennung ihrer Herrschaft und Freundschaft zu.

Dieser Akt bestätigte im Falle Karls lediglich einen längst manifestierten Status, im Falle Heinrichs aber bedeutete er die endgültige Legitimation seiner Herrschaft. Äußeres Symbol dieser inneren Festigung von Machtanspruch und Herrschaft war die berühmte »Heilige Lanze«. Diese Lanze, eine Reliquie, mit welcher der Überlieferung nach der Römer Longinus dem gekreuzigten Jesus in die Seite stach, befand sich im Besitz des Burgunderkönigs Rudolf II. (912 – 937). Beim Hoftag zu Worms 926 übergab Rudolf diese wertvollste Reliquie des Abendlandes als Zeichen seiner Freundschaft an Heinrich.

Die größte Herausforderung für Heinrichs junges Königtum war jedoch die drohende Ungarn-Gefahr aus dem Osten. Sie war auch Hauptgegenstand der Beratungen auf dem erwähnten Hoftag zu Worms. Die Auseinandersetzungen mit diesem kriegerischen Reitervolk hielten schon seit einigen Jahrzehnten die ostfränkischen Stämme in Alarm. Vor allem die Bayern hatten schon etliche Einfälle dieser raublustigen Steppenkrieger zurückschlagen müssen. Eine desaströse Niederlage hatte Bayerns Heerbann 907 bezogen, beim Versuch, die Ungarn in die pannonische Tiefebene hinein zu verfolgen und auszumerzen. Stattdessen wurde das bayerische Heer vollständig vernichtet, der Herzog selbst, der Erzbischof von Salzburg und weitere Edle des Landes blieben auf dem Schlachtfeld zurück.

Seither bevölkerten die Ungarn das heutige Niederösterreich und starteten von dort neue Raubzüge Richtung Schwaben, Franken, Thüringen und Sachsen. Eines war klar: Wenn Heinrich I. seinen Anspruch auf ungeteilte Herrschaft in diesen Ländereien nicht gefährden wollte, musste er die Ungarn vertreiben. Doch die militärischen Mittel dazu fehlten ihm noch. Und eine ähnliche Niederlage, wie sie die Bayern im Jahr 907 erlitten hatten, hätte das Ende all seiner Ambitionen bedeutet.

In dieser Situation kam ihm ein glücklicher Zufall zugute. Bei einem der zahlreichen Grenzscharmützel fiel dem König 926 zufällig ein wichtiger Anführer der Ungarn in die Hände. Es muss sich wohl um einen vornehmen und hochrangigen Fürsten gehandelt haben, denn als die Ungarn von der Gefangennahme erfuhren, boten sie Unmengen von Gold und Silber als Lösegeld, um ihn freizukaufen. Doch Heinrich erkannte die Gunst der Stunde und wies die Schätze zurück.

Stattdessen forderte er von seinen ungarischen Verhandlungspartnern einen Friedensvertrag für das ganze Reich. Nach zähen Verhandlungen kam zwar kein Friedensvertrag zustande, aber immerhin ein Abkommen über einen neunjährigen Waffenstillstand. Er war verknüpft mit jährlichen Tributzahlungen, die Heinrich an die Ungarn leisten musste, um die Einhaltung des Waffenstillstands sicherzustellen. Die Ungarn fühlten sich nach diesem Deal als die Sieger. Sie frohlockten, nun bekämen sie mit diesem jährlichen Tribut die Beute auch ohne Krieg.

Doch in Wirklichkeit verschafften sie Heinrich eine neunjährige Atempause, die der König zielstrebig nutzte, um einerseits die Verteidigung des Landes zu organisieren, andererseits den großen Gegenschlag vorzubereiten. Auf dem Reichstag zu Worms, wenige Wochen nach den Waffenstillstandsverhandlungen mit den Ungarn, entwarf Heinrich mit den Stammesherzögen und kirchlichen Würdenträgern des Landes einen Verteidigungsplan. Dessen wichtigster Bestandteil war eine neue Burgenordnung. Sie sah vor, überall im Land Burgen zu errichten und alle strategisch wichtigen Orte, Bischofssitze, Kirchen und Klöster wehrhaft zu befestigen.

Hinter diesem Plan steckte die Erkenntnis, dass Belagerungen und Kämpfe um feste Einrichtungen wie Städte und Burgen nicht die Sache der Ungarn waren. Sie waren schnelle Reiterschlachten gewohnt, bei denen es um Bewegung, Raum und Tempo ging. Ihre leichte Reiterei fiel blitzartig über gegnerische Fußtruppen her, überzog sie mit einem Pfeilhagel und verschwand wieder, bevor es überhaupt zur Gegenwehr kommen konnte. Eine Burg oder eine befestigte Stadt einzunehmen, besaßen sie weder die Technik noch die Waffen, schon gar nicht die militärische Grundeinstellung.

Für die gewaltige Aufgabe des Burgenbaus spannte Heinrich alle Kräfte des Landes ein. Die Bauern wurden durch königlichen Befehl zur Fronarbeit verpflichtet. Sie mussten Wälle und Gräben ausheben, Steine hauen und für Verpflegung und Unterbringung der Wachmannschaften und

Reliquienkasten Heinrichs I. - Elfenbeinrelief an einer Schmalseite mit Darstellung der Verklärung auf dem Berg Tabor.

Topfhelm (speziell
im 13. Jahrhundert
gebräuchlich).

Heilige Lanze, Karolingisch, aus dem
8. Jahrhundert, Materialien: Stahl,
Eisen, Messing, Silber, Gold und
Leder.

Reliquienkasten Heinrichs I.,
Materialen: Elfenbein, Gold, Walrosszahn,
und Koralle, Detail des Deckels mit der
Darstellung der Maiestas Domini.

Bauarbeiter sorgen. Seit Römerzeiten hatte es in deutschen Ländern keine derartig planvollen Befestigungsmaßnahmen mehr gegeben. Es entstanden um Siedlungen, Kirchen, Klöster und Wohnhäuser zunächst Wälle und Gräben, durch Palisaden und Wehrtürme zusätzlich gesichert. Erst in einer zweiten Ausbaustufe erfolgte auch der Bau von hohen und massiven Ringmauern.

Die Anlagen wurden für Gerichtstage, Versammlungen und Festlichkeiten genutzt, mit ständigen Besatzungen bestückt und zu Wohnburgen ausgebaut. Gleichzeitig stattete Heinrich die Burgen mit königlichen Rechten aus, das bedeutsamste war das Marktrecht. So entstanden neue Handelszentren, und insgesamt wurden Warenaustausch und Handel im ganzen Land gefördert.

Die Jahre des Waffenstillstands mit den Ungarn nutzte Heinrich, um an anderen Fronten die eigene Schlagkraft zu erproben und zu stärken. Er rüstete ein eigenes Reiterheer aus, schulte es und machte es kampferprobt. So überfiel er 928 die slawischen Stämme östlich von Elbe und Saale, die Daleminzer und die Heveller. Nach einem 20-tägigen Feldzug durch die verschneiten Sumpflandschaften des Havellandes hatte Heinrichs Reiterei die Hauptburg der Heveller erobert, nach weiteren 20 Tagen auch Jahna, die Hauptburg der Daleminzer an der Elbe.

Zur Sicherung dieser eroberten Gebiete ließ Heinrich die neue Burg Meißen erbauen. Sein nächster Feldzug galt dem böhmischen Herzog Wenzel, der beim Heranrücken der sächsischen und bayerischen Streitmacht kampflos aufgab und sich der deutschen Oberhoheit unterwarf. Damit hatte Heinrich binnen eines Jahres sämtliche slawischen Stämme von der Ostsee bis nach Böhmen unterworfen. Es waren jene Stämme, die bisher in heimlicher Allianz mit den Ungarn gestanden und diesen stets den Übergang über die Elbe gesichert hatten. Auf diese Verbündeten konnten die Ungarn fortan nicht mehr zählen.

So fühlte Heinrich sich 932 stark genug, nunmehr die entscheidende Kraftprobe mit dem Feind aus dem Osten zu wagen – drei Jahre vor Ablauf des Waffenstillstands. Alle Fürsten des Landes, auch die sonst so zögerlichen Bayern, stimmten auf einer Volks- und Heeresversammlung in Erfurt dem Feldzug zu. Als die ungarischen Gesandten wie jedes Jahr anreisten, um die jährlichen Tribute abzukassieren, schickte Heinrich sie mit leeren Händen zurück. Anstelle des Goldes gab er ihnen einen toten Hund, dem man zuvor noch Schwanz und Ohren abgeschnitten hatte.

Die beabsichtigte Provokation fruchtete. Sofort rüsteten die Ungarn ein großes Heer zu einer Strafexpedition aus. Doch anders als in früheren Jahren verweigerten die Slawen diesem Heer den Übergang über die Elbe und den Durchzug durch ihre Gebiete. Stattdessen zog König Heinrich I. den Ungarn nun selbst mit schwerer Reiterei und Fußtruppen entgegen. Der König wollte eine Schlacht erzwingen und hoffte, die Ungarn anzulocken, indem er die Fußtruppen als scheinbar leichte Beute für Ungarns Reiterkrieger vorausschickte.

An der Unstrut kam es am 15. März 933 schließlich zum Zusammentreffen, es ist auch als die »Schlacht bei Riade« in die Historie eingegangen. Aber es war keine wirkliche Schlacht. Die Ungarn flohen bereits beim Anblick des Fußheers. Nur wenige konnten getötet oder gefangen genommen werden, Heinrichs gut gerüstete und schwer bewaffnete Reiter kamen gar nicht ernsthaft zum Einsatz. Wo zeitgenössische Geschichtsschreiber wie Giesebrecht noch frohlockten, die Ungarn seien »in die Flucht geschlagen« worden, erkannten spätere Chronisten nüchtern: Sie verweigerten die Schlacht.

Das hatte auch sein Gutes. So blieb die Bedrohung aus dem Osten erhalten, und dies wiederum zwang die Stammesherzogtümer von Bayern, Sachsen, Schwaben und Franken weiter zum bedingungslosen Zusammenhalt. Gleichzeitig festigte dieser erste Sieg eines deutschen Königs über die für unbesiegbar gehaltenen Ungarn auf Jahrzehnte den inneren Zusammenhalt von Heinrichs Königsherrschaft.

Roland Weis

OTTO DER GROSSE – DER NEUE AUGUSTUS

IN SEINER REGIERUNGSZEIT LEGT DER ERSTE OTTONENKAISER DIE GRUNDLAGEN DES MITTELALTERLICHEN DEUTSCHEN REICHS. ES SOLLTE BIS IN DIE TAGE NAPOLEONS BESTEHEN.

Wir schreiben das Jahr 954. Schon seit Langem bekämpfen sich die Beiden, die sich in diesen Frühlingstagen an der Iller, südlich von Ulm, an der Spitze ihrer Streitkräfte gegenüberstehen. Es droht ein blutiges Duell von geradezu biblischen Ausmaßen. Denn mit dem Mann, der als Otto der Große geschichtsmächtig werden sollte, und seinem designierten Nachfolger Liudolf (* 930, † 957) sind die Gegner keine Geringeren als Vater und Sohn. Was wird aus dem ostfränkischen Reich, in dem die Ottonen erst seit wenigen Jahrzehnten herrschen, sollten beide im Kampf Mann gegen Mann fallen? Die Frage bleibt unbeantwortet, denn in letzter Minute können die Bischöfe Ulrich von Augsburg und Hartbert von Chur eingreifen und einen Waffenstillstand bis Mitte Juni erreichen. Erst im Herbst 954 wird der aufgebrachte Liudolf endgültig aufgeben.

Diese Episode kann als charakteristisch für die Herrschaft des ersten Ottonenkaisers gelten, denn immer wieder lag der im November 912 geborene Otto mit der engsten Verwandtschaft in Fehde. Was provozierte die Familie? Welche Konsequenzen hatten die Kämpfe und Ottos Wiedererweckung des Kaisertums für die deutsche Geschichte? Diese Fragen führen mitten ins Politikverständnis der Zeit. Es wurde erschüttert, als König Heinrich sein Testament machte.

Mit einfachen Worten beschreibt der Mönch Widukind von Corvey in seiner »Sachsengeschichte« eine Neuregelung Heinrichs I., die für Aufruhr unter den Zeitgenossen sorgte: »Und als er merkte, dass sich diese Krankheit verschlimmerte, rief er den ganzen Adel zusammen und bestimmte seinen Sohn Otto zum König, während er Güter und Schätze an die übrigen Söhne verteilte; aber Otto, den größten und besten, setzte er über die Brüder und das ganze Frankenreich.« Erst der Blick auf die Praxis der Karolinger verdeutlicht, warum diese Erbfolgeregelung in Ottos ersten zwanzig Regierungsjahren fast zwangsläufig zum Ausgangspunkt gewalttätiger Konflikte werden musste. Anders als beim Tod eines karolingischen Herrschers, nach dem das Reich unter allen Söhnen aufgeteilt wurde, sollte nun der Älteste alles bekommen, zum Nachteil seines Bruders Heinrich und Halbbruders Thankmar. Den Zeitgenossen musste das als gravierender Bruch althergebrachten Rechts erscheinen.

Und ganz sicher hatte diese testamentarische Verfügung erheblichen Anteil daran, dass sich in der Folgezeit massive Spannungen zwischen den Brüdern entwickeln sollten. Sie wuchsen sich zu großen Adelsaufständen aus, zu deren Erklärung allein die Thronfolge nicht ausreicht. Otto hatte auch ein Selbstverständnis als Herrscher, das von dem seines Vaters erheblich abwich. Anders als Heinrich, der die Großen des ostfränkischen Reichs, das zu diesem Zeitpunkt die Herzogtümer Bayern, Franken, Lothringen, Schwaben und Sachsen umfasste, durch Freundschaftspakte kooperativ an sich band, pflegte Otto zunehmend einen autoritären Herrschaftsstil, der ihm zahlreiche Gegner bescherte.

Am 7. August 936 scheint bei der Krönung an dem symbolträchtigen Ort in der Aachener Pfalzkirche Karls des Großen noch alles in Ordnung gewesen zu sein. Widukind berichtet: » ... die Herzöge aber taten Dienst. Der Herzog der Lothringer, Giselbert, zu dessen Machtbereich dieser Ort gehörte, organisierte alles; Eberhard kümmerte sich um den Tisch, der Franke Hermann um die Mundschenken, Arnulf sorgte für die Ritterschaft sowie für die Wahl und die Errichtung des Lagers.«

In den herausgehobenen Hofämtern leisteten die Herzöge Dienst an der Königstafel, und dieses Bild, das erstmals in der Geschichte auftaucht, darf durchaus verallgemeinert und symbolisch verstanden werden: Gemäß der hierarchischen Ordnung des Reiches haben die Fürsten in ihren Territorien zwar Herrschaftsfunktionen, sind aber dennoch Untertanen König Ottos. Dass die hier skizzierte Unterordnung der Fürsten ganz sicher genau die Vorstellung war, die Otto von seiner Herrschaft hatte, zeigte sich bald: Lange lebte das Reich nicht im Frieden. Genauer gesagt kaum länger als ein Jahr. Bereits im Sommer 937 kam es zu massiven Konflikten.

Ihre Akteure wurden vor allem die beim Erbe benachteiligten Thankmar und Heinrich, aber auch die Herzöge Giselbert von Lothringen und Eberhard von Franken. Krieg kam über das Reich. Neben der Thronfolge scheint er vor allem von des Königs autoritärer Herrschaftsauffassung verursacht worden zu sein.

Als erster erhob sich Thankmar, dessen Ansprüche Otto, ungeachtet des königlichen Geblüts des Bruders, bei der Neubesetzung einer Markgrafenstelle an der Grenze Sachsens zum Slawengebiet unbeachtet gelassen hatte. Eine Brüskierung, Entmachtung und Zurücksetzung, die auch Herzog Eberhard in seinen gewohnten Rechten erfuhr, als der Sachsenkönig ihn wegen einer gewalttätigen Fehde mit dem eigenen, widerspenstigen Vasallen Bruning mit einer Strafe belegte.

Unterstützt von zahlreichen weiteren Adligen, verbunden mit Giselbert von Lothringen und Ottos Bruder Heinrich, den die Aufständischen zunächst entführt hatten, dann aber für ihre Sache gewinnen konnten, brachen sie eine Revolte los, die das Reich zu destabilisieren drohte. Ottos Herrschaft war massiv gefährdet. Selbst nachdem Thankmar 938 in Merseburg im Kampf gestorben war, schien das Glück den Empörern treu zu bleiben.

Doch als königliche Truppen Eberhard, Giselbert und ihre Mannen im Oktober 939 am Rhein überwältigten und beide starben, wendete sich das Blatt. Und als ein für Ostern 941 von Heinrich geplantes Attentat auf den König scheiterte, die Beteiligten hart bestraft und Heinrich wenig später verhaftet wurde, endete diese Phase des Kampfes mit der Verwandtschaft.

In der Familie muss Ottos jüngerer Bruder Brun, den der Herrscher um 940 zu seinem Kanzler machte und der 953 Erzbischof von Köln und des Königs wichtige Stütze in Lothringen wurde, einer der wenigen echten Partner gewesen sein. Heinrich unterwarf sich seinem Bruder beim Weihnachtsfest 941 in Frankfurt. Ihm wurde verziehen, und damit war der Aufstand im Wesentlichen beendet. 948 erhielt der Bruder Judith zu seiner Frau und mit ihr das Herzogtum Bayern.

Doch die Verwandtschaft sollte noch ein weiteres Mal für Unruhe sorgen. Die Ursachen dafür sind im Umfeld des ersten Italienzugs im Spätsommer 951 zu suchen, der dem Sachsenkönig, dessen Frau Edgith bereits im Januar 946 verstorben war, nicht nur die Hand Adelheids, Witwe des italienischen Königs Lothar, sondern auch dessen Reich einbringen sollte. Ihrer beider Sohn Liudolf, der bereits vor dem Vater über die Alpen gezogen war und ihn dadurch sicher beleidigt hatte, war noch im Herbst 951 im Gefolge des Königs in Pavia zu finden. Im November reiste er

Sattelknopf in Pferdekopfform
Almadin- und Karneoleinlagen
markieren Auge und Ohr, 7. Jh.,
im zweiten germanischen Tierstil.

■ Majestas Domini mit kaiserlicher Familie
Relief / Elfenbein (962-983), Thronender Christus mit
Maria und dem heiligen Mauritius, ihm zu Füßen das
knieende Kaiserpaar (Otto I. oder Otto II.).

grußlos ab, um sich zu Weihnachten in Saalfeld mit Großen zu einer Verschwörung zu verbinden. Auslöser mag eine Kränkung durch seinen inzwischen beim König hochangesehenen Onkel Heinrich gewesen sein, dessen Eingreifen Liudolfs Italienzug zu einem Misserfolg hatte werden lassen.

Doch zum Aufstand, an dem sich auch Herzog Konrad der Rote von Lothringen beteiligte, kam es erst, als Adelheid um 952/53 einen Sohn gebar. Er lebte zwar nur wenige Jahre, mag aber als Bedrohung der Erbfolge angesehen worden sein. Ab Ostern 953 ist Krieg die Konsequenz. Die Stadt Regensburg, in die Liudolf sich zurückgezogen hat, wird mehrfach belagert, und fast kommt es zum Duell mit Otto an der Iller. Bis der Sohn aufgibt und sich dem Vater im Herbst 954 unterwirft. Ihr offizielles Ende findet die Revolte, in deren Verlauf die Ungarn ins Reich einfallen, auf dem Hoftag im Dezember in Arnstadt, wo Konrad und Liudolf, bislang Herr in Schwaben, ihre Herzogtümer abgeben. Liudolf stirbt 957 im Dienst des Königs, doch die Verwandtschaft ist schon jetzt befriedet.

Anders als die Verhältnisse in Italien: Otto hatte sich ihnen bereits 951 zugewandt, als er nach dem Tod König Lothars dessen Nachfolger Berengar besiegte, ihm 952 zum Vasallen seiner italienischen Oberherrschaft machte und Adelheid heiratete. Das Ziel des Herrschers, dessen christliche Motivation unter anderem auch in der legendären Lechfeldschlacht am 10. August 955 oder beim energischen Aufbau des Erzbistums Magdeburg zur Heidenmission im Slawengebiet seinen Ausdruck fand, dürfte damals schon die Kaiserkrone gewesen sein. Der universelle Anspruch, als Kaiser Verteidiger der europäischen Christenheit und des Papsttums zu sein, sollte sich jedoch erst verwirklichen, als Papst Johannes XII. Otto 960 um Hilfe gegen den eidbrüchigen Berengar, der päpstlichen Besitz beanspruchte, bat und die Kaiserkrone in Aussicht stellte.

Nachdem der 955 geborene Otto II. zu Pfingsten 961 zum Mitkönig gesalbt und unter die Aufsicht seiner Onkel, der Erzbischöfe Friedrich von Mainz (937 – 954) und Brun von Köln, gestellt worden war, zogen Otto und Adelheid im September über die Alpen nach Rom, wo sie Johannes am 2. Februar 962 zu Kaisern salbte.

Doch damit waren Italien und Rom keinesfalls stabilisiert, denn Berengar gab sich erst 964 geschlagen, und das durch „Weiberherrschaft" korrumpierte Papsttum stellte den Kaiser vor Probleme. Johannes XII. wurde, nachdem er sich von Otto abgewandt und Rom dann verlassen hatte, von einer Synode im Petersdom unter anderem wegen Vorwürfen des Inzests im November 963 in Abwesenheit angeklagt und durch Leo VIII. ersetzt. Mehrfach belagerte der Kaiser in den Folgejahren Rom, weil die Römer, die schon nach der Absetzung Johannes' XII. geschworen hatten, keinen Papst ohne Einverständnis der Ottonenherrscher einzusetzen, mit dem bereits 964 zurückgekehrten Johannes und Benedikt V. zwei Päpste gegen Ottos Willen zugelassen hatten. Erst unter dem im Oktober 965 eingesetzten Johannes XIII., der Otto II. Weihnachten 967 zum Mitkaiser krönte, kam es zur Stabilisierung.

Um 967 datieren auch die Bemühungen, eine byzantinische Prinzessin als Gemahlin für Otto II. zu gewinnen. Nicht zuletzt, um so Gleichrangigkeit mit Byzanz zu dokumentieren. Doch Kaiser Nikephoros Phokas (963 – 969) verlangt dafür die Herrschaft über Rom und Ravenna. Diese Bedingungen sind für die Ottonen unannehmbar, und wegen Streitigkeiten über italienischen Besitz kommt es zum Krieg zwischen beiden Parteien. Der endet, als Johannes Tzimiskes im Dezember 969 Nikephoros ermordet und ihm auf dem Thron nachfolgt. Die Brautwerbung hat 971 Erfolg, und im April 972 verheiratet Johannes XIII. Otto II. mit der zur Mitkaiserin erhobenen byzantinischen Prinzessin Theophanu.

Nach seiner Rückkehr über die Alpen und einigen Jahren prachtvoller Herrschaftsrepräsentation stirbt Otto der Große am 7. Mai 973 in Memleben. Nach einer Trauerzeit von 30 Tagen wird sein Leichnam im Magdeburger Dom beigesetzt. Doch sein Erbe hatte bis 1806 Bestand, denn durch die standhaftigkeit in den Konflikten mit der Verwandtschaft und die Kaiserkrönung ist es dem ersten Ottonenkaiser gelungen, eine beständige territoriale Einheit zu schaffen, die dauerhaft mit der Krone des Kaisers verbunden wurde. Seine Bewohner bezeichnen dieses Gebiet ab dem 11. Jahrhundert selbst als deutsches Reich.

Stephan Scholz

Otto I. schlägt die Ungarn auf dem Lechfeld bei Augsburg am 9. August 955, Stahlstich (um 1840).

Spangenhelm von Stössen, 1. Hälfte d. 6. Jh., Der vergoldete Helm besteht aus sechs Spangen mit schwachem Mittelgrat, die durch eine kleine runde Platte miteinander verbunden sind. Die Spangen tragen eingepunzte Dreiecke und das Kreuz zwischen den Buchstaben Alpha und Omega.

Wilhelm der Eroberer

Als Bastard einer Gerberstochter zum Herzog der
Normandie und schließlich gar König werden — eine solche
Karriere erforderte Geschick und Härte. Und eine gehörige
Portion Glück: Nicht nur die Schlacht von Hastings hätte
für Wilhelm auch ganz anders ausgehen können.

Tatsächlich erschütterte während des erbitterten Gefechts das Gerücht die normannischen Krieger, ihr Herzog sei gefallen. Inmitten der wankenden Reihen riss sich Wilhelm den Helm vom Kopf. Hoch reckte er ihn empor, und sein markantes Profil mit dem rotbraunen Haarschopf wurde für alle sichtbar. »Seht Wilhelm!«, riefen die Männer. »Er lebt!« Sie zügelten ihre Pferde, und erneut hieß es: »Zum Angriff!« Auf dem Schlachtfeld ließ dann nicht Wilhelm, sondern sein Gegenspieler Harold sein Leben. Aus dem »Bastard« wurde »der Eroberer«.

Dabei war Wilhelms Feldzug nach England ein unheilvolles Omen vorangegangen: Als seine Leute die Schiffe für die Überfahrt zimmerten, erschien der Halleysche Komet über Europa. Einmal mehr schien sich zu bestätigen: Das Leben des Herzogs steht unter keinem guten Stern! Denn Wilhelm war unehelich geboren. Robert I., Herzog der Normandie, war der schönen Herleve verfallen, der Tochter eines Gerbers in Falaise. Vermutlich wuchs der Junge bei seiner Mutter auf – sie war möglicherweise erst 17, als sie ihn zur Welt brachte. Robert I. versuchte nie, Wilhelm durch eine Heirat mit Herleve zu legitimieren. »Der Bastard« blieb so der Beiname des Jungen.

Als Robert 1035 auf einer Pilgerreise starb, war Wilhelm ganze sieben Jahre alt – und als einziger Sohn trotz seiner Abkunft der neue Herzog. Die Jugend wurde ein Kampf ums Überleben. Grausame Morde erschütterten den Hof; die Zeit der Regentschaft für den kleinen Wilhelm wurde ein düsterer Abschnitt der normannischen Geschichte. Das förderte allerdings auch die Zähigkeit und Zielstrebigkeit Wilhelms, der zu einem kräftigen und tapferen Krieger heranwuchs. Als ein Mordkomplott gegen den jungen Herzog selbst geschmiedet wurde, gelang diesem mit letzter Not die Flucht. Er ritt die ganze Nacht hindurch und erbat in Poissy den Beistand des französischen Königs. Auf dem Sterbebett wird Wilhelm sa-

gen, seine schlimmsten Feinde hätten sich immer im Herzogtum und in seiner eigenen Familie befunden.

Unter dem Schutz des Königs konnte Wilhelm seine Macht in der Normandie festigen. Treue Männer machte er zu herzoglichen Beamten, ließ sie große Verwaltungsgebiete betreuen. Eine neue Feudalaristokratie entstand, eine kleine Gruppe miteinander verwandter Familien, die auch die geistlichen Würdenträger stellten. Ihr Zentrum blieb freilich immer der Herzog. 1066 herrschte er über eine der mächtigsten und einheitlichsten Provinzen Frankreichs, ein dicht bevölkertes Land mit ausgedehnter Landwirtschaft und regem Handel mit den Brudervölkern in Skandinavien.

Als im Januar 1066 Englands König Eduard ohne Nachkommen starb, war für Wilhelm klar, dass er Anspruch auf die Nachfolge erheben würde. Doch er war nicht der Einzige. Hastig ließ sich Graf Harold von Wessex noch am Tag der Beerdigung Eduards zum neuen König krönen. Wenig später setzte in Norwegen mit König Harald ein weiterer Anwärter seine Truppen in Bewegung.

Die Krönung Harolds hatte Wilhelm persönlich herausgefordert. Er schickte eine Protestnote an den englischen Hof, doch der Herzog wusste, dass die Zeichen auf Krieg standen. Er rief seine Feudalherren zusammen, holte die Billigung des Papstes für seinen Feldzug ein, baute eine Flotte auf, warb um Freiwillige in der Bretagne, Burgund und Flandern, gar Süditalien – und wurde vom Wetter ausgebremst. Über Wochen lagerte Wilhelm an der Kanalküste und betete flehentlich um den passenden Wind. Immer wieder ging sein Blick empor zur Wetterfahne des Kirchturms von Saint Valéry – bis Ende September der Wind drehte. Auf der geschmückten »Mora«, einem Geschenk seiner Frau Mathilda, fuhr Wilhelm seiner großen Eroberung entgegen.

Den Sieg über das eingespielte Heer Harolds bei Hastings verdankte

Wilhelm auch dieser langen Wartezeit. Während sich die Normannen ausruhten, hatte Harold den Widersacher im Norden bekämpft und große Verluste erlitten. Erschöpft erreichte er Hastings ohne seine Bogenschützen, die er auf dem Gewaltmarsch zurücklassen musste. Wilhelm zwang den Gegner in die offene Schlacht, bevor der sich ordnen konnte.

Als sich die Kunde vom Sieg des Normannen verbreitete, ergaben sich Sussex, Kent und Hampshire. Ende November war Wilhelm Herr über Südengland. Er kreiste London ein, bis auch die Hauptstadt aufgab. Ganz in der angelsächsischen Tradition ließ sich Wilhelm am Weihnachtstag 1066 vom Erzbischof von York zum König von England salben. Nun forderte der normannische Adel seine Belohnung. Der hartnäckige Widerstand einzelner Landesteile gegen den nunmehr gesalbten König bis 1071 lieferte zusätzlichen Vorwand, die Länder von »Rebellen« einzuziehen und an die Gefolgsleute Wilhelms neu zu vergeben. Viele der vornehmen Angelsachsen gingen ins Exil, nach Schottland, Flandern, sogar nach Byzanz. Normannische Feudalherren rückten nach.

Das Domesday Book, das rund 20 Jahre nach Hastings alle größeren Landbesitzer in England erfasste, nennt kaum englische Namen. Nur acht Prozent der Ländereien waren im Besitz des angestammten Adels. Viele Normannen dagegen erfreuten sich großer Besitzungen beiderseits des Kanals. Graf Robert de Meulan etwa schmückte sich mit dem Titel Lord of Warwick. Die Mitstreiter Wilhelms aus Flandern und der Bretagne erhielten englische Lehen; aus dem Bretonen Brian von Penthièvre etwa wurde der Graf von Cornwall.

Die fremden Herrscher brachten ihre Lehnsmänner vom Kontinent mit auf die Insel – und damit das starke Band der Feudalgesellschaft, den Treueeid des Vasallen an seinen Herrn und den des Hauptvasallen an den König. In wenigen Jahren schossen bis zu 100 Burgen aus dem Boden; die normannischen Besatzer sicherten ihr neues Reich. Wilhelm selbst gab in London einen prominenten Auftakt: Er ließ den Vorläufer des Towers von London errichten, um die Stadt besser zu kontrollieren. »Er hat Burgen gebaut und die Leute unterdrückt«, heißt es bitter in der Angelsächsischen Chronik. Denn Wilhelm war ein strenger, mitleidloser König, der Kleine und Große unter seine Herrschaft zwang. An anderer Stelle vermerkt der Chronist: »In seinen Kerkern lagen Grafen; Bischöfe verstieß er aus ihren Bistümern und Äbte aus ihren Abteien.«

Nach 20 Jahren konnte keine Gefahr von innen her mehr Wilhelms Herrschaft bedrohen. Es war der französische König, der den Eroberer zu seinem letzten Feldzug zwang: Philipp I. fiel in die Normandie ein; Wilhelm eilte über den Kanal, und in einer der blutigsten Schlachten seiner Laufbahn eroberte er die Stadt Mantes zurück. Doch als er nach dem Sieg durch die brennenden Straßen ritt – so ist es überliefert –, scheute sein Pferd vor den Funken. Der beleibte König wurde so hart gegen den Knauf seines Sattels geschleudert, dass er sich einen Bruch zuzog, der sich zur tödlichen Infektion entwickelte. Vom Sterbebett in Rouen aus übergab er seinem Sohn Robert das Reich. Die Worte »Ich empfehle meinen Geist Maria, der heiligen Mutter Gottes« vollendeten den Tod eines Bastards, aus dem der Eroberer und König Wilhelm geworden war.

Dass Wilhelm zwar Furcht und Untertänigkeit, doch wenig Respekt und Liebe erworben hatte, zeigte sich unmittelbar nach seinem Tod: Nicht nur ignorierten seine Söhne seinen letzten Willen; seine Dienerschaft plünderte, wie ein Chronist berichtet, das Sterbezimmer und machte selbst vor dem Schmuck des Leichnams nicht halt.

Burkhard Fraune

Teppich von Bayeux - Herzog Wilhelm im Gespräch mit Harold; Wandteppich / Wollstickerei auf Leinen (11. Jh.) Herzog Wilhelm empfängt in seinem Schloss zu Rouen den Grafen Harold, den späteren Harold II., der nach seiner Landung in Frankreich gefangen genommen worden war (1064).

■ Teppich von Bayeux - Das normannische Invasionsheer mit Kurs auf England; Wandteppich / Wollstickerei auf Leinen (11. Jh.) Die normannische Flotte, beladen mit Männern und Pferden, setzt die Segel.

■ Teppich von Bayeux - Ankunft von Wilhelm und Harold in Bayeux; Wandteppich / Wollstickerei auf Leinen (11. Jh.) Herzog Wilhelm, mit seinem Prunkschwert thronend, und zwei Begleiter neben einem der beiden Reliquienschreine, an denen Harold den Eid leistet, Wilhelms Thronanspruch zu unterstützen.

EL CID

AUCH WENN MAN DIE FARBSCHICHTEN DER LEGENDE ABBEIZT,
BLEIBT EL CID (ARAB.: »DER HERR«) EINE DER SCHILLERNDSTEN
GESTALTEN DES MITTELALTERLICHEN SPANIENS: VOM VERBANNTEN
STIEG ER ZUM FÜRSTEN AUF, UND WEDER DER KÖNIG VON KASTILIEN
NOCH DER EMIR DER ALMORAVIDEN KONNTE DEN RITTER AUS
VIVAR IN DIE KNIE ZWINGEN.

K astilien im 11. Jahrhundert ist ein hartes Land: Im kargen Norden Spaniens ist der Winter kalt, die Nahrung knapp, das Leben kurz und der Krieg niemals fern. Die reichen Taifen-Emirate der Mauren mit ihren üppigen Gärten, Palästen und Bibliotheken müssen da wie ein ferner Traum erscheinen. Das ist die Welt, in die 1043 Rodrigo Diaz hineingeboren wird.

Sein Vater Diego ist ein berühmter und kriegserprobter Ritter, der in Vivar, nördlich von Burgos, einige Ländereien besitzt. Diego lässt seinem Sohn eine gute Erziehung angedeihen. Anders als viele seiner adeligen Zeitgenossen lernt er nicht nur Jagen, Reiten und den Waffengebrauch, sondern auch Schreiben und Lesen. Seinen Feinschliff erhält Rodrigo als Page am Hof König Ferdinands I. von Kastilien (1035–1065). Als die Lehrjahre abgeschlossen sind, erhebt kein Geringerer als der Infant Sancho den Jüngling aus Vivar in den Ritterstand.

Die Feuertaufe des Ritters lässt nicht lange auf sich warten: 1063 begleitet er den Prinzen Sancho bei seinem erfolgreichen Feldzug gegen die aragonesische Pyrenäenstadt Graus. Bündnispartner der Kastilier in diesem Krieg ist ein Muslim, der Emir al-Muqtamir, Herrscher über den Taifenstaat von Zaragoza.

Nach dem Tod König Ferdinands I. 1065 wird dessen Reich zwischen den drei Söhnen aufgeteilt: Rodrigos Freund und Förderer besteigt als Sancho II. den Thron Kastiliens, sein Bruder Alfons wird König von León, und der jüngste der Söhne Ferdinands, García, wird mit Galicien abgefunden.

Neuer Schwertträger Sanchos II. ist Rodrigo. Der Schwertträger kommandiert nicht nur die Leibwache, sondern fungiert zugleich als militärischer Berater des Königs und Ausbilder der Milizen. Rodrigo wird nötig gebraucht, denn in »guter« spanischer Tradition bricht schon bald ein mörderischer Krieg zwischen den drei Brüdern aus. Am Ende triumphiert

1071 Sancho – wohl nicht zuletzt dank der Fähigkeiten seines Schwertträgers, der »sich unter allen Soldaten des Königs erhöhte«. Sancho vereinigt die Teilreiche wieder und schickt seine Brüder ins Exil.

Doch seine Herrschaft über Kastilien, León und Galicien währt gerade einmal neun Monate. Bei der Belagerung von Zamora stirbt er durch den Dolchstoß eines Verräters. Wer hinter dem Mord steht, lässt sich nicht eindeutig klären, doch der größte Nutznießer ist zweifelsohne Alfons, der nun seinem Bruder auf den Thron folgt. Auch wenn Alfons VI. einen neuen Schwertträger ernennt, bleibt Rodrigo weiterhin ein treuer Diener der kastilischen Krone; um 1075 heiratet er mit der Billigung seines Königs die asturische Adelige Jimena.

Das Jahr 1081 bringt dann die dramatische Wende im Leben Rodrigos, als er von Alfons VI. aus dem Königreich Kastilien verbannt wird. Er hatte den Schwager des Königs, Graf Ordóñes, düpiert, der sich geschickt durch wohlgesetzte Verleumdungen zu rächen wusste.

Doch ein Ritter vom Schlage Rodrigos braucht nicht lange, um eine neue Betätigung für sein Schwert zu finden. Als Söldnerführer mit eigenem Gefolge tritt er in die Dienste von al-Muqtamir. Fünf Jahre kämpft er für Zaragoza gegen Mauren und Christen, plündert das südliche Aragón und wird dabei reich. Voller Respekt nennen ihn die Mauren al-Cid (»der Herr«). Aber auch König Alfons VI. hat Erfolge vorzuweisen. 1085 nimmt er Toledo ein und ist mächtiger als je ein König Kastiliens vor ihm.

Dann verändert sich das spanische Machtgefüge auf einen Schlag, als aus Nordafrika eine neue islamische Macht nach Spanien greift: die Almoraviden, eine fanatisch-fromme Berberdynastie, deren Anführer Yusuf ibn Tashufin seit 1062 in Marrakesch herrscht. Seit dem Fall Toledos war die kastilische Bedrohung zu groß, und so hatte der Taifenherrscher von Sevilla, al-Mutamid, die verschleierten Krieger der Almoraviden ins Land gerufen.

Angetrieben von ihrem religiösen Sendungsbewusstsein vernichten die Berber das kastilische Heer 1086 in der Schlacht von Sagrajas. Nur mit großem Glück überlebt Alfons das Gemetzel. Nach dieser katastrophalen Niederlage braucht Alfons den besten Befehlshabers Spaniens. Er hebt Rodrigos Verbannung auf und gibt ihm das Privileg, alle Gebiete, die er von den Muslimen einnimmt, als erbliches Lehen zu behalten.

In den folgenden Jahren erobert sich Rodrigo mit seinen Söldnern und Verbündeten ein ausgedehntes Territorium an der Mündung des Ebro. Darauf wendet er sich 1092 nach Norden und zieht plündernd und brandschatzend durch das obere Ebrotal. Das Gebiet gehört Graf Ordóñes, mit dem Rodrigo noch eine Rechnung offen hat.

Dann beginnt er im Juli 1093 mit der Belagerung Valencias. Die Kapitale eines Taifenstaates ist das Macht- und Wirtschaftszentrum der Region und eine äußerst appetitliche Beute. Fast ein Jahr hungert Rodrigo die Stadt aus. Ihr Herrscher, der Kadi Ibn Jahhaf, bittet Yusuf um Hilfe, doch der Almoraviden-Emir unterschätzt den Gegner und schickt nur ein schwaches Entsatzheer, das rasch geschlagen wird. Am 15. Juni 1094 muss Ibn Jahhaf kapitulieren, und Rodrigos Mannen ziehen in Valencia ein: »Wer zu Fuß gegangen, wurde Ritter jetzt und saß im Sattel; Gold und Silber gab's in Fülle, jeder wurde reich, der dort war.«

Gegenüber Ibn Jahhaf verhält sich der neue Herr von Valencia nicht gerade ritterlich: Rodrigo lässt ihn bei lebendigem Leib verbrennen. Ein maurischer Chronist überliefert: »Als das Feuer rings um ihn angezündet wurde, hat er die brennenden Holzscheite näher an seinen Körper gezogen, um sein Leiden abzukürzen…«

Erst der Fall von Valencia macht Yusuf deutlich, welche Gefahr von Rodrigo ausgeht. Der Almoravide stellt jetzt eine riesige Armee auf: spanische Mauren, berberische Reiter und dunkelhäutige Krieger aus den wilden Regionen Afrikas. Die Quellen sprechen von 50000 Mann. Der Heerführer ist Yusufs Neffe Muhammad, der den ausdrücklichen Befehl erhält, Rodrigo lebendig gefangen zu nehmen, damit sich sein Onkel persönlich an seinem Feind rächen kann. Angesichts dieser übermächtigen Bedrohung sucht Rodrigo verzweifelt nach Verbündeten, doch weder Aragón noch Kastilien sind bereit zu helfen.

Im Oktober 1094 – nach dem Ende des Fastenmonats Ramadan – steht das siegessichere Almoravidenheer vor Valencia. Es scheint nur eine Frage der Zeit zu sein, bis zum zweiten Mal der Hunger die Stadt in die Knie zwingen wird. Doch am 10. Tag der Belagerung öffnet sich ein Stadttor. Die Christen machen einen verwegenen Ausfall. Vermeintlich scheint

Rodrigo den Angriff anzuführen, und so wirft Muhammad seine ganzen Reserven in die Schlacht, um den verhassten Feind auf einen Schlag zu vernichten. Doch der Angriff ist eine Finte. Mit einem Teil seiner Truppen hat Rodrigo die Stadt unbeobachtet durch ein abgelegenes Tor verlassen und greift wie aus dem Nichts den Rücken des Gegners an. Panik erfasst die Mauren, und ihre Reihen brechen. Wer nicht fliehen kann, verliert Leben oder Freiheit: »Und so hatte er Triumph und Sieg über sie, welche Gott ihm gewährt hatte. Als aber jene besiegt waren, kehrten sie um und wandten sich zur Flucht; eine Menge von ihnen aber fiel durch das Schwert. Andere aber wurden mit ihren Frauen und Kindern als Gefangene zum Lager Rodrigos geführt. «

Nach diesem Triumph nennt sich Rodrigo nun selbstbewusst »Fürst von Valencia« und herrscht mit der Souveränität eines Königs. Er tut alles, um sein ausgedehntes Herrschaftsgebiet zu festigen. Die Grenzen werden durch Burgen gesichert und mit den Schätzen Valencias neue Krieger angeworben. Gleichzeitig knüpft Rodrigo diplomatische Kontakte, die er durch kluge Ehepolitik – er hat drei Töchter – zu festigen weiß. Doch dann stirbt 1097 sein einziger Sohn und damit die Zukunft des »Fürstentums Valencia«. Zwei Jahre später stirbt Spaniens berühmtester Ritter – im weichen Bett wie ein Kaufmann. Ohne einen starken Mann an ihrer Seite kann seine Witwe Jimena Valencia nicht halten. Sie zieht mit dem Leichnam ihres Mannes und den beweglichen Schätzen ab; das prachtvolle Valencia geht in Flammen auf, damit die Krieger Yusufs nur verbrannte Erde erobern können.

1099, im Todesjahr Rodrigos, eroberten auf der anderen Seite des Mittelmeeres die Kreuzfahrer Jerusalem. Die christliche Welt sehnte sich nach Helden. Der pragmatische Söldnerführer Rodrigo, der in seinem Leben niemals eine Schlacht verloren hatte und den Almoraviden die Stirn bot, wurde rasch zum Idealtyp des Ritters verklärt. Bereits im 12. Jahrhundert entstanden Heldenlieder wie das »Poema de Mio Cid«, und in den folgenden Jahrhunderten wurde der »Cid« zu einer epischen Gestalt, hinter der die historische Persönlichkeit Rodrigo Diaz' zunehmend verschwindet. Die Propagandisten der Franco-Zeit machten aus dem »Cid« gar einen Vorläufer des Falange-Führers – kastilisch, katholisch, konservativ. Und 1961 schließlich ließ Hollywoodregisseur Anthony Mann den Ritter endgültig durch die Tore Valencias in die Legende reiten…

Klaus Hillingmeier

El Cid-Statue mit Schnittmaske
(enthüllt 1955)
Standort: Burgos, Spanien.

GOTTFRIED VON BOUILLON

DIE CHRONISTEN VERKLÄRTEN DEN SIEGER
VON JERUSALEM ZU EINER LICHTGESTALT.
DOCH HINTER DER LEGENDE STAND EIN
MENSCH AUS FLEISCH UND BLUT – MIT VIELEN
TUGENDEN, ABER AUCH SCHWÄCHEN.

Er war der beste der Könige, Licht und Spiegel aller anderen!«, preist der Chronist Wilhelm von Tyrus die nur einjährige Regierungszeit des ersten Königs von Jerusalem, Gottfried von Bouillon. Dabei war er noch nicht einmal ein wirklicher König. Er selbst hatte die Krone abgelehnt, denn er glaubte es nicht wagen zu dürfen, an dem Ort die weltliche Herrschaft anzutreten, wo Jesus selbst unter der Dornenkrone gelitten hatte. Stattdessen nannte er sich »Beschützer des Heiligen Grabes« und konnte so das Herrscheramt dennoch annehmen.

Seine Verherrlichung zum Idealbild des Kreuzfahrers schlechthin erlebt der Herzog von Niederlothringen erst in der späteren Literatur. In einer epischen Fassung der »Eroberung Jerusalems« wird seine Wahl zum König der Heiligen Stadt durch göttliche Berufung untermauert: »Um Mitternacht erhob sich nun in der Kirche ein großer Sturm, der das ewige Licht auslöschte, und Blitz und Donner versetzten alle Anwesenden in Schrecken; gleichzeitig entzündete sich die Kerze des großen Herzogs, dem Gott das Königreich und die Ehre schenken wollte, das Land Syrien in Tapferkeit zu regieren.«

Die Erzählung von der Eroberung Jerusalems wird hier zur Heilsgeschichte Gottfrieds, der im Spätmittelalter sogar in den Kanon der »Neun guten Helden« aufgenommen wird. Dort reiht er sich in die Liste der idealen christlichen, jüdischen und heidnischen Ritter ein und steht in der Nachfolge König Artus' und Karls des Großen. Da schon seine Mutter Ida von Ardenne ihre Herkunft auf den berühmten Frankenkönig Karl zurückführte, sprach man auch bei Gottfried schon bald von göttlicher Vorsehung.

Der Sohn eines Grafen von Boulogne wurde mit 15 Jahren von seinem Onkel Gottfried dem Buckligen – dem Herzog Niederlothringens – adoptiert und zum Nachfolger bestimmt, da er selber kinderlos geblieben war. Nach dem Tod des Markgrafen fand sich der junge Gottfried jedoch den Anfeindungen seiner Tante Mathilde und der benachbarten Grafen von Löwen und Namur ausgesetzt. Diese wollten ebenfalls ein Stück vom Erbkuchen abbekommen und taten deshalb alles in ihrer Macht Stehende, um gegen Gottfried zu intrigieren. Rückendeckung fand er nur in seiner engen Beziehung zu König Heinrich IV., den er während des Investiturstreits gegen Papst Gregor VII. unterstützte. 1076 schenkte Heinrich ihm die Mark Antwerpen. Dabei sollte es auch weitere zehn Jahre bleiben, obwohl schon Mutter Ida ihren Sohn immer wieder mit der Hoffnung auf das eigentliche Objekt der Begierde, das Herzogtum Niederlothringen, vertröstet hatte.

Diese Hoffnung wurde aber erst 1087 mit der Krönung Konrads, dem Sohn Heinrichs IV., in Aachen erfüllt. Zu diesem Zeitpunkt war die Lage des frischgebackenen Herzogs unsicherer denn je. Seine Stellung und sein Besitz waren nicht einem erblichen Lehen, sondern nur einer Schenkung des Königs zu verdanken, und daher war die Gefahr groß, sie wieder zu verlieren.

Von allen Seiten bedrängt, konnte er sich rasch für die Idee des Kreuzzugs begeistern und verließ im August 1096 mit einer großen Gefolgschaft an Lothringern die Heimat für den Zug ins Heilige Land. Die Stammburg Bouillon und seine anderen Besitztümer hatte er vorsorglich verpfändet oder verkauft und sich während der Judenpogrome im Mittelrheingebiet gleichsam als Beschützer und Ausbeuter zugleich gegeben.

»Er war nicht nur ein selbstbewusster und starker Herr, er war auch geldgierig, verschlagen und damit weit entfernt von beispielhafter Frömmigkeit«, urteilt der belgische Historiker Georges Despy. Trotzdem war es gerade seine Frömmigkeit, die ihn als »Idealbild des Ritters« kennzeichnete und ihm erlaubte, nach seinem Tod an der Kreuzigungsstätte Golgatha eine würdige Ruhestätte zu finden.

Annika Menzel

Mittelalterliches Zierschwert Blankwaffe mit gerader zweischneidiger Klinge und symmetrischem Griff.

Ritterrüstung Aus der Zeit Gottfried von Bouillons.

RICHARD LÖWENHERZ — HELD MIT SCHATTENSEITEN

Es war einmal ein König, ein Ritter ohne Fehl und Tadel, eherbietig gegenüber den Frauen, edelmütig gegenüber seinen Untertanen und unerbittlich gegenüber seinen Feinden. Er siegte im Morgen- und Abendland, wurde gefangen und musste um seinen Thron kämpfen. Das ist der Stoff aus dem Legenden sind. Aber wie war Richard I., den man Löwenherz nannte, wirklich?

ein familiäres Umfeld war so schwierig wie schillernd. Die Mutter, Eleonore von Aquitanien, hochgebildet, lebenslustig und unter der Sonne Südfrankreichs aufgewachsen, hatte sich von ihrem ersten Mann, dem König von Frankreich, getrennt und Heinrich Plantagenet, den Grafen von Anjou, geheiratet. Aus Liebe und weil er der Erbe des englischen Thrones war. Ihr erste Sohn, Heinrich, Draufgänger, Haudegen und Frauenheld, wurde 1153 in Westminster gekrönt. Richard wurde vier Jahre später am 8. September 1157 als dritter Sohn geboren.

Eleonore und Heinrich waren keine einfachen Eltern. Während sich der rastlose König auf der Jagd befand oder unbotmäßige Grafen zur Räson brachte, hielt Eleonore Hof: Sie übernahm den Vorsitz im Kronrat, fällt Gerichtsurteile, parlierte mit ausländischen Diplomaten, gebar regelmäßig Kinder und ließ sich feiern. Manch einer fragte, ob da mehr war als eine minnigliche Beziehung zwischen ihr und den Rittern, die ihr zu Füßen lagen. Auch der König fragte sich das. Er war übrigens selbst kein Kind von Traurigkeit, wie viele Damen am Hofe zu berichten wussten.

Wie auch immer, das Königspaar lebte sich auseinander, und die Kinder wurden in die Auseinandersetzung einbezogen. Richard stand auf der Seite der Mutter. »Ich hasse meinen Vater«, sagte der 13-Jährige. »Ganz offen zeigt er sich mit seinen Buhlinnen, er baut ihnen sogar Liebesnester und verschleudert unser Erbe!«

Dabei versuchte der alte Plantagenet, es einigermaßen gerecht auf seine Söhne zu verteilen: Heinrich erhielt England, Gottfried die Bretagne, Richard Aquitanien. Nur für Nesthäkchen Johann blieb wenig übrig, sodass er »sans terre« (Ohneland) genannt wurde. Aber letztlich war keiner der Söhne zufrieden. Richard sollte später bitter sagen: »Es ist unser ererbtes Schicksal, dass jeder Bruder gegen seinen Bruder, jeder Sohn gegen seinen Vater kämpfen muss.«

1173 brach der Familienkrieg aus. Der junge Heinrich verbündete sich mit dem König von Frankreich gegen seinen Vater, Richard und Gottfried schlossen sich ihnen an. Aber nun zeigte der Alte, was noch in ihm steckte. Mit einem Söldnerheer stand er plötzlich mitten in Frankreich, überraschte die Heere seiner Gegner und zwang sie zur Kapitulation. Eleonore, in der er nicht zu Unrecht die Drahtzieherin vermutete, ließ er gefangen nehmen und für zehn Jahre einsperren. Erst nach dem Tod seiner Söhne Heinrich und Gottfried versöhnte sich der König mit Eleonore und Richard. Nach Poitiers zurückgekehrt, meinte Richard über seinen Vater: »Er ist widerlich fett, hat wirres Haar und stinkt aus dem Maul. Kaum zu glauben, dass er mein Erzeuger ist! Er frisst und säuft von seinem gepanschten, trüben und ranzigen Wein. Mutter beleidigt er ständig; inzwischen hat er sie schon wieder einsperren lassen. Er ist eine Schande für England!«

Dies war natürlich auch Zweckpropaganda – Richard verstand es, die Öffentlichkeit für sich einzunehmen. Für die Sänger des 12. Jahrhun-

derts verkörperte er das Urbild des edlen Ritters: ein kräftiger, rotblonder Hüne, bis zur Tollkühnheit mutig, fast unbesiegbar auf dem Turnierplatz und als Feldherr sogar dem Vater überlegen; gerecht gegenüber allen, ob arm oder reich, ein Dichter und Sänger, ehrerbietig gegenüber den Frauen, obwohl er – wie einige Historiker vermuten – vielleicht eher Knaben zugeneigt war. Unter diesen Vorzeichen nahm er den Kampf gegen seinen Vater erneut auf und fügte ihm eine totale Niederlage zu. Am Tag vor der letzten Schlacht wechselte auch sein Bruder Johann auf seine Seite. Kurz darauf starb Heinrich Plantagenet. Richard wurde am 3. September 1189 zum König von England gekrönt.

Noch bei der Zeremonie schwor er öffentlichkeitswirksam, sich auf einen Kreuzzug zu begeben. Er hatte es eilig. Er wollte Kampf, Abenteuer, Ruhm; das Regieren überließ er lieber anderen. In Aquitanien hatte er damit Glück gehabt, in England weniger. Denn als er sich zu seinem größten Abenteuer aufmachte, ließ er das Land in den Händen eines arroganten Kanzlers und seines intriganten Bruders zurück. Seine Mutter reiste ihm bis Messina nach, weil sie sich um den Fortbestand ihrer Familie sorgte. Sie überredete ihn, Berengaria von Navarra zu heiraten, auch um den Gerüchten über seine Homosexualität entgegenzutreten.

Was folgte, war für Richard typisch: Wütend ritt er allein davon und hörte aus einem verfallenen Turm den Schrei eines Falken. Er wollte das prächtige Tier mitnehmen, da tauchte sein Besitzer auf. Obwohl Richard beteuerte, er sei der König von England, hielt der Italiener ihn für einen gemeinen Dieb und hetzte seine Knechte auf ihn – beinahe wäre Richard Löwenherz beim Falkenraub von ein paar Dörflern erschlagen worden! So aber konnte er seinen Weg ins Heilige Land fortsetzen.

»Richard, durch Gottes Gnade König von England, Herzog der Normandie und von Aquitanien, Graf von Anjou, sendet seinen innig geliebten und getreuen Untertanen seinen Gruß! Wisset, das Wir uns nach der Einnahme von Akkon und nach der Abreise des Königs von Frankreich, der gegen den Willen Gottes feige das Ziel seiner Pilgerschaft aufgegeben und sein Kreuzfahrergelübde gebrochen hat, auf den Weg nach Jaffa gemacht haben. Wir näherten uns der Stadt, als Sultan Saladin mit einer mächtigen Schar auf Uns herniederstürzte. Aber durch die Barmherzigkeit Gottes verloren Wir an diesem Tag keinen Ritter außer einem. So kamen Wir durch Gottes Hilfe nach Jaffa, das Wir mit Mauer und Graben befestigten. Am Tage vor Mariae Geburt verlor Saladin erneut eine unübersehbare Zahl von Männern und wurde in die Flucht geschlagen ...«

Diese triumphale Botschaft konnte Richard Anfang 1192 durch Herolde in der Heimat bekannt machen. Richard erwies sich in der Tat als glänzender Feldherr, der sich auch bei seinen Gegnern Achtung, ja Bewunderung verschaffte. Aber es zeigten sich auch seine Schattenseiten. Durch seine überhebliche Art machte er sich im eigenen Heer zahlreiche Feinde, vor allem Frankreichs König Philipp II. und Herzog Leopold von Österreich. Nach der Belagerung von Akkon ließ er fast 3000 mus-

limische Gefangene unter einem fadenscheinigen Vorwand hinrichten. Jerusalem sah er nur aus der Ferne. Die Zwietracht unter den Kreuzfahrern und der hinhaltende Widerstand Saladins verhinderten einen schnellen Sieg.

Aus der Heimat kamen schlechte Nachrichten hinzu: König Philipp verbündete sich mit Bruder Johann – der eine wollte sich Aquitanien und die Normandie unter den Nagel reißen, der andere England. Den Kreuzzug konnte Richard wenigstens mit einem Vertrag, der den Christen freien Zugang zu den heiligen Stätten garantierte, ehrenvoll beenden. Die Heimreise endete anders als erwartet: Herzog Leopold nahm Richard und seine Begleiter in Österreich gefangen und verlangte für ihre Freilassung 150 000 Mark Silber. Die Geschichte, der Sänger Blondel habe überhaupt erst herausgefunden, dass der König noch lebte und gefangen sei, ist wohl nur eine Legende.

England brachte die horrende Summe für seinen König auf, trotz der klaren Versuche Johanns, eine Rückkehr Richards zu verhindern. Den Baronen war Richard, der fast nie zu Hause war, lieber als der geldgierige Johann. Von allen Freunden und Speichelleckern verlassen, ritt Johann, wieder einmal ohne Land, Richard entgegen und warf sich ihm vor die Füße. Der reagierte zuerst etwas hilflos, dann hob er seinen Bruder auf und verzieh ihm. So war Johann wieder einer der mächtigsten Männer Englands, während Richard rastlos wie eh und je wieder auf das Festland übersetzte, um sei-

nen Dauerstreit mit Philipp von Frankreich fortzusetzen.

Während der Belagerung der Burg Chalûs 1199 wurde er durch einen Armbrustbolzen verwundet. Die Wunde entzündete sich, und das Fieber wurde immer schlimmer. Was für ein schmähliches Ende für Europas größten Helden! Richard Löwenherz starb am 6. April 1199 in den Armen seiner Mutter. Die Troubadoure machten ihn, der schon zu Lebzeiten berühmt war, nun erst recht zu einer Legende:

»Tot ist der König! Und seit viel Hundert Jahren
von keinem seiner Art man hat erfahren!
Freigebig, tapfer und bekannt in allen Reichen,
kaum noch mit Persiens Alexander zu vergleichen.
Und selbst bei dem konnt' niemand auf so reiche Gabe hoffen.
Den großen Karl und König Artus hat er übertroffen!«

Hans- Peter von Peschke

Walther von der Vogelweide

Die Zeit Friedrichs II. wird durch die Lyrik seiner Epoche sehr lebendig. Vor allem die Gedichte des deutschen Minnesängers Walther von der Vogelweide berichten über den Stauferkaiser und seine Politik.

Das Vermächtnis Walthers besteht aus mehr als 90 Liedern und 150 Sprüchen. Das Aussehen des Dichters ist uns leider nicht überliefert. Auch ist nur wenig über ihn als Person in seinen Werken oder den Liedern anderer Sänger zu erfahren. Walthers Geburtsort ist durch »von der Vogelweide« nicht eindeutig zu identifizieren, da es im Mittelalter nahezu bei jeder Burg und jeder Stadt eine »Vogelweide« für die Falkenjagd gab. Als historische Person tritt er einzig in einer Notiz des Passauer Bischofs Wolfger von Erla am 12. 11. 1203 auf, als der »Sänger Walther« als Empfänger von fünf Schilling für einen Pelzmantel genannt wird. Des Weiteren wissen wir, dass er von Reinmar dem Alten seine Sangeskunst am Hof der Babenberger in Österreich erlernte.

Als der Babenberger Herzog Friedrich I. 1198 starb, endete Walthers Lehrzeit. Er musste sich seinen Lebensunterhalt nun selbst verdienen, indem er von Hof zu Hof zog und seine Lieder vortrug. Dafür hatte er in seinem Repertoire neben dem Minnesang, also der gesungenen Liebeslyrik, auch seine Spruchdichtung, sodass er je nach Geschmack der Zuhörer aufspielen konnte. Die Spruchdichtung nutzte er als erster deutschsprachiger Literat, um das politische Geschehen im Reich zu kommentieren. Er war somit mittelalterlicher Popstar und Kabarettist in einem.

Walther trat für eine starke Zentralgewalt ein, wobei der staufischwelfische Gegensatz für ihn eine untergeordnete Rolle spielte: »Ihr aber, Länder deutscher Zunge, wie steht es mit eurer Ordnung? Selbst die Mücke hat einen König, aber euer Ansehen zerfällt unaufhaltsam. Bekehrt euch, bekehrt euch! Die Fürstenkronen haben zu viel Macht, die kleinen Könige drängen sich vor. Setzt dem Philipp die Kaiserkrone auf und heißt die anderen zurücktreten!«

Links: Walther von der Vogelweide Miniatur aus der Weingartner Liederhandschrift.
Rechts: Codex Manesse, Bl. 124 recto - Herr Walther von der Vogelweide, Miniatur / Pergament (1305-1340).

Laute, Ursprünglich aus dem arabischen Raum stammendes Zupfinstrument mit Korpus und angesetztem Hals.

Waltherdenkmal von Heinrich Natter in Bozen (enthüllt 1889).

Er propagierte damit die Wahl des Staufers Philipp von Schwaben zum deutschen König. Nach dessen Ermordung 1208 besang er jedoch den Welfen Otto IV. von Braunschweig als einzig möglichen Herrscher. Als dessen Stern sank, setzte er sich erneut für das staufische Lager ein, diesmal für den Sizilianer Friedrich II.

Für Walther hatte die starke Einheit des Reiches Vorrang; sein Herz gehörte jedoch der staufischen Sache. Im Dienste des Welfen Otto betonte Walther 1212 in seiner Dichtung »Hêr keiser, sît ir willekomen« nur dessen von Gott gegebene kaiserliche Herkunft als Grund für den Thronanspruch. Nach dem Wechsel in Friedrichs Dienste schwelgte der Dichter aber in Lobeshymnen über den Staufer als Menschen: »Herr König, ihr seid der Beste, da Ihr guten Lohn gebt!«

Der ökonomische Gedanke spielte eine entscheidende Rolle bei all seinem Tun: Stets war Walther darauf bedacht, einen Gönner zu finden, der ihm einen festen Wohnsitz bescherte. Auf diesem Wege bedeuteten wechselnde Arbeitgeber natürlich auch wechselnde Ansichten. Walther erreichte sein Ziel, als Friedrich II. ihm 1220 ein kleines Lehen, wahrscheinlich bei Würzburg, schenkte. Dort starb Walther wohl um 1230 und hinterließ der Nachwelt nicht nur Zeugnisse über die höfische Ritterkultur, sondern auch Berichte über die politischen Vorgänge seiner Zeit.

Maike Berg

ALFONS DER WEISE

Alfons X., geboren im Jahre 1221 zu Toledo, entstammte der Ehe Ferdinands III. mit Beatrix, einer Tochter des Stauferkönigs Philipp von Schwaben. Diese Verwandtschaft führte den kastilischen Herrscher unerwartet in die gefährlichen Untiefen der römisch-deutschen Reichspolitik.

Mit der Eroberung der andalusischen Häfen mauserte sich das Königreich Kastilien zu einer Handelsmacht. An den Quais von Sevilla stapelten sich die Waren, und Gold aus Afrika floss in die Kassen. Was dem Adel an Geschäftssinn abging, das lieferten die erfahrenen genuesischen Handels- und Finanzleute, die bereits bei der Eroberung Andalusiens mit ihren Schiffen geholfen hatten.

In seiner Jugend war Kronprinz Alfons in den Kampf gegen die letzten Bastionen der Mauren gezogen, und 1243 wurde unter seiner Führung die Stadt Murcia eingenommen. Damit allerdings waren die Kastilier in die Interessensphäre der Aragonesen vorgestoßen, die bereits 1238 das angrenzende Königreich Valencia erobert hatten. 1244 schloss man einen Vertrag, der Murcia bei Kastilien ließ. Zur Besiegelung des Ausgleichs musste Alfons die aragonesische Königstochter Violante heiraten. Seit 1252 saß der Sohn Ferdinands III. als Alfons X. auf dem Thron von Kastilien. Er strebte danach, aus Kastilien eine europäische Großmacht zu machen.

Währenddessen starben im fernen römisch-deutschen Reich kurz hintereinander die Stauferherrscher Kaiser Friedrich II. (1250) und dessen Sohn Konrad IV. (1254). Als Enkel Philipps reklamierte Alfons das Herzogtum von Schwaben nun für sich. Zudem forderten ihn die Anhänger der Stauferpartei in Italien (Ghibellinen) auf, sich für ihre Sache zu engagieren, nach der Kaiserwürde zu greifen und das Erbe des Imperators Friedrich II. anzutreten. Rechtsgrundlage, um derartig kühne Ambitionen zu verwirklichen, war die Wahl zum römisch-deutschen König.

Doch Alfons konnte in der Königswahl in Frankfurt 1257 nur vier der sieben Kurfürstenstimmen auf sich vereinen: den Erzbischof von Trier, den Herzog von Sachsen, den Markgrafen von Brandenburg sowie den König von Böhmen. Aber Letzterer hielt es für besonders raffiniert, mit den drei Kurfürsten von Köln, Mainz und Kurpfalz gleichzeitig für Alfons' Rivalen zu stimmen, für Richard von Cornwall, den Bruder des englischen Königs. Keiner der beiden Könige war in den folgenden Jahren in der Lage, seinen Herrschaftsanspruch im Reich wirklich durchzusetzen. In der Geschichtsschreibung wird diese Epoche ohne greifbare Königsmacht daher als Interregnum bezeichnet.

Trotz der problematischen Doppelwahl erklärte Alfons am 21. August in Burgos, er nehme die Wahl an und werde demnächst nach Deutschland kommen. Er kam nie, obwohl er für seine Untertanen die Steuerschraube kräftig anzog, um für die deutschen Fürsten genügend Bestechungsgelder zur Verfügung zu haben. Er rief damit zu Hause eine Inflation hervor.

Alfons konnte die Zustimmung der Kurie für seinen Griff nach der Reichskrone nicht gewinnen. Seit den Tagen Kaiser Friedrichs II. hatten die Päpste sich in einen geradezu alttestamentarischen Hass gegen die Hohenstaufer hineingesteigert und waren daher nicht geneigt, jemanden zu unterstützen, der seine Ansprüche ausgerechnet aus staufischer Verwandtschaft herleitete. Als ob es den Kastilier nicht gäbe, kamen 1273 nach dem Tode Richards von Cornwall die Kurfürsten auf päpstliches Geheiß zusammen, um einen neuen König zu küren. Die Wahl fiel auf Rudolf von Habsburg. Doch erst 1275 sah Alfons ein, dass er im großen Spiel um die Reichskrone verloren hatte und seine hochfliegenden Träume vom Imperium geplatzt waren. Es ist schwer, ihm diese Niederlage vorzuwerfen, denn gegen Papst und die unzuverlässigen Reichsfürsten reichten weder seine diplomatischen noch seine finanziellen Mittel aus…

In seinen letzten Jahren musste er sich neben dieser Demütigung zudem mit der Widersetzlichkeit seiner Söhne aus verschiedenen Ehen abfinden; gegen seinen Sohn Sancho führte er sogar Krieg. Am Ende seines Lebens (1284) war die Herrschaft des »Imperators« Alfons auf die Städte Sevilla und Murcia beschränkt…

Dass Alfons X. trotzdem unter dem Beinamen »der Weise« (el sabio) in die spanische Geschichtsschreibung einging, hatte nichts mit seiner

Alfons X. von Kastilien
Abbildung aus dem Libro de los juegos,
1251–1282.

Zwei Schachspieler und zur
Seite eines jeden Spielers ein
Drechsler bei der Herstel-
lung von Schachfiguren
Miniatur aus: Schachbuch
des Alfons des Weisen
(Codex Alfonso), 1283.

Statue von Alfons X., erschaffen 1892 von
José Alcoverro y Amorós (1835-1910)
Standort: Eingangstreppe der National-
bibliothek Spaniens in Madrid.

ALFONSO EL SABIO.

zerfahrenen Politik zu tun. Vielmehr war er für seine
Zeit ein einmaliger Förderer von Kunst, Kultur und
Wissenschaft. Er kann sogar wegen der Werke, die unter
seinem Patronat entstanden, als Schöpfer der spanischen
Schriftsprache gefeiert werden, die auf dem kastilischen
Dialekt basiert. Auf ihn geht eine Übersetzung der Bibel
ins kastilische Spanisch zurück, und er sorgte dafür, dass
Urkunden, anstatt im herkömmlichen Latein, in der
Landessprache verfasst wurden.

Die umfangreichen Geschichtswerke wie die »Cronica
General« oder die »Estoria de España«, die er verfassen
ließ, basieren unter anderem auf arabischen Quellen und
zählen somit zu den bedeutendsten Chroniken dieser
Epoche. Alfons regte auch juristische Lehrbücher an, die
das römische und das Kirchenrecht mit philosophischen
Elementen der Antike verbinden sollten.

»Der Weise« installierte in Toledo eine Übersetzer-
schule, die sich auf das Übertragen wissenschaftlicher
Texte aus der arabischen Welt spezialisierte, was wenige Generationen
später in der westeuropäischen Renaissance reiche Früchte trug. Auch
astronomische Werke ließ Alfons verfassen, die nach Art der Zeit auch
eine Menge Astrologie enthielten. Es gibt sogar Spekulationen, Alfons
habe mit dem heliozentrischen Weltbild sympathisiert, obgleich die Idee
von der Sonne als Zentrum unseres Planetsystems damals als absolut
ketzerisch galt. Und einmalig im abendländischen Mittelalter war sein
vollständig aus dem Arabischen übernommenes »Buch vom Schach, den
Würfeln und den Brettspielen«.

Bernd Rill

Edward Der schwarze Prinz

Er galt in den Augen des europäischen Adels als »Blüte des Rittertums«. Als einer der Befehlshaber war er der Held der Schlacht von Crécy; er nahm 1347 Calais ein und verteidigte es erfolgreich. Er war tapfer, aufbrausend, verschwenderisch und rücksichtslos.

de cheual toutes les batailles a -
efmouuoir [?] vng petit deuat

ou royaulme de castille puis dist
auant bannieres ou nom de dieu et

So wurde er zur Legende, obwohl – oder vielleicht weil – er vor seinem Vater starb. Wegen seiner schwarzen Rüstung erhielt Eduard, der »Prince of Wales«, Sohn Eduards III., den Beinamen »der Schwarze Prinz«.

Als er 1355 mit einem Heer wieder französischen Boden betrat, war eine Periode vergeblicher Friedensverhandlungen zu Ende gegangen. Frankreichs neuer König, Johann der Gute, hatte einen Teil des Adels gegen sich aufgebracht, der zusammen mit dem städtischen Bürgertum nur begrenzt zu Geld- und Waffenhilfe bereit war – ein Problem, das auch Eduard III. plagte; 1354 sprach sich das Unterhaus ganz offen für einen endgültigen Frieden mit Frankreich aus.

Aber am Ende langwieriger Verhandlungen stand 1354 nur ein einjähriger Waffenstillstand, und als dieser im Sommer 1355 auslief, setzten zwei englische Heere auf das Festland über. Das Kontingent unter Führung des Schwarzen Prinzen landete in der Nähe von Bordeaux. Was nun folgte, war kein Feldzug, sondern eine Strafaktion. Mit seinem Heer zog der Prinz bis nach Narbonne, ohne auf militärische Gegenwehr zu treffen. Er plünderte und verwüstete das Land in bislang unvorstellbarer Art und Weise und verweigerte die Annahme von Tributen der Städte, die sich von der Verheerung freikaufen wollten. Mit diesem Terror verfolgte er mehrere Ziele: Die Städte sollten sehen, was es hieß, sich mit dem französischen König zu arrangieren; dem Adel sollte klar werden, dass er besser mit den Engländern kämpfen sollte. Weniger »erfolgreich« war

das zweite englische Expeditionskorps unter dem Herzog von Lancaster. König Johann schnitt die Feinde von ihrem Nachschub ab, und sie zogen sich schon nach zehn Tagen wieder auf die Insel zurück.

Ein Jahr später wiederholte sich das Ganze: Im Juli zog der Herzog von Lancaster von Cherbourg aus Richtung Bretagne, während Prinz Eduard von Bordeaux aus gegen Norden aufbrach. Aber der Vormarsch des Schwarzen Prinzen stockte an der Loire, wo der Gegner sämtliche Brücken zerstört hatte. Dann sah er ein starkes französisches Heer auf sich zukommen, zögerte ein paar Tage und kehrte nach Süden um, um die Beute in Sicherheit zu bringen. Denn Johann der Gute hatte die bislang größte französische Armee auf die Beine gestellt, vorsichtig geschätzt verfügte er über 16000 Mann und damit über mindestens doppelt so viele Leute wie Eduard.

Der tat denn auch alles, die Schlacht zu vermeiden, und stimmte dem Vorschlag eines kirchlichen Vermittlers nach Räumung aller besetzten Gebiete und einem siebenjährigen Waffenstillstand zu. Angesichts seiner offensichtlichen Überlegenheit beging König Johann nun zwei Fehler: Einmal wollte er dem Handel nur zustimmen, wenn sich auch Eduard selbst und 100 seiner Ritter in seine Gefangenschaft begäben, eine Forderung, die der stolze Prinz ablehnen musste. Dann entschloss er sich, den Gegner, der sich in ein unübersichtliches, mit Hecken und Büschen durchsetztes Sumpfgebiet zurückgezogen hatte, anzugreifen…

In der nun folgenden Schlacht von Poitiers (Maupertuis) unterlag das französische Heer trotz seiner Übermacht und zahlreicher individueller Heldentaten. Die Reiterangriffe erwiesen sich unter dem Pfeilhagel der englischen Bogenschützen erneut als höchst verlustreich. Im Chaos behielt der Schwarze Prinz die Übersicht und befahl, nachdem sich der Kampf in zahllose Einzelgefechte aufgelöst hatte, den direkten Angriff seiner Reserven auf das Kontingent König Johanns. Als sich der französische Monarch ergeben musste, flohen die Reste seiner Armee.

Die Verluste auf französischer Seite waren enorm, fast 2500 Adelige waren unter den Toten; ebenso viele hatten sich ergeben und waren gegen das Versprechen von Lösegeld – an das sie sich den damaligen Sitten entsprechend auch hielten – wieder freigelassen worden. Verheerend auf die Stimmung in Frankreich wirkten sich vor allem die zahlreichen Berichte darüber aus, dass ein Großteil des Adels während der Schlacht geflohen war und den König im Stich gelassen hatte. Dazu kam, dass Bürger und leibeigene Bauern zusätzliche Abgaben entrichten sollten, um das Lösegeld für ihre Herren aufzubringen.

So war die Saat für Aufstände gelegt, die von zwei Seiten kamen. Einmal wehrten sich die Bürger vor allem der Stadt Paris. Sie monierten nicht zu Unrecht, dass der Adel die Gegenleistung für ihre Abgaben schuldig blieb, nämlich für Sicherheit und Ordnung zu sorgen. Überall trieben sich plündernde Söldnerhorden herum und überfielen Kaufmannszüge, Dörfer und sogar kleinere Städte. Und manch Adeliger machte dabei mit, um so das Lösegeld für sich oder einen seiner Verwandten zu »verdienen«.

Dies brachte nun auch die Bauern in Rage. Die »Jaques« – so der Spitzname für den gemeinen Landmann – waren lange geduldig gewesen. Nach einer Protestversammlung in einem Dorf bei Chantilly brach der Aufstand los gegen alles und jedes, was nach Adel und Reichtum aussah. Bald breitete sich diese »Jaquerie« über halb Frankreich aus. Radikale Bürger suchten zwar ein Bündnis mit den Bauern, aber am Ende schlug der in dieser Frage vereinte Adel die Revolte blutig nieder, um dann sofort wieder in heftige Auseinandersetzungen zu verfallen, mit König Karl von Navarra auf der einen und mit dem Dauphin Karl auf der anderen Seite…

Währenddessen hatte König Johann im »goldenen Käfig« von London gelebt. Standesgemäß untergebracht, verhandelte er zäh mit den Engländern. Weil er sah, dass die Lage in seinem Land immer schwieriger wurde, gab Johann im März 1359 nach. Er erklärte sich bereit, für seine Freilassung vier Millionen Gold-Ecus zu zahlen und halb Westfrankreich an Eduard abzutreten. Als diese Bedingungen den Generalständen in Frankreich bekannt wurden, verweigerten sie die Annahme und erklärten wegen dieses »unerträglichen und beleidigenden Vertrags« England den Krieg.

Noch im Herbst versuchte König Eduard, den endgültigen Sieg über Frankreich zu erringen. Aber der Dauphin Karl fand gegen den zahlenmäßig und militärisch überlegenen Gegner die einzig richtige Antwort.

Breslauer Bilderhandschrift der Chronik des Jean Froissart, Bd. 1, fol. 303 verso, Deckfarben auf Pergament (1468-1469), Schlacht bei Najera am 3. April 1367 während des spanischen Kriegszuges von Edward Plantagenet, der gemeinsam mit Peter I. von Kastilien dessen Halbbruder Heinrich von Trastamara besiegte.

Schlacht von Crecy (1346) - der englische König Edward III. besiegt den französischen König Philipp VI. Miniatur aus: Chroniques de France, dAngleterre et des pais voisins von Jean Froissart, begonnen 1370.

Zierschwert aus der Zeit von Eduard Plantagenets (1330-1376).

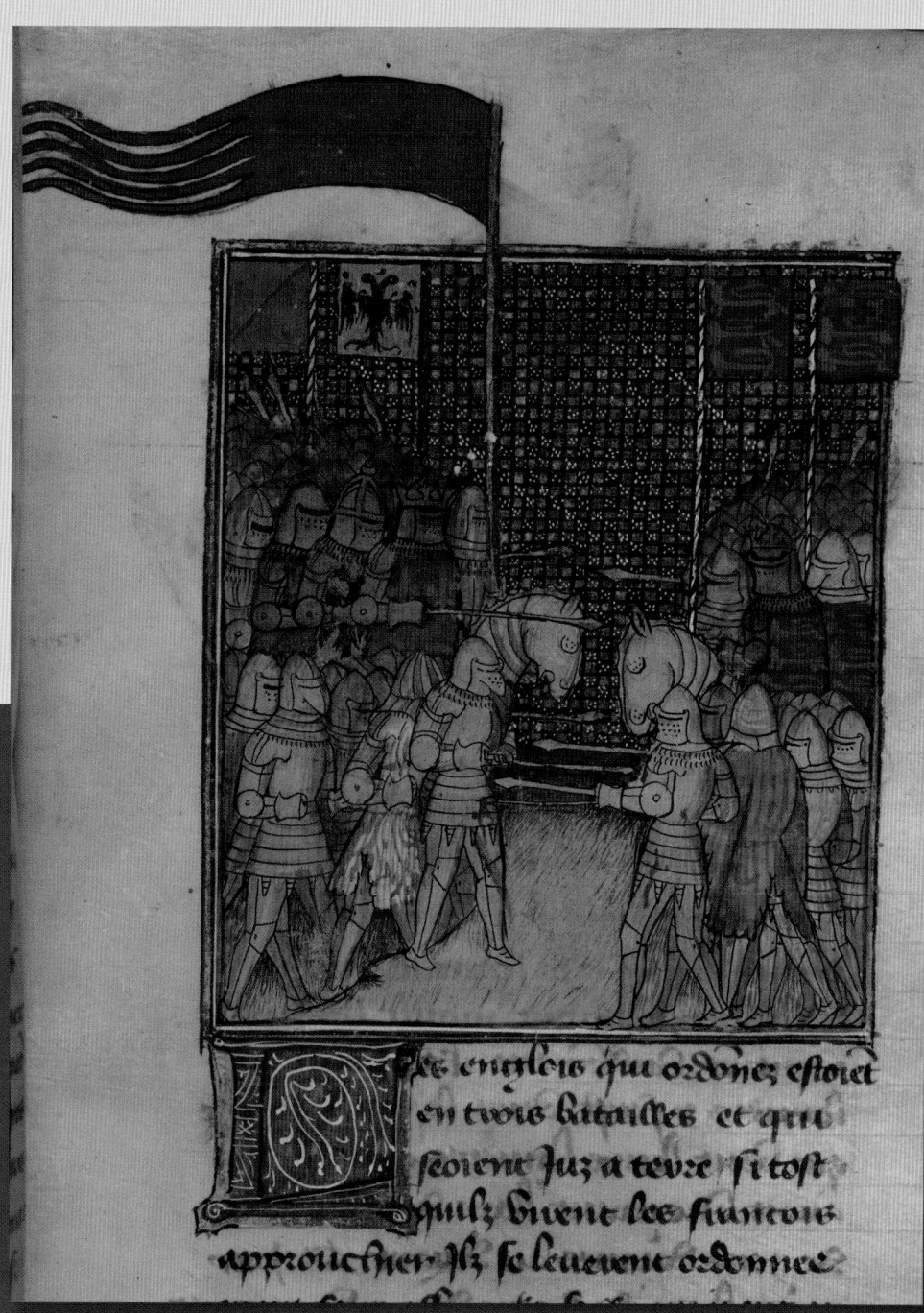

Er vermied die offene Feldschlacht und verfolgte, wenn die Engländer eine Stadt belagerten, im Hinterland eine Taktik der verbrannten Erde, worauf die Angreifer oft mehr hungerten als die Eingeschlossenen. Schließlich setzte der englische Herrscher alles auf eine Karte und wollte Paris einnehmen. Doch ein unerwarteter Kälteeinbruch mit Hagel und Sturm am 13. April zerstörte das Lager. Nach diesem »Schwarzen Montag« musste sich sein Heer zurückziehen. Abgekämpft waren nun beide Seiten zum Frieden bereit, der dann im Mai 1360 in Brétigny geschlossen wurde.

In ihm verzichtete Eduard III. auf alle Ansprüche auf die französische Krone so wie auf das Anjou und die Normandie. Dafür blieben ihm Calais und ganz Aquitanien. Zusätzlich zu den Gebietseinbußen musste Frankreich noch 3 Millionen Goldécus Lösegeld zahlen. Doch mit dem Frieden waren die Probleme Frankreichs keineswegs beseitigt. Denn nun kam die Pest zurück. Zwar starben weniger erwachsene Menschen, dafür viele der nach dem letzten Pestzug geborenen und deshalb nicht immunen Kinder. Dazu verheerten die Briganten weiterhin das Land. Als Frankreich – was abzusehen war – das gesamte Lösegeld nicht aufbringen konnte oder wollte, ging Johann als Geisel nach England zurück, wo er 1364 starb. Damit war für den neuen König, Karl V., zumindest die Lösegeldfrage erledigt, und er widmete sich der Konsolidierung seines Königreiches. Die Stabilisierung der schwindsüchtigen Währung gelang tatsächlich, dazu kam eine Art Verfassungsreform, die auf eine Stärkung des Königtums zielte.

Der Schwarze Prinz war inzwischen von seinem Vater zum Fürsten von Aquitanien und der Gascogne ernannt worden. Dabei war der Status Aquitaniens nicht klar: In Brétigny war es England zugesprochen worden, gleichzeitig unterstand es aber der Oberhoheit Frankreichs. Aber Eduard verstand sich nicht als Vasall Karls V. Als dessen Truppen in den spanischen Thronfolgekrieg eingriffen, rief der abgesetzte König Peter von Kastilien den Schwarzen Prinzen zu Hilfe. In der Schlacht von Najera 1367 – die Chronisten hielten sie für seinen brillantesten Erfolg – entschied er den Kampf. Doch der Sieg hatte bittere Folgen. Zum einen zog sich Eduard eine chronische Krankheit zu – vermutlich Ruhr –, die sich stetig verschlimmerte. Zum anderen zahlte König Peter die Kosten des Feldzugs nicht, worauf der Prinz die Abgaben und Steuern in der Gascogne und Aquitanien erhöhte, was eine Rebellion eines Teils des Adels und eine Intervention des französischen Königs nach sich zog. Karl V. beorderte seinen »Vasallen« nach Paris, damit er zu den Beschwerden seiner Adeligen Stellung nehme. Die Antwort Eduards war ebenso erwartet wie erwünscht. Er werde nach Paris kommen, »aber mit dem Helm auf dem Kopf und in Begleitung von 60000 Männern.«

Der nun folgende Krieg verlief nicht weniger grausam, aber ausgeglichener als die vorhergehenden. Nur noch einmal konnte sich dabei der Prinz in Szene setzen. Als Karl V. durch geschickte Verhandlungen erreichte, dass Limoges die Seiten wechselte, erschien Eduard – von der Krankheit gezeichnet – vor der Stadt. Von der Bahre aus leitete er die Operationen, bis seine Truppen die Stadt stürmten. Er befahl, keinen der Einwohner zu schonen und Limoges zu plündern und niederzubrennen. Dieses Gemetzel grub sich tief in das französische Geschichtsbewusstsein ein.

Für den Prinzen war es die letzte Schlacht. Unfähig, weiter zu regieren, geschweige denn Armeen zu führen, übergab er Auqitanien und die Gascogne seinem Bruder Johann von Gent und kehrte nach London zurück. Dort starb er am 8. Juni 1376, ein Jahr vor seinem Vater. Der machte sich noch einmal den Nimbus des Schwarzen Prinzen zunutze und ließ ihn als »größten englischen Ritter und Helden« feierlich in der Kathedrale Canterbury beisetzen…

Comment le roy dampietre de castil

Jeanne dÁrc – Die Retterin

Eine Jungfrau werde Frankreich vor den Engländern retten, diese Prophezeiung lag in der Luft. Deswegen wunderte sich der Ritter Baudricourt von Vaucouleurs nicht unbedingt, als ihm Anfang 1429 ein etwa 16-jähriges Mädchen vorgeführt wurde: Jeanne, Tochter des Landmannes Jacques dÁrc aus Domrémy.

Jeanne erzählte, ihr seien der Erzengel Michael und die Heiligen Katharina und Margarete erschienen und hätten sie aufgefordert, die Engländer aus Frankreich zu vertreiben und den jungen König Karl VII. zur Krönung nach Reims zu führen.

Baudricourt schickte Jeanne leicht gelangweilt nach Hause: Die Engländer belagerten gerade Orléans, um den Übergang über die Loire zu erzwingen damit sie Karl, der sich seit 1422 mit einem Hofstaat in Bourges aufhielt, endgültig niederwerfen konnten. Der kleine Heinrich VI. von England und Frankreich, in dessen Namen die Legitimität Karls bestritten wurde, sollte schließlich in Toulouse als Triumphator einziehen – dann hätte England den Krieg endlich gewonnen!

Denn der Siegeszug seines Vaters Heinrichs V. war unvollkommen gewesen; ab 1423 gingen die Engländer daher unter dem Herzog von Bedford daran, erst einmal rund um Paris aufzuräumen und die Grafschaft Maine und das Herzogtum Anjou zu »säubern«. Dort trieben patriotische französische Adlige ebenso ihr Wesen wie Räuberhauptleute, beide kaum unterscheidbar. Auch im verbliebenen Herrschaftsbereich Karls VII. war man auf den Straßen seines Lebens und Eigentums nicht sicher. Karl stellte, teilweise aus schottischen und spanischen Söldnern, eine neue Armee zusammen. Doch bei Verneuil siegten wieder Englands Bogenschützen (1424). Nur war das noch immer keine Entscheidung…

Im Sommer 1428 beschloss Bedford, Orléans anzugreifen, und der Graf von Salisbury brachte eine Reservearmee über den Kanal heran. Im Herbst wurde Orléans eingeschlossen, doch die Engländer waren nicht imstande, die Versorgung der Stadt aus dem Umland zu unterbinden, da sie zu wenig Truppen hatten. So zog sich die Sache über die Jahreswende hin und war, als Baudricourt Jeanne nach Hause schickte, immer noch nicht entschieden.

Da erfuhr der Herzog Karl von Lothringen, der gerade krank darniederlag, dass eine merkwürdige »Zauberin« in Vaucouleurs erschienen sei, und er ließ sie holen, damit sie ihm Heilung bringe. Wie verdattert war er aber, als Jeanne ihm voll frommer Entrüstung befahl, er solle seine Frau nicht mehr betrügen! Ob das dem Herzog half, ist unsicher – jedenfalls half es Jeanne, bei Baudricourt erneut vorgelassen zu werden, denn der Auftritt beim Herzog hatte ihr allgemeine Achtung verschafft. Baudricourt ließ erst einmal feststellen, dass sie von keinem bösen Dämon behext war, dann gab er ihr ein Schwert und männliche Reisekleider, damit sie ohne Fährnisse an den Hof Karls aufbrechen konnte, der sich damals in Chinon aufhielt.

Karl war bereit, das patriotische Landmädchen zu empfangen. Aber er stellte Jeanne auf die Probe: Er versteckte sich unter seinen Höflingen – sie erkannte ihn sofort. Der König ließ dennoch in Domrémy nachfragen – Jeanne hatte einen tadellosen Leumund, und da begann der Beichtvater den König zu bearbeiten, das Mädchen ernst zu nehmen. In Poitiers wurde sie von gelehrten Doktoren eingehend befragt, und die staunten über die verständigen Antworten, die sie gab. Ob denn Gott wirklich Soldaten brauche, wenn er Frankreich von den Engländern befreien wolle? Da war Jeanne eisern: Ihre Visionen bedeuteten einen unmissverständlichen Kampfauftrag! Man ließ sie von einer weiblichen Vertrauensperson untersuchen. Ja, sie war noch Jungfrau – sie konnte also nichts mit dem Teufel zu schaffen haben!

Sie bekam eine Rüstung und ließ sich eine Standarte anfertigen, mit Christus zwischen zwei Engeln darauf und mit der Unterschrift »Jesus, Maria!«. Ihre beiden Brüder eilten zum Kriegsdienst herbei, und sie erhielt den bewährten Gascogner Jean d'Aulon als militärischen Aufpasser zugeteilt.

Jeanne begab sich auf einer Barke nach Orléans hinein – so schlecht waren die englischen Sicherungen. »Gebt der Jungfrau, die von Gott gesandt worden ist, die Schlüssel aller edlen Städte, die ihr in Frankreich erobert und zerstört habt!«, ließ sie den Engländern ausrichten, und die Mannen des Feldherren Talbot brüllten vor Lachen und rissen zotige Witze.

Doch am 4. Mai erreichte die französische Armee die Stadt und berannte ein östliches Vorwerk der Belagerer. Als der Ausgang des Kampfes zweifelhaft war, griff Jeanne ein, und am Abend war das Vor-

■ Verbrennung der Jeanne d'Arc in Rouen, Druck (19. Jh.)
nach einem Wandgemälde von Eugène Jules Lenepveu, Panthéon, Paris.

werk gefallen. Die französischen Militärs planten für den 6. Mai einen Angriff auf eine weitere Bastion der Belagerer. Jeanne fand heraus, dass sie von den misstrauischen »Profis« über das Ziel getäuscht worden war, aber sie erriet die richtige Bastion und ging selbst zum siegreichen Angriff vor. Sie forderte die Engländer erneut zum Abzug auf und bekam diesmal die zukunftsschwangere Antwort, man würde sie als Hexe verbrennen, wenn sie nicht zu ihren Kühen nach Hause zurückkehre!

Am 7. Mai setzte Jeanne gegen die »Profis« einen weiteren erfolgreichen Angriff auf ein Außenwerk der Belagerer durch. In vorderster Linie fechtend, wurde sie verwundet, pflanzte aber dennoch ihre Fahne auf der Mauer auf. Am nächsten Tag räumten die Engländer den Belagerungsring und zogen sich nach Paris zurück. Jeanne triumphierte: Hatte sie nicht den Doktoren in Poitiers gesagt, dass der Sieg vor Orléans die Bestätigung ihrer göttlichen Sendung sein würde?

Am 18. Juni wurden die Briten bei Patay (nordwestlich von Orléans) zum ersten Mal seit langen Jahren in offener Feldschlacht geschlagen; Talbot geriet in Gefangenschaft; Bedford begann, Paris in Belagerungszustand zu setzen. Die Sieger beschlossen daher – nicht ohne umständliches Hin und Her, denn der kleinmütige König traute seinem Glück nicht –, lieber zur Krönung nach Reims zu ziehen. Am 17. Juli empfing Karl VII. aus den Händen des Erzbischofs die Krönung und die heilige Salbung. Jeanne durfte, mit der Sturmfahne von Orléans in der Faust, an seiner Seite stehen.

Nun also nach Paris! Soissons, Laon, Provins und Compiègne öffneten ihre Tore. Am 26. August stand Jeanne in St. Denis, vor den Toren der Hauptstadt. Da begann der König, mit den Burgundern zu verhandeln, denn wenn die sich aus dem Krieg zurückzogen, würden auch die Engländer gehen müssen – ohne weitere schwere Kämpfe. Es gab aber auch eine Gegenpartei, mit der Jeanne am 8. September auf das Stadttor von St. Honoré losstürmte. Wieder wurde Jeanne verwundet: Ein Pfeilschuss traf sie am Schenkel, ihr Bannerträger bekam ein Geschoss zwischen die Augen. Der Angriff brach unter hohen Verlusten zusammen, und der König hielt es nunmehr für gerechtfertigt, mit den Burgundern einen Waffenstillstand zu schließen.

Doch Jeanne scherte sich nicht darum. Sie brach mit einem Häuflein Getreuer erneut von der Loire auf, um das von den Burgundern belagerte Compiègne zu entsetzen. Jeanne schlug sich in die belagerte Stadt hinein, und noch am selben Abend (23. Mai 1430) setzte sie sich an die Spitze eines Ausfalls. Doch der Feind warf sie zurück, isolierte sie mit einigen anderen und nahm sie zusammen mit ihrem Bruder Pierre und Jean d'Aulon gefangen. Sie wurde im Schloss Beaurevoir-en-Cambrésis eingekerkert, versuchte zu fliehen, aber das Seil, mit dem sie sich vom Turm herablassen wollte, war gerissen. Man fand sie verwundet und ohnmächtig im Burggraben. Bedford schickte Pierre Cauchon, den für

Detail eines Kirchenfensters der Heiligkreuzkathedrale (Cathédrale Ste-Croix) in Orléans.

dieses Gebiet zuständigen Bischof von Beauvais, zu den Burgundern, und die lieferten Jeanne an die Engländer aus. Karl VII. rührte keinen Finger für sie, und die Militärs vom Fach dürften froh gewesen sein, dass sie sie los waren…

Bedford selbst hatte es gesagt: Seit die Jungfrau aufgetaucht war, war für die Engländer alles schiefgegangen. Ihre Wirkung lag hauptsächlich in der Begeisterung, die sie ihren Leuten im Glauben an ihre überirdische Sendung einflößte, weniger im eigentlich Militärischen. Doch nun musste sie sterben, und um die Franzosen ins Unrecht zu setzen, durfte sie keine von Gott Gesandte sein, sondern musste als Ketzerin und Zauberin von einem geistlichen Gericht verurteilt werden.

Schon drei Tage nach ihrer Gefangennahme stellten die Theologen der Pariser Sorbonne fest, dass da wohl Ketzerei im Spiele sei. Am 9. Januar 1431 begann der Prozess. Bischof Cauchon ließ in der Heimat Jeannes Zeugen befragen, auch erfahrene Soldaten kamen zu Wort. Sie sprachen alle zugunsten Jeannes, doch Cauchon hielt diese Zeugnisse einfach unter Verschluss. Jeanne durfte nicht die Messe besuchen, dafür waren angeblich ihre Verbrechen zu groß. Als sie zum ersten Mal vorgeführt wurde, sagte sie, sie wolle lieber ihren Kopf verlieren als ausplaudern, welche Geheimnisse sie Karl VII. anvertraut habe. (Wahrscheinlich hatte sie ihm nur bestätigt, dass er und nicht der englische Heinrich der rechtmäßige König Frankreichs sei.)

Ihren Kopf trug sie übrigens recht hoch: Sie weigerte sich, den Wahrheitseid ein zweites Mal zu leisten, und als man sie fragte, ob sie öfters als zu Ostern die Kommunion empfange, schnitt sie den Richtern das Wort ab: »Macht weiter!« Die Hauptanklagepunkte in diesem hochpolitischen Prozess der Rache waren (in Auswahl) folgende: Sie hatte himmlische Visionen gehabt – doch die kamen in Wirklichkeit vom Teufel. Wieso? Man erkennt den Baum an seinen Früchten, sagt die Bibel, und die Frucht war der Kampf für die Sache Frankreichs, also für das Unrecht – so einfach war das! Ferner das Tragen von Männerkleidung – Kapitel 22, Vers 5 im 5. Buch Moses verbot das aber! Doch Jeanne behauptete, nach Gottes Willen zu handeln, als sie sich auch noch im Kerker weigerte, ihre Männerkleidung abzulegen. Dann die Hauptsache: Jeanne hatte mit dem Himmel Zwiesprache gehalten ohne die Vermittlung der Heiligen Mutter Kirche!

Als man ihr die Verurteilung zum Scheiterhaufen androhte, unterschrieb sie (wahrscheinlich nur mit einem Kreuz) ihre Unterwerfung. Sie sollte als nun reuige Sünderin zu lebenslanger Kerkerhaft bei Wasser und Brot »begnadigt« werden. Die Engländer tobten – blieb Jeanne am Leben, hatten sie nichts von diesem Prozess. Doch Jeanne tat ihnen den Gefallen und wurde »rückfällig«, indem sie doch wieder Männerkleider anzog. Nun kam für sie nur noch der Tod in Frage.

Am 30. Mai 1431 bestieg sie in Rouen auf dem alten Marktplatz den Scheiterhaufen. Ihre letzten Worte aus dem Feuer waren Anrufungen der Heiligen, an deren Visionen sie stets geglaubt hatte. Das hinderte Bedford nicht daran, an alle Leute in seinem Machtbereich zu schreiben, sie habe sich noch im Feuer von ihren angeblichen Erscheinungen losgesagt. Sie litt sehr lange – der Henker bedauerte, dass er auf den hohen Scheiterhaufen nicht habe hinaufklettern können, um ihre Qual abzukürzen. Ein englischer Augenzeuge seufzte: »Wir haben eine Heilige verbrannt!« 1920 wurde Jeanne d'Arc in der Tat heilig gesprochen, nachdem ihre Verurteilung schon 1456 für ungültig erklärt worden war.

Bernd Rill

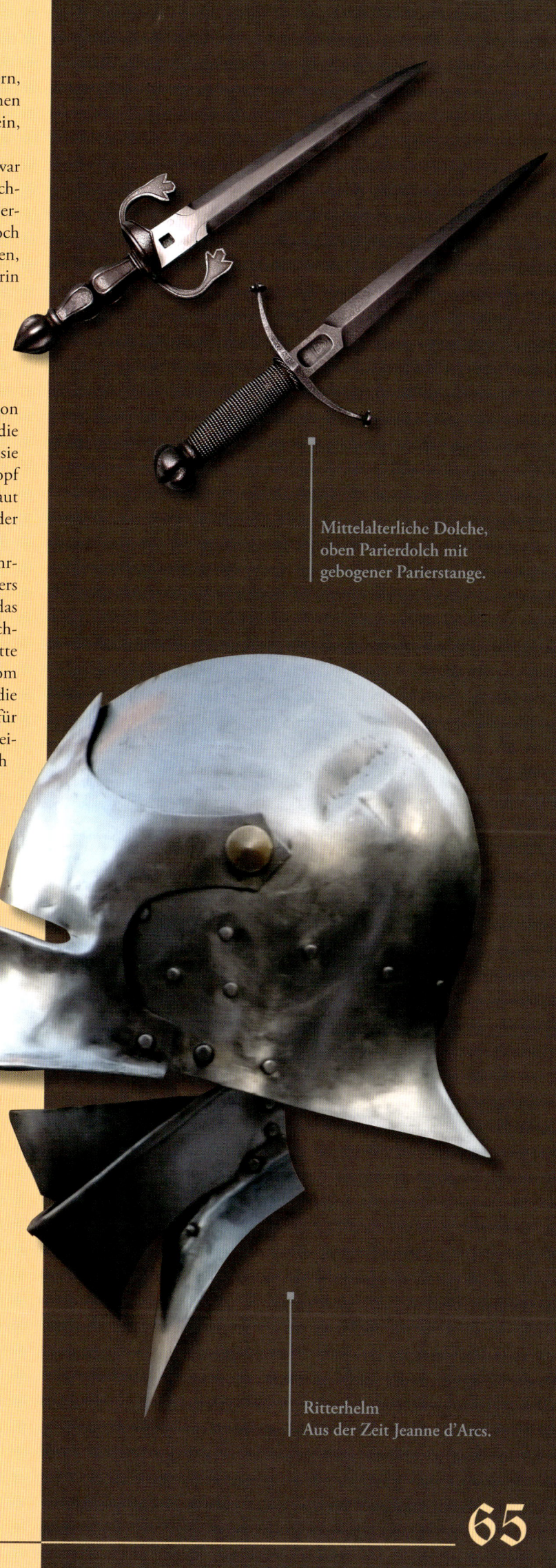

Mittelalterliche Dolche, oben Parierdolch mit gebogener Parierstange.

Ritterhelm
Aus der Zeit Jeanne d'Arcs.

KARL DER KÜHNE

ER WAR DER GROSSE HERZOG DES ABENDLANDES
UND BURGUND AUF DEM WEG ZU EINEM KÖNIGREICH,
DAS DEUTSCHLAND UND FRANKREICH GLEICHERMASSEN
TRENNEN UND VERBINDEN WÜRDE. DOCH DER TRAUM
VOM KÖNIGREICH BURGUND ENDETE BLUTIG AN EINEM
EISIGEN WINTERTAG BEI NANCY.

Die 120 Jahre des »Goldenen Zeitalters« Burgunds (1360–1480) fallen in eine Epoche, die geprägt ist von politischer Niedertracht, von Intrigen und Allianzen, die ebenso rasch geschlossen wie wieder verraten werden. Das letzte Kapitel wird dominiert von einem Paar, das sich bis auf den Tod bekämpft: Auf der einen Seite steht Ludwig XI. von Frankreich, einer der hinterhältigsten Herrscher, die dieses Land je hervorbrachte. Man nennt ihn die »universelle Spinne«, die unablässig an ihrem Netz webt. Auf der anderen Seite steht Karl der Kühne von Burgund, der »Große Herzog« des Abendlandes.

Dieser Karl hat einen Traum: Als Erbe sind ihm Burgund im Süden und Flandern im Norden zugefallen – das »Oberland« um Dijon und die deshalb sogenannten »Niederlande«. Kann er sie zusammenschließen, entsteht ein fabulöses Königreich.

Vier Generationen zuvor, 1361, stirbt der letzte Herzog Burgunds; der König von Frankreich beerbt ihn. Burgund will aber nicht vereinnahmt werden, und König Johann der Gute macht seinen Sohn Philipp zum Statthalter: die Geburtsstunde eines neuen, zunächst eng an Frankreich angelehnten Herzogtums. Philipps Bruder Karl V. wird König von Frankreich, während Philipp Margarete heiratet, die reiche Erbin von Flandern.

1380 stirbt König Karl V., und sein minderjähriger Sohn Karl VI. folgt ihm auf den Thron. Seine drei Onkel, darunter Philipp von Burgund, führen die Regentschaft. Dann will der junge König selbst regieren – an seiner Seite die bildschöne Königin Elisabeth/Isabeau aus dem Hause Bayern-Ingolstadt und sein Bruder Ludwig von Orléans.

In Burgund folgt 1404 auf Philipp dessen Sohn Johann »Ohnefurcht«, hart, stolz, skrupellos. Zwischen den adeligen Jungstars herrscht offene Antipathie: Königsbruder Ludwig wählt sich die Devise »Je l'envie« (Ich fordere heraus!); der Burgunder setzt – in Flämisch – dagegen: »Ic houd« (Angenommen!). Die Folgen dieses politischen Halbstarkentums sind verheerend. Am 23. November 1407 wird Ludwig von Orléans an der Porte Barbette erschlagen. Jeder weiß, dass der Anstifter niemand anderer als Johann Ohnefurcht ist. Wer aber hätte Einfluss genug, den mächtigen Burgunder zur Rechenschaft zu ziehen?

Der Erbe des Gemeuchelten heiratet Bonne von Armagnac. So entsteht die große Konfrontation: Burgunder gegen Armagnaken. Jahrzehntelang versinkt Frankreich im Bürgerkrieg, was einzig England nutzt. 1419 findet ein Treffen auf der Brücke von Montereau statt – da wird der Totschläger Johann seinerseits erschlagen. Neuer Herzog von Burgund wird Philipp der Gute. Der wendet sich endgültig von Frankreich ab, das nun seine dunkelsten Stunden erlebt: König Karl VI. und Königin Isabeau erkennen ihren Enkel Heinrich V. von England als künftigen König an. So weit ist es gekommen – ein Engländer residiert in Paris, und der verstoßene Dauphin braucht eine Jungfrau von Orléans, die ihn aus seiner Lethargie reißt und nach Reims führt.

1433 kommt am 10. November in Dijon der Erbe des Hauses Burgund zur Welt. Noch im Kindesalter erhält Karl den Titel Graf von Charolais, der zum Begriff auf dem Feld der Politik und der Schlachten wird.

Die burgundisch-englische Allianz endet 1435; Philipp lässt sich seine Hinwendung zu Frankreich bestens vergüten. Frankreich muss Abbitte für den Mord am Ahnherrn tun und finanziell bluten. Und es muss den Burgunder von der Lehenspflicht entbinden – er ist jetzt der Grand Duc, der Großherzog des Abendlandes.

Karl wird mit der französischen Königstochter Cathérine verheiratet. Mit 14 wird er in den Orden vom heftigen Auftritten, und einmal – am

17. Januar 1457 – hätte Philipp der Gute in einem Wutanfall um ein Haar seinen Erben erdolcht. Prinz Karl erscheint nur noch selten am Hof und residiert meist in Le Quesnoy und auf seinen Besitzungen in Holland auf Schloss Gorkum.

Am französischen Hof ist das Vater-Sohn-Verhältnis auch nicht besser. Der junge Ludwig flieht zu den Burgundern, was König Karl VII. gelassen kommentiert: »Mein Vetter Burgund nährt den Fuchs, der ihm eines Tages seine Hühner wegfressen wird« – welch politische Weitsicht! 1461 stirbt Karl VII.; es folgt Ludwig XI. Salbung, Einzug in Paris… Hinter dem neuen König reitet ein prachtvoll herausgeputzter Burgunderherzog.

Im Juli 1467 stirbt Philipp der Gute, und Karl ist mit 33 Jahren »Herzog von Burgund, Brabant, Limburg und Luxemburg, Graf von Flandern, Artois, Hennegau, Holland, Seeland und Namur, Markgraf des Heiligen Römischen Reiches, Herr von Friesland und Mecheln«. Die Welt staunt über seine Arbeitswut. Er leitet eine große Verwaltungsreform ein: strenge Rechnungskontrolle, Trennung von persönlichem und Staatsvermögen, Vereinheitlichung der Justiz. Er fördert die Wirtschaft durch Messen und Außenhandel. Er reorganisiert die Armee, baut eine moderne Artillerie auf. Karl weiß, dass er es mit einem neuen Frankreich zu tun hat, das nicht mehr dem ausgebluteten Staat des Hundertjährigen Kriegs gleicht. Französische Agenten, Subsidien, Versprechen sind überall am Werken. Gent rebelliert, Lüttich wird gezüchtigt.

Karls Ruhm leuchtet; in Europa ist er ein Stern erster Ordnung. Der Herzog ist hochgebildet und belesen. Er interessiert sich für Musik, spielt selbst die Harfe. Die Hofkapelle gilt als europäisches Spitzenorchester. Die Malerei wird geprägt von Künstlern wie Jan van Eyck, Rogier van der Weyden, Hans Memling. Buchmalerei, Goldschmiedekunst, Tapisserie, Seidenstickerei erreichen unübertroffene Qualität. Karl spricht Französisch, beherrscht Flämisch, parliert mit seinem künftigen Schwager Englisch, lernt Latein. Er ist ein guter Schachspieler, pflegt Jagd und Bogenschießen. Er hat keine Frauengeschichten – von 1454 bis zu ihrem Tod 1465 war er mit Isabella von Bourbon verheiratet, und man sagt, er habe ihr immer die Treue gehalten, für einen Fürsten seiner Zeit höchst ungewöhnlich.

1468 geht Karl eine neue Ehe mit der englischen Königsschwester Margarete von York ein. Verschieben sich nun die Gewichte? Es folgt ein Reigen von Eroberungen, Ver- und Rückkäufen von Ländern, Kampf mit fremden Mächten, Strafexpeditionen in der eigenen Herrschaft. Es ist in den Augen der Zeitgenossen keinesfalls vermessen, wenn Karl danach strebt, seine Landesteile zusammenzufassen und so die Idee des alten Lotharingien neu zu beleben.

Dazu gehört auf sein Haupt auch eine Königskrone. 1473 wird in Trier als Vorbereitung dazu prachtvoll eine Begegnung mit Kaiser Friedrich III. in Szene gesetzt. Die protokollarischen Details sind ausgearbeitet, und Karl zecht mit seinem künftigen Schwiegersohn, dem Kaisersohn Maximilian – die Erbin von Burgund ist ein Preis der Krone. Die Wandteppiche für die Krönung hängen bereits. Doch einen Tag vor der Krönung lässt Kaiser Friedrich III. sie scheitern. Frankreichs Bestecher waren wieder unterwegs gewesen, und den deutschen Herrschaften waren Pracht und Macht Burgunds vielleicht doch etwas zu groß, zu erdrückend geworden. Karl ist vor den Augen Europas der Geprellte.

In der Folge verstrickt sich der Herzog in eine Reihe von Ungeschicklichkeiten, so die erfolglose Belagerung von Neuss. Er überwirft sich mit Sigismund von Österreich, und was niemand für möglich gehalten hätte: Frankreich bewirkt eine Annäherung der Eidgenossen an Österreich. Die Schweiz unterstützt die elsässischen Städte bei ihrem Aufruhr gegen den herzoglichen Gouverneur Peter von Hagenbach. Gleichzeitig verdirbt es sich Karl mit René von Anjou, dem er das Erbe Lothringens streitig macht.

Viel Feind, viel Ehr? Erfolgreich ist Karl in Lothringen, wo er Nancy belagert. Dann zieht er weiter in die Schweiz, wo er die Garnison von Grandson, trotz Kapitulation, aufhängen und ertränken lässt. Vor der Stadt wird er allerdings Anfang März von einer eidgenössischen Armee geschlagen und kann nur mit einer Handvoll Getreuer fliehen. Seine wertvolle Artillerie und riesige Beute lässt er zurück. Um Burgunds Macht augenfällig zu machen, führte Karl der Kühne einen der wertvollsten Schätze der Zeit selbst im Felde mit sich: 400 Kisten Gold- und Silberstoffe, 400 seidene Zelte und das ganz mit Gold und Perlen bestickte Herzogszelt.

Karl stellt ein neues 20 000-Mann-Heer auf und greift Murten an. Die Schweizer Landsknechte, unterstützt von der Kavallerie Lothringens, schlagen ihn erneut. Karl mobilisiert seine Kräfte zu einem letzten Versuch. Mitten im Winter erscheint er mit neu ausgehobenen Mannen vor Nancy. Die Kälte kostet ihn Kämpfer. Mit zu wenigen Mitstreitern tritt er am 5. Januar 1477 zum Kampf gegen ein schweizerisch-lothringisches Entsatzheer an. Karl stirbt in der Schlacht.

Dass der »Große Herzog« des Abendlandes tagelang tot und nackt, verstümmelt, entstellt im Schlamm eines Dorfteiches liegt, erschüttert die Welt. An seinen Narben und am Gebiss muss man ihn identifizieren. Sein Grab befindet sich in der Liebfrauenkirche in Brüssel.

Tochter Maria, noch keine 20 Jahre alt, kann das Reich nicht zusammenhalten. Über die Absichten ihres »lieben Paten« Ludwig von Frankreich macht sie sich keine Illusionen. Sie heiratet Maximilian, den künftigen Kaiser, und in den Straßen Gents herrscht Jubel. Der eigentliche Kern, das Herzogtum Burgund und die Freigrafschaft, sind freilich an König Ludwig XI. verloren. Die »Spinne« zieht in Dijon ein. Eidgenössische Propaganda, die man dem letzten Burgunderherzog hinterherschickt, formuliert es so: »Vor Grandson verlor er das Gut, / Vor Murten den Mut, / Vor Nancy das Blut.«

Gerd Treffer

Karl der Kühne, Herzog von Burgund,
Gemälde / Öl auf Eichenholz (um 1454) von
Rogier van der Weyden.

KAISER MAXIMILIAN — DER LETZTE RITTER

MAN HAT KAISER MAXIMILIAN I. OFT UND GERN DEN »LETZTEN -RITTER« GENANNT. UND TATSÄCHLICH GAB DER HABSBURGER SCHON ÄUßERLICH DAS IDEALBILD EINES MITTELALTERLICHEN KÄMPEN AB: HOCHGEWACHSEN, KRÄFTIG, BLONDGELOCKT. DOCH ER WAR MEHR ALS EIN RITTER DES MITTELALTERS.

er bestgewachsene Prinz Europas!«, rief der burgundische Chronist Jean Molinet begeistert aus, als er des jungen Habsburgers ansichtig wurde, der 1477 in die Niederlande kam, um seine Braut Maria von Burgund zu freien. Die Natur habe an ihm nichts vergessen, seine Statur und seine Glieder seien von so edlen Maßen, wie es die antiken Meister nicht besser hätten treffen können, die goldblonden Haare trüge er nach deutscher Mode lang, aber nicht zu lang, eine kostbare Fürstenkrone umfasse sie. Jetzt werde sich die Prophezeiung der Sibylle erfüllen, in der sich der junge Adler (Maximilian) mit der jungen Löwin (Maria) verbinde, um ihren hemmungslosen Jäger (den französischen König Ludwig XI.) zu überwinden, jubelte Molinet.

Von Maximilians Person muss eine enorme Wirkung ausgegangen sein. Immer wieder berichten die Chroniken davon, dass er Menschen spontan begeistern und mit seinem Charme bezaubern konnte. Wenn der stattliche Prinz im silbernen Panzer hoch zu Ross daherritt, erschien er wie eine Verheißung aus alten, besseren Zeiten. Er selbst fühlte sich dem Ritterideal verpflichtet, war jedoch Machtpolitiker genug, um auch die neuen Zeichen der Zeit zu erkennen. Tief in seinem Inneren spürte Maximilian, dass die Zeiten alter Ritterherrlichkeit vorüber waren.

Nichtsdestoweniger zelebrierte er den Abschied von seiner Traumvision besonders eifrig. In den drei von ihm initiierten und zum Teil selbst geschriebenen Werken »Theuerdank«, »Weißkunig« und »Freydal« feierte er das ritterliche Tugendideal in höchsten Tönen. Welche Abenteuer musste der jugendliche Held Theuerdank, Maximilians Über-Ich, nicht bestehen, um die tugendhafte Königin Ernreich (Maria von Burgund) zu gewinnen! Die drei böswilligen Hauptleute Fürwittig, Onfalo und Neidelhart legen ihm viele Steine in den Weg, doch Theuerdank übersteht alle Gefahren. Keine Jagd ist ihm zu wild, kein Bergsporn zu hoch, kein Abgrund zu tief; selbst einen drohenden Absturz in siebzig Meter Tiefe weiß er elegant zu verhindern. Dabei bleibt Theuerdank stets liebenswürdig und gutgläubig, ein echter Gentleman eben. Im »Weißkunig« wird seine Ausbildung ausführlich geschildert, der Held ist in allen Künsten bewandert, in den militärischen wie in den musischen, und selbstverständlich ist er in allen der Beste.

Zweifellos sah sich Maximilian selbst so am liebsten, als strahlender Held, als eine Art James Bond der Ritterzeit. Er tat auch alles, um diesem Idealbild nahe zu kommen. Berüchtigt waren seine wilden Gämsjagden in den Alpen, bei denen er waghalsige Klettermanöver unternahm, um das Wild zu erlegen. Ebenso risikofreudig zeigte er sich bei Turnieren. Er kämpfte ohne jegliche Absprachen, wie sie sonst bei hohen Herren üblich waren. Noch als alter Mann mit 65 Jahren bestritt Maximilian einen Zweikampf in Wien mit dem »goldenen Ritter« Kaspar von Winzerer. In der militärischen Wirklichkeit aber ließ er sich nicht von Traum und Trugbildern leiten. Er war ein Technikfreak und überraschend moderner Stratege. Früh erkannte er die Bedeutung der Fußtruppen. Die in geschlossener Formation mit langen Spießen kämpfenden Landsknechte stellten ein unüberwindliches Hindernis für die auf den Einzelkampf ausgerichteten Ritter dar. Schon für die Kriege um Burgund in den 1470er-Jahren warb Maximilian systematisch deutsche Fußsoldaten an und ließ sie nach eidgenössischem Vorbild ausrüsten und ausbilden. In der Schlacht von Guinegate 1479 gegen die französischen Reiter Ludwigs XI. scheute sich Maximilian nicht, selbst vom Pferd zu steigen und Seite an Seite mit seinen Fußknechten den Sieg zu erfechten. Wie hoch er die neue Waffengattung schätzte, zeigte sein Einzug in Köln 1505. Im geschlitzten Landsknechtwams, die Spielhahnfeder am Hut und den Langspieß lässig geschultert, zog er in die alte Rheinstadt ein. Der »letzte Ritter« war in Wahrheit ein »Vater der Landsknechte«, in deren Ausrüstung er kräftig investierte. In seiner Innsbrucker Hofplattnerei ließ er für sie Harnische von bester Qualität herstellen, wobei ein erster Grad an Serienfertigung erreicht wurde – jeweils 30 Vorder- und Rückenteile konnten in einem Arbeitsgang hergestellt werden.

Maximilian I. (1459 – 1519),
Römisch-deutscher Kaiser (1493-1519)
Portrait auf einem Taler

Maximilian I. mit den
Reichsinsignien, Gemälde /
Gouache (um 1630).

Geschickt verstand es Maximilian zudem, die Fußsoldaten mit der neuen Artillerie zu kombinieren. Dem schweren Geschütz, das Ritterrüstungen und Burgmauern zermalmte, gehörte des Kaisers ganze Aufmerksamkeit. Er baute eine Artillerie auf, die der damals führenden französischen in nichts nachstand, und machte sie mobil, indem er die schweren Geschütze, die 40 bis 70 Pfund schwere Kugeln verschießen konnten, auf Räderkarren setzte. Mit der Macht der Kanonen gelang es ihm, die als uneinnehmbar geltende Festung Kufstein während des Bayerischen Erbfolgekrieges sturmreif zu schießen. Bei Freund und Feind galt der Habsburger als erfolgreicher und gefürchteter Feldherr.

Wie im Militärwesen beschritt Maximilian auch in der Verwaltungsarbeit überraschend moderne Wege. Während seine Reformansätze im Reich auf Eis lagen, gestaltete er sein Herzogtum Österreich nach burgundischem Vorbild grundlegend um und schuf in Innsbruck zentrale Verwaltungsinstitutionen, auf die seine Nachfolger aufbauen konnten. Er nahm den juristisch gebildeten Bürgerstand in seinen Dienst und legte damit den Grundstein für die Entwicklung einer von landesherrlichen und lehensrechtlichen Bindungen befreiten Beamtenschaft. Um endlich ein frei verfügbares Heer zu haben, stellte Maximilian in Österreich, ebenfalls nach französisch-burgundischem Vorbild, feste Reitertrupps auf, so genannte Ordonnanzen.

Renaissancehafte Züge trug vor allem Maximilians Ruhmsucht. »Wer in seinem Leben nicht für sein Andenken sorgt, der hat auch keines nach seinem Tod. Dieser Mensch wird mit dem Glockenton vergessen«, schrieb er im »Weißkunig«. Nach dieser Devise nutzte er die Künste geschickt für seine Propagandaschlacht zu Ehren des Hauses Habsburg. Mehr noch als die universale Kaiseridee – die im Reich ständig an ihre Grenzen stieß – berauschte ihn die Größe seiner eigenen Dynastie, der er mit seinen weitgesteckten Heiratskonstellationen glänzende Zukunftsaussichten eröffnete.

Zwei grafische Hauptwerke gab er in Auftrag: die 1512 bis 1515 geschaffene »Ehrenpforte« und den »Triumphzug« (1512 bis 1518), an denen Albrecht Dürer maßgeblich mitwirkte. Das 192 Holzschnitte umfassende Bildprogramm der »Ehrenpforte« zeigt in monumentaler

Größe von 3,50 mal 2,97 Metern die Mitglieder des Hauses Habsburg, geführt von Maximilian und seiner Frau Maria, beim Durchschreiten eines römischen Triumphbogens. Ohne jeden Selbstzweifel führte der Kaiser seinen Stammbaum bis auf den mythischen Hercules Aegypticus, den Sohn des Gottes Osiris zurück, und ließ in vielen Personifikationen und Allegorien die von ihm beherrschten Länder auftreten. In einer Auflage von 700 Stück sollte der Bilderbogen in allen großen Städten des Reiches vom Ruhm der Familie künden. Von Dürers Hand stammte auch der große Triumphwagen für den 137 Holzschnitte umfassenden »Triumphzug«, den überwiegend Hans Burgkmair schuf. Auch hier war die Absicht überdeutlich, den Fürsten als erfolgreichen Kriegsherren und strahlenden Helden zu feiern.

Zu einem Höhepunkt der Verklärung des Kaiserhauses wurde das prunkvolle Grabmal Maximilians in der Innsbrucker Hofkirche. Eine Reihe von Künstlern, Malern und Gelehrten wirkte an der Planung des aus Erz gegossenen Monumentalgrabes mit: Dürer, Veit Stoß, aber auch Humanisten wie Willibald Pirckheimer und Konrad Peutinger. Der Kaiser selbst wollte eine 100 Figuren umfassende Ahnengalerie haben, vollendet wurden jedoch nur 28 überlebensgroße Skulpturen. Schwungvoll führte Maximilian den genealogischen Bogen zurück zum Merowingerkönig Chlodwig und zu Karl dem Großen. Aus der Nürnberger Werkstatt von Peter Vischer d. Ä. kamen die Statuen des sagenhaften Königs Artus und des Ostgotenkönigs Theoderich. Eingebettet in die illustre Schar der Vorfahren präsentierte sich die Habsburgerfamilie damit vor den Augen der Welt als die Gründungsdynastie Europas. Beim Tod Maximilians 1519 war das Grabmal allerdings ebenso wenig vollendet wie Habsburgs Weltmachtstellung.

Mehr als alle bombastische Lobhudelei in Wort und Bild bewahrte den Kaiser aber seine Volkstümlichkeit vor dem Vergessen. Trotz seines hohen Standesbewusstseins galt Maximilian als leutseliger und auch humorvoller Herrscher. Gerne hielt er sich in Augsburg, der Stadt der Reichstage, auf. »Er ist allezeit ein guter Augsburger gwest«, resümierte der Chronist Hector Meier. Maximilian liebte Mummenschanz und Fastnachtstreiben, tanzte gern und genoss den Anblick hübscher Bürgermädchen. So liebenswürdig Maximilians Wesen auch war, so wenig konnte er sich verstellen. Seine zweite Frau Bianca Maria Sforza, die er 1493 allein wegen ihrer horrenden Mitgift geheiratet hatte, strafte er zeitlebens mit böser Verachtung. Der rundlichen Madame konnte er einfach nichts abgewinnen. Wie ein altes Möbelstück ließ er sie häufig als Pfand in den Städten zurück, in denen er seine Rechnungen nicht bezahlen konnte. Zur sexuellen Befriedigung holte er dagegen ständig wechselnde »Schlafweiber« ins Bett. Der nach außen so galante Frauenheld Maximilian hatte privat auch eine kalte, lieblose Seite.

Seinem Ruf geschadet hat es nicht. Maximilian erfreute sich in der Nachwelt eines überraschend positiven Echos. Als Herrscher an der Zeitenwende verkörperte er die Widersprüche seiner Epoche, die man ihm gerne verzieh. Ohne Geld und gegängelt von den Reichsständen, träumte er von Größe, Ruhm und Rittertugend – und seine Zeitgenossen, die kleinen Leute allemal, träumten da gerne mit, auch wenn die Zeiten längst im Umbruch waren.

Karin Schneider Ferber

Kaiser Maximilian zu Pferde, Holzschnitt (1508)
von Hans Burgkmair d. Ä. (1473-1531).

Maximilian I., Gemälde / Öl auf Lindenholz (1519)
von Albrecht Dürer (1471-1528).

POTENTISSIMVS · MAXIMVS · ET · INVICTISSIMVS · CÆSAR · MAXIMILIANVS
QVI · CVNCTOS · SVI · TEMPORIS · REGES · ET · PRINCIPES · IVSTICIA · PRVDENCIA
MAGNANIMITATE · LIBERALITATE · PRÆCIPVE · VERO · BELLICA · LAVDE · ET ·
ANIMI · FORTIDVDINE · SVPERAVIT · NATVS · EST · ANNO · SALVTIS · HVMANÆ
M · CCCC · LIX · DIE · MARCII · IX · VIXIT · ANNOS · LIX · MENSES · IX · DIES · XXV
DECESSIT · VERO · ANNO · M · D · XIX · MENSIS · IANVARII · DIE · XII · QVEM · DEVS
OPT · MAX · IN · NVMERVM · VIVENCIVM · REFERRE · VELIT ·

CHEVALIER DE BAYARD —
DER RITTER
OHNE FURCHT UND TADEL

ER WAR DAS IDEAL EINES RITTERS, BIS IN SEINEN TOD.
FURCHTLOS KÄMPFTE ER FÜR SEINEN KÖNIG UND
ERLANGTE DABEI JENEN BEINAMEN, DER BIS
HEUTE SEINEN KLANG NICHT VERLOREN HAT.

er grauenhafte Schmerz ist vorüber, er spürt seinen Rücken nicht mehr, er spürt gar nichts mehr. Sein Knappe tritt mit zwei Knechten heran, sie wollen ihn auf einen Karren legen und vom Schlachtfeld wegbringen. Der Mann in der blutverschmierten Rüstung winkt ab. »Lehnt mich an einen Baum!«, befiehlt er barsch. »Noch kein Feind hat je meinen Rücken gesehen, und das wird er auch nicht am Ende meines Lebens!« Pierre du Terrail, Chevalier de Bayard sieht auf die Brücke, die er gegen das feindliche Heer halten wollte, und auf seine letzten Männer, die einen verzweifelten Kampf führen. Für einen Moment schließt er die Augen, seine Gedanken wandern knapp 40 Jahre zurück …

Attacke, Parade, Finte, Stich! Der Hof des Schlosses Bayard bei Grenoble hallt wider von Waffengeklirr. Sein Onkel Georges, der Bischof der Stadt, kreuzt mit dem achtjährigen Pierre die Klingen, bis diesem der Schwertarm wehtut. Und damit nicht genug: Er kontrolliert die Fortschritte im Lesen, Schreiben und Rechnen, das Ergebnis alltäglicher mühsamer und staubtrockener Lehrstunden sowie die Lektionen in höfischer Erziehung, die ihm vom griesgrämigen Haushofmeister nicht selten mit der Rute eingebläut wird. Auf den Abend dagegen freut Pierre sich, wenn er nach dem meist kärglichen Mahl seinen Geschwistern und der Mutter Geschichten von den Rittern der Tafelrunde und den Feldzügen des großen Alexander vorliest. Und von den Taten der Vorfahren erzählt, die ruhmreich für Frankreich im schier endlosen Krieg gegen die Engländer kämpften und von denen nicht wenige starben. Bis dann der große Tag kommt, als sein Onkel ihm eröffnet, dass er an den Königshof kann – als Page des Herzogs von Savoyen …

Dann wieder Enttäuschung; Monate, ja fast über zwei Jahre lang: Unbeachtet schläft er mit den anderen jungen Adeligen auf Stroh, einer von vielen. Bis zu dem Tag, an dem er aus dem Areal vor dem Stall ein lautes Wiehern hört. Einem stattlichen Mann ist der Zügel eines Hengstes, der sich vor ihm aufbäumt, entglitten. Ohne viel nachzudenken, stürzt sich Pierre auf das Pferd, versucht es zu beruhigen und schwingt sich dann auf seinen Rücken und bändigt das Tier. Der davor Gestürzte steht auf, als er den Staub aus seinen Kleidern bürstet, erkennt der junge Page seinen König. Karl VIII. von Frankreich dankt es ihm, indem er ihn zum Grafen von Ligny schickt, dem bekanntesten Waffenmeister und Turnierkämpfer des Landes …

Pierre de Bayard stöhnt und schreckt aus seinen Gedanken auf. Die letzten seiner Männer haben sich zur Flucht gewandt, die Holzbrücke dröhnt vom schnellen Marschtritt der leicht gepanzerten feindlichen Fußsoldaten. Er weiß, es ist eine Niederlage, eine der wenigen in seinem Leben, aber vermutlich die letzte. Vorbei die Zeit seiner ruhmreichen Siege. Die ersten davon nicht in einem Krieg erfochten, sondern in einem Turnier …

Damals, zu Beginn seiner Turnierkarriere, ist Claude de Vauldray, ein burgundischer Ritter, an den Hof gekommen und hat in ganz Paris verkünden lassen, dass er mit Vergnügen die französische Ritterschaft herausfordern würde. Wie gerne würde sich der knapp 18-jährige Pierre in die Liste seiner Gegner eintragen, aber dazu benötigt er eine kostbare Rüstung, ein gutes Pferd und standesgemäße Kleidung. Da kommt ihm das Glück in Gestalt eines wohlwollenden und vor allem begüterten Verwandten entgegen, der ihm die teure Ausstattung zahlt. Er hört die Fanfaren, schmeckt den Staub und das aufgewühlte Sägemehl. Er zittert leicht, als ihm Schild und Lanze angelegt werden.

Als der Schiedsrichter das Zeichen zum Kampfbeginn gibt, blendet er all den Lärm um sich aus und hat nur Augen für die blitzende Rüstung und den Wappenschild des Gegners. Mit dem eigenen Schild kann er Vauldrays Lanze ablenken, er selbst aber trifft – wie, weiß er nicht – die Brust des Gegners und stößt ihn aus dem Sattel. Auf einen Schlag ist er berühmt; der König gratuliert, und Pierre wird in seine Leibgarde aufgenommen.

1494 zieht er mit Karl VIII. nach Italien; der König erhebt Ansprüche auf den Thron von Neapel. Doch nach ersten Erfolgen verläuft der Feldzug unglücklich, das Heer muss sich zurückziehen. Bei Fornovo kommt es 1495 zur blutigen Schlacht, die Venezianer und Mailänder wollen den Franzosen den Rückzug abschneiden. Der Regen verhindert weitgehend den Einsatz von Schusswaffen, das Schießpulver ist nass. Die französischen Ritter können die Niederlage verhindern. Auch wenn der Tross von den Feinden erbeutet wird, kann das Heer sich ins Heimatland zurückziehen. Und am Tag nach der Schlacht wird Pierre du Terrail vom König zum Ritter geschlagen.

Ein Jahr später wird der frischgebackene Ritter auch »Chevalier de Bayard«; nach dem Tod des Vaters erbt er dessen Lehen und Titel. Mit dem neuen König Ludwig XII. zieht er erneut nach Italien. Es folgen endlose Kämpfe, in denen er sich auszeichnet. Er erobert eine feindliche Fahne, wird zum Befehlshaber eines kleinen Kontingents ernannt, später einer größeren Truppe. Und sein Name ist in aller Munde, spätestens seit der Verteidigung der Brücke von Garigliano. Wieder einmal müssen sich hier die Franzosen zurückziehen, wieder einmal drohen sie abgeschnitten zu werden, weil die Genueser und Venezianer ihnen in den Rücken fallen wollen.

Pierre sieht, wie sie vom anderen Ufer über eine Brücke marschieren wollen. Er weiß nicht, ob es tausend oder mehr Gegner sind. Er rafft vielleicht zweihundert Leute, einige sind schon auf der Flucht, zusammen. Er droht, schimpft, feuert sie so sich hin, die sich mit ihm auf die schmale Brücke begeben. Eine lange Zeit – für ihn scheinen es Stunden zu sein – hält er die Übermacht auf, bis endlich die Artillerie kommt und den Feind zum Rückzug zwingt. Die Legende macht daraus, dass er sich fast allein dem Feind gegenüberstellt …

»Sieh, wie er an die Brücke sich kühnen Mutes stellt …«, summt Pierre die Melodie des Liedes, das ihn in ganz Frankreich bekannt gemacht hat, vor sich hin: »… dass er mit seinem Speere des Feindes ganzem Heere den Übergang verwehre, steht er allein, der Held!« Schöner Held, denkt er und schlägt die Augen auf. Diese Brücke hat er nicht halten können, seine Männer sind geflohen, und er wird sterben. Er sieht einen Mann auf sich zukommen, den er gut kennt und den er zu hassen gelernt hat: Charles de Bourbon, einstmals der beste Feldherr Frankreichs, dann zum Feind übergelaufen und nun Kaiser Karls V. Connétable, sein »Reichsfeldherr«. Die Verräter, nicht die Ritter triumphieren, denkt er, was für Zeiten …

Praktisch kein Jahr vergeht ohne Krieg, vor allem in Italien. Die Verbündeten wechseln wie die Feinde, die Schlachten werden angesichts der Feuerwaffen immer schlimmer. Pierre steigt im Rang auf und versucht trotz aller Grausamkeiten des Krieges seine Ritterehre zu wahren. Als einer seiner Spione vorschlägt, Papst Julius II. zu vergiften, ist er empört, übergibt den Mann dem Henker und lässt auch öffentlich verkünden, dass er solche Mittel ablehnt. Niemand kann ihn davon abhalten, in vorderster Front zu kämpfen. Die Folge: Immer wieder wird er verwundet. Doch während der Rekonvaleszenz kommt er wenigstens zu seiner Familie nach Grenoble.

Und er wird auch gefangen genommen: Einmal stürmt er so ungestüm den fliehenden mailändischen Truppen nach, dass er sich plötzlich allein findet. Aber der gegnerische Feldherr Ludovico Sforza lässt den berühmten Ritter gleich wieder frei.

Jahre später versucht er wieder einmal, die wilde Flucht der französischen Armee zu decken und wird mit 15 seiner Gefährten eingekreist. Er stürzt auf einen gegnerischen Offizier zu, bedroht ihn mit dem Schwert, bis er sich ergibt. Kaum hat er das erreicht, überreicht er dem soeben gefangenen Ritter seine Waffe. Weil er aber zum Gefangenen seines Gefangenen geworden ist, lässt ihn Kaiser Maximilian ohne Lösegeld frei. Die Geschichten um den Chevalier de Bayard mehren sich, und er wird zur Legende.

Dann der letzte Italienfeldzug unter dem neuen König Franz I. Der junge Herrscher und der alte Haudegen verstehen sich gut, lieben doch beide Rittertum, Turniere und Abenteuer. Wie Hannibal übersteigen sie mit ihrem Heer die Alpen, nehmen gleich den päpstlichen Feldherrn gefangen und erreichen 1515 bei Marignano einen triumphalen Sieg über die bislang als unschlagbar geltenden Schweizer Söldner. Und der König, sein König, bittet Pierre, ihn vor dem ganzen Heer zum Ritter zu schlagen.

Für ihn ist es der Höhepunkt der Karriere, dann wird der so glorreich begonnene Krieg wieder zum wechselvollen Kleinkrieg mit verlustreichen Siegen und noch verlustreicheren Niederlagen – vor allem, als der König sich mit dem Kaiser Karl V. anlegt, dessen Söldnerheer aus gut gedrillten Landsknechten besteht, die mit langen Spießen und Musketen jedes noch so tapfere Ritterheer besiegen können. Seitdem befinden Bayard und seine Franzosen sich auf dem Rückzug …

… der hier endet, denkt Bayard. Ein Mann in silberner Rüstung beugt sich über ihn. Es ist der gegnerische Feldherr. »Musste es denn gerade eine Musketenkugel sein? Was für ein unritterliches Ende für einen so berühmten Ritter!«, klagt Charles von Bourbon. Aber der Chevalier de Bayard will sich nicht vom Feind bemitleiden lassen. »Bekümmert Euch nicht um mich«, sagt er mit letzter Kraft, »sondern sorgt Euch um Euch selbst, der Ihr gegen König und Vaterland die Waffen führt!«

Nach diesen Worten stirbt am 20. April 1524 Pierre LeVieux du Terrail, Chevalier de Bayard, den alle Welt den »Chevalier sans peur et sans reproche«, den »Ritter ohne Furcht und Tadel« nennt.

Hans-Peter von Peschke

Götz
von Berlichingen

Er hatte nicht nur eine »eiserne Faust«,
sondern auch eine scharfe Zunge.
Mit beiden Waffen kämpfte der Reichsritter
von Berlichingen gegen »Pfeffersäcke«
und Reichsarmeen. Von Goethe zum
tragischen Helden überhöht, war
»der Götz« schon zu seinen langen
Lebzeiten ein Anachronismus geworden.

nd nun meinen lieben Götz! Auf seine gute Natur verlass ich mich, er wird fortkommen und dauern. Er ist ein Menschenkind mit viel Gebrechen und doch immer der Besten einer«, schrieb Goethe im August 1773 an seinen Freund Johann Kestner. 1771 war Goethe bei seinen »Studien zur Rechtsgeschichte um 1500« auf die »Lebensbeschreibung Herrn Götzens von Berlichingen, zugenannt mit der Eisernen Hand« aufmerksam geworden. Inspiriert von der autobiografischen Schrift des Ritters, schrieb Goethe in nur sechs Wochen die erste Fassung des »Götz«, »ohne Plan und Entwurf, bloß der Einbildungskraft und einem inneren Trieb« folgend.

1773 hatte Goethe seinen »Götz von Berlichingen mit der eisernen Hand« als Privatdruck veröffentlicht. Die junge literarische Generation war begeistert. Die kraftvolle Figur des Götz faszinierte die Leser – glaubte man doch einen längst nicht mehr zeitgemäßen Menschentypus vor sich zu sehen: den edlen, freien Ritter, der in seinem Sinn für Recht und Gerechtigkeit nur Gott, dem Kaiser und sich selbst verpflichtet war. Goethe hatte einen neuen Volkshelden geschaffen.

Wieland hingegen, einer der Literaturpäpste jener Zeit, betrachtete den »Götz« mit eher gemischten Gefühlen: »Immerhin sei dies Schauspiel – das man nicht aufführen kann, bis uns irgend eine wohltätige Fee ein eigen Theater und eigene Schauspieler dazu herzaubert – immerhin sei es ein schönes Ungeheuer.« Goethe hatte mit seinem ersten dramatischen Stück »die Morgenröte einer neuen Dramaturgie« heraufbeschworen – eine Dramaturgie, die in der Nachfolge Shakespeares stand und dem Geniegedanken des Sturm und Drang Gestalt gab.

Doch wie viel ist in Goethes Schauspiel von der geschichtlichen Figur enthalten? Und was hatte der Adelsmann selbst von sich zu berichten? Der Reichsritter war nicht gebildet und musste 80-jährig seine Lebenserinnerungen einem befreundeten Pfarrer diktieren. Der ließ mehrere Abschriften anlegen. Doch erst 1731 ging das Werk in Druck. In seiner Kindheit hatte Götz das Reiten dem Schulbesuch entschieden vorgezogen, und sein Vater, der »edle und ehrenwerteste« Kilian von Berlichingen zu Jagsthausen, ließ ihn gewähren. Da aber ein zukünftiger Rittersmann eine vernünftige Ausbildung brauchte, kam Götz zu seinem politisch einflussreichen Onkel Konrad von Berlichingen in die harte Ausbildung zum »buben« (Knappen).

Götz wurde in eine Welt großer politischer, sozialer und wirtschaftlicher Umbrüche hineingeboren. Auf dem Wormser Reichstag von 1495 war das Fehderecht zu Gunsten des Ewigen Landfriedens aufgehoben und das vom König weitgehend unabhängige Reichskammergericht eingesetzt worden. Der Stand der Reichsritter, die traditionell nur Gott und dem Kaiser verpflichtet waren, geriet immer stärker unter Druck; der Einfluss der Städte und kleinen Territorialfürsten nahm merklich zu.

Nach einer kurzen Zeit am Ansbacher Hof kehrte Götz nach Jagsthausen zurück, wo er in die zweifelhafte Gesellschaft des berüchtigten Raubritters Thalacker von Massenbach geriet. Das freie Leben und die Beteiligung an Fehden gegen die Nürnberger scheinen ganz nach seinem Geschmack gewesen zu sein.

1504 zog er an der Seite Maximilians I. in den Bayerischen Erbfolgekrieg. Bei der Belagerung Landshuts kam es zu dem folgenschweren Unfall, dem Götz seinen Beinamen verdankt: Von einer Geschützkugel wurde seine rechte Hand abgeschlagen, es folgten acht Monate Krankenlager in Landshut. Am Ende hatte Götz eine Entscheidung getroffen: Er wird Raubritter! Für die fehlende Hand entwickelte er eine Eisenprothese und nannte sich nun »Götz von Berlichingen mit der eisernen Hand«.

Fortan führte er ein wildes Leben voller Fehden, die oft zu generalstabsmäßig geplanten Feldzügen ausarteten und ihn bis in die Niederlande, nach Tirol und in die Steiermark führten. Er baute sein Netz an politischen Verbindungen zum Adel aus, in dessen Namen er immer neue Fehden anzettelte, und schloss sich mit Franz von Sickingen und Hans von Selbitz zusammen, die zu den gefürchtetsten Raubrittern dieser Zeit zählten. Schon bald war er dem Schwäbischen Bund, einer einflussreichen politischen Macht, ein Dorn im Auge. Wiederholt wurde der Ritter mit der Reichsacht belegt.

Götzens Fehden waren, auch wenn sie dem Ehrenkodex der Zeit entsprachen, zwielichtige Unternehmen. Einerseits handelte er aus einem übersteigerten Rechtsgefühl heraus, nach dem man schon bei Bagatellen die Waffe in die Hand nahm – immer wieder betonte er: »Ich bin in einer ehrlichen Fehd' begriffen!« Andererseits dienten seine Feldzüge unter dem Deckmantel des Kampfes um Gerechtigkeit schlicht der finanziellen Bereicherung. Nach zehn Jahren erfolgreicher Raubritter-

Die eiserne Hand des
Götz von Berlichingen
Original: Museum in der
Götzenburg, Jagsthausen.

Berlichingen mit der Eisernen Hand,
Gemälde (16. Jh.).

75

schaft verfügte Götz denn auch über ein stattliches Vermögen, das es ihm erlaubte, seinen Grundbesitz auszubauen und sich einem friedlichen Leben als adeliger Hofmann hinzugeben.

Sein nächstes Ziel war der Fürstendienst bei Herzog Ulrich von Württemberg. Als Ulrich einen Feldzug gegen die Stadt Reutlingen begann, der den Schwäbischen Bund auf den Plan rief, versuchte Götz einen aussichtslosen Alleingang und wurde inhaftiert. Am 7. Oktober 1522 unterschrieb er nach dreieinhalb Jahren komfortabler Gefangenschaft die »Urfehde« (den Fehdeverzicht), die ihn zu einem lebenslangen Stillhalten gegenüber den Ständen des Bundes verpflichtete. Ein schwerer Schlag für den aktiven Ritter. Lange hielt er das Stillhalten auch nicht aus.

In ganz Süd- und Mitteldeutschland griff 1524 ein Bauernaufstand um sich. Die neue lutherische Lehre gab den Anstoß, dass sich die Bauern zur schlagkräftigen Bewegung formten. Sie begründeten ihre Forderungen nach Abschaffung der Leibeigenschaft mit den Lutherworten, dass »ein Christenmensch… ein Herr über alle Dinge und niemandem Untertan« sei. Dies und die Forderung, dass das alte Faustrecht wieder gelten solle, hatten es Götz angetan. So ließ er sich 1525 – widerstrebend zwar, wie er selbst sagt – zum Anführer der ›Bauern des Odenwalds wählen.

Anfangs hegte er die Hoffnung, den Aufruhr der Untertanen auch für die Zwecke des Adels nutzen zu können. Schließlich überschnitten sich einige Ziele der beiden Gruppen, wie etwa das Zurückdrängen des starken Einflusses der Territorialfürsten: »Wir wollen den Fürsten den Daumen auf dem Aug' halten!« Schon bald erkannte er aber, dass die Sache der Bauern verloren war und verließ die Aufständischen. Seine Taktik ging auf: Nur drei Tage später, am 2. Juni 1525, wurde das führerlose Bauernheer bei Königshofen in einem schrecklichen Blutbad aufgerieben. Da er mit seiner Hauptmannschaft gegen die Urfehde verstoßen hatte, folgten zermürbende Prozesse, in denen Götz nachweisen musste, dass er die Führung der Bauern nur unter Zwang angenommen hatte. Drei Jahre ließ der Schwäbische Bund Götz zappeln, bevor ihm ein vorläufiges Urteil verkündet wurde. Fortan durfte er kein Pferd mehr besteigen, keine Nacht außerhalb seiner Burg verbringen und musste dem Schwäbischen Bund gegenüber lebenslanges Stillhalten schwören.

Damit war die Raubritterkarriere beendet. Götz zog sich auf seine Burg Hornberg am Neckar zurück und pflegte das Familienleben. 1530 wurde er von allen Vorwürfen freigesprochen, 1542 hob man die Urfehde gegen ihn auf, und er kehrte in die adelige Welt zurück. Seine Ehre als Reichsritter war wiederhergestellt. Fortan pflegte er viele politische Kontakte, nahm am Türkenkrieg teil und setze sich, selbst ganz dem neuen Glauben verschrieben, für die Einführung der lutherischen Lehre in seinen Ländereien ein. 1562 starb Götz von Berlichingen mit der eisernen Hand.

Wiederauferstanden ist er als fiktive Gestalt in Goethes Schauspiel, das den ungehobelten Raufbold zum volkstümlichen Helden stilisierte. Ausgangspunkt: die Teilnahme des historischen Götz von Berlichingen an den Bauernkriegen der Jahre 1524/25. Götz wird zum Beschützer der Unterdrückten, dessen Rechtsverständnis geprägt ist vom alten Faustrecht, das auf dem Wormser Reichstag 1495 durch das formalistische römische Recht ersetzt worden war.

Nicht einzelne Gegenspieler wie Franz von Sickingen, wie Weislingen, die verführerische Adelheid oder gar der Kaiser bringen Götz am Ende zu Fall. Es ist die Geschichte selbst, die ihn eingeholt hat, sein Weltverständnis infrage stellt und für Unrecht erklärt. Goethe gestaltete hier die Tragödie eines »großen Menschen«, der das eigene Rechtsverständnis und seine persönliche Autonomie gegenüber der Übermacht der Geschichte wahren will: »Es wird einem sauer gemacht, das bisschen Leben und Freiheit…«

Bleibt die Frage nach dem berühmten »Götz-Zitat«: Goethe wurde zwar, zusammen mit seinem Freund Schiller, der bedeutendste Zitate-Erfinder der deutschen Umgangssprache; Götzens Aufforderung, ihn »im Arsch zu lecken« ist aber »O-Ton« des alten Haudegens. In seiner Autobiografie diktierte der Ritter von Berlichingen wörtlich: »Er kann mich hinden lecken…

Christine Lederer

Die Kreuzzüge und Ritterorden

PAPST URBAN RUFT ZUM KREUZZUG

AM 27. NOVEMBER 1095 LAG EIN GRAUER UND KALTER HERBSTTAG ÜBER CLERMONT. UND DOCH DRÄNGTE SICH EINE UNÜBERSCHAUBARE MENGE IN DER DOMKIRCHE. DENN PAPST URBAN II. HATTE EINE WICHTIGE BOTSCHAFT FÜR DAS GANZE CHRISTLICHE ABENDLAND ANGEKÜNDIGT.

Anfangs war die Synode von Clermont, die seit zehn Tagen in der Kathedrale der südfranzösischen Stadt abgehalten wurde, lediglich beim höheren Klerus auf größeres Interesse gestoßen. Das jedoch änderte sich schlagartig mit der Ankündigung einer Papstansprache an das gesamte Kirchenvolk. Nicht nur Geistliche, auch Ritter, einfache Bauern und selbst etliche abgerissene Bettler wollten hören, welch „wichtige Erklärung" Papst Urban II. ihnen mitzuteilen hatte. Eigentlich konnte man sich ja schon denken, worum es ging. Wahrscheinlich würde der Heilige Vater seinen „Schäfchen" wieder einmal ins Gewissen reden und ihnen ihr sündiges Leben vorhalten. Und dennoch – vielleicht war dies ja die einzige Gelegenheit, jemals einen Papst aus der Nähe zu sehen!

Der Andrang war so groß, dass die Kathedrale die Menschenmassen gar nicht aufnehmen konnte. Deshalb wurde der päpstliche Thronsessel auf einem Podium vor den Toren der Stadt aufgestellt. Als sich die allgemeine Unruhe allmählich gelegt hatte, erhob sich Urban II., um zu den wartenden Menschen zu sprechen. Plötzlich war es totenstill, denn anders als erwartet, hielt der Papst nicht nur eine Bußpredigt. Er erzählte auch Geschichten aus dem Heiligen Land, die man so noch niemals gehört hatte.

Die Wallfahrt nach Jerusalem hatte bei den Christen eine lange Tradition, und bislang waren die Pilger auch völlig problemlos und ungehindert von den muslimischen Machthabern zu ihren heiligen Stätten gelangt. Jetzt aber schilderte der Papst bestialische Verbrechen, die die

dort herrschenden „Heiden" an den christlichen Pilgern verübt haben sollten: „Sie haben die Länder der Christen besetzt, wobei viele getötet oder gefangen genommen wurden, Kirchen zerstört worden sind und das Reich Gottes verwüstet wurde. Sie beschneiden die Christen, und das Blut der Beschneidung gießen sie auf den Altar oder in die Taufbecken. Es gefällt ihnen, andere zu töten, indem sie ihnen die Bäuche aufschneiden!"

Bei diesen Worten ging ein Aufschrei durch die Menge, und es fielen die ersten hasserfüllten Bemerkungen gegenüber diesen barbarischen Ungläubigen. Die Unruhe in der Masse wurde immer größer, die Stimme Urbans II. zunehmend lauter: „Ihr aber, ob arm oder reich, solltet die Herolde Christi sein! Eilt, das Schlangengezücht der Heiden zu vertreiben und all jenen, die an Christus glauben, Hilfe zu bringen, Christus befiehlt es euch!"

Da schrie die aufgewühlte Menschenmenge wie aus einem Munde: „Deus lo vult!" (Gott will es!). Schon waren Helfer zur Stelle, die in der Menge Stoffstreifen verteilten, aus denen man ein Kreuz bilden konnte, um es an die Kleidung zu heften. So zumindest haben die zeitgenössischen Chronisten wie der Mönch Robert von Reims oder Fulcher von Chartres die Ereignisse des 27. November 1095 wiedergegeben. Auch wenn der Wortlaut der päpstlichen Rede wohlmöglich ein anderer war und erst von den Chronisten dramatisiert wurde, so haben sie die emotionale Atmosphäre der Veranstaltung gleichwohl treffend festgehalten. Fest steht, dass Urban II. die spontane Begeisterung der Menschen für einen Zug ins Heilige Land einkalkuliert hatte, aber eigentlich stammte die Kreuzzugsidee gar nicht von ihm. Als der Boom der Jerusalem-Wallfahrten um das Jahr 1000 seinen Anfang nahm, hatte schon Gerbert von Aurilla, der spätere Papst Silvester II., von der Notwendigkeit gesprochen, der bedrängten Christenheit des Ostens Hilfe zu leisten. Auch Gregor VII. war ein großer Anhänger dieser Idee gewesen, musste den Plan aber aufgrund der Zwistigkeiten mit Kaiser Heinrich IV. wieder aufgeben. Dabei hatte es bis dahin mit den Muslimen kaum nennenswerte Probleme gegeben. Das Abendland hatte sich an deren Herrschaft im Vorderen Orient gewöhnt, und selbst die dort lebenden Christen genossen in der Regel große Freiheit bei der Ausübung ihrer Religion. Den Pilgern wurde uneingeschränkter Zutritt zu den heiligen Stätten gewährt.

1078 aber eroberten die türkischen Seldschuken Syrien und bemächtigten sich auch Jerusalems. Seither brachten die Wallfahrer vereinzelt Berichte von der Unterdrückung der Christen und der Entweihung ihrer heiligen Stätten mit nach Europa. Die mochten zutreffen, denn die Seldschuken waren erst vor kurzer Zeit Muslime geworden und scheinen ihren Glauben ganz besonders ernst genommen zu haben.

Doch das war nicht der wirkliche Anlass für den Kreuzzug, selbst wenn die Seldschuken dabei sehr wohl eine Rolle spielten. Der eigentliche Auslöser war das von ihnen bedrohte Byzantinische Reich, das den türkischen Expansionsbestrebungen inzwischen machtlos ausgeliefert zu sein schien. Der oströmische Kaiser Alexios I. (1081 – 1118) sah keine Möglichkeit mehr, ihrer Angriffe Herr zu werden. Er beschloss daher, über seinen Schatten zu springen und Papst Urban II. um militärische Unterstützung zu bitten. Leicht dürfte ihm dieser Schritt nicht gefallen sein, denn seit dem Schisma von 1054 gingen Ost- und Westkirche getrennte Wege. Trotzdem schickte Alexios eine Gesandtschaft an Urban II. mit der dringenden Bitte, ihm beim Kampf gegen die Seldschuken Beistand zu leisten. Dabei dachte er vermutlich an ein Kontingent von Söldnern, die für Byzanz einige der verlorenen Gebiete zurückerobern sollten. Die Einnahme Jerusalems dürfte er hingegen kaum im Sinn gehabt haben, denn es war schon Jahrhunderte her, dass die Heilige Stadt zum Byzantinischen Reich gehört hatte.

Papst Urban II. aber witterte eine außergewöhnliche Chance, nun endlich den schon lange geplanten Kreuzzug durchzuführen. Zudem: Wenn er den Byzantinern Militärhilfe leistete, dann könnte er so wohlmöglich auch die Ostkirche wieder unter seinen Einfluss bringen und damit ein mächtiges, vereintes Christentum schaffen! Jetzt musste er nur noch einen Weg finden, den Menschen einen Kreuzzug ins Heilige Land schmackhaft zu machen. Was lag näher, als das gesamte Unternehmen als kollektive Pilgerfahrt zu deklarieren? Folglich versprach er in Clermont: „Allen, die dorthin gehen, wird die sofortige Vergebung der Sünden zuteil, wenn sie auf dem Marsch, bei der Überfahrt oder im Kampf gegen die Heiden die Fesseln des Erdenlebens ablegen!"

Genau das traf den Nerv des mittelalterlichen Menschen. Die meisten Gläubigen litten nämlich unter dem Bewusstsein eines sündhaften Lebenswandels und den Vorstellungen, was sie nach ihrem Tod erwarten würde. Das Paradies oder vielleicht doch eher die Hölle, ein Ort unvorstellbarer und nie endender Qualen? Darüber hinaus wurden sie mit zeitlichen Sündenstrafen bedroht, zu denen auch das Fegefeuer gehörte, das man sich durchaus sinnlich-konkret vorstellte. Eine Pilgerfahrt mit dem Segen der Kirche aber bedeutete nun den Erlass der Bußstrafen, die Vergebung der Sünden und somit einen gewaltigen Pluspunkt beim Jüngsten Gericht. Also auf nach Jerusalem!

Karin Feuerstein Prasser

Topfhelm der Templer
Mit beidseitigem
Tatzenkreuz-
Durchbruch.

Statue von Papst Urban II., Auslöser der Kreuzzüge
Standort: Châtillon sur Marne.

Der erste Kreuzzug

Peregrinatio, Pilgerfahrt, lautet das
mittellateinische Wort für Kreuzzug.
Doch die Pilger, die 1096 ins Heilige Land
aufbrechen, sind Krieger und das
Tagebuch ihrer Reise nach Jerusalem
wird mit Blut geschrieben.

■ Crac des Chevaliers
Burg in Syrien, deren heute sichtbare Bauteile
überwiegend aus der Zeit der Kreuzzüge stammen.

Bewaffnet Euch mit dem Eifer Gottes, liebe Brüder, gürtet Eure Schwerter an Eure Seiten, rüstet Euch und seid Söhne des Gewaltigen! Besser ist es, im Kampfe zu sterben als unser Volk und die Heiligen leiden zu sehen!« Der Aufruf Papst Urbans II. auf dem Konzil zu Clermont – man schreibt den November 1095 – richtet sich an den Adel Europas. Statt sich in brutalen Brüderzwisten zu zerfleischen, sollen die Ritter für eine gerechte Sache ins Feld ziehen. Zwar ist Jerusalem schon seit über 450 Jahren in muslimischer Hand, doch nun gibt es einen neuen, gefährlichen Spieler, um die Vorherrschaft im Orient: die türkischen Seldschuken. In einen Sturm waren sie über Kleinasien hinweggefegt und sind jetzt das Messer an der Kehle Konstantinopels. In seiner Not hatte Kaiser Alexios I. den Papst um Hilfe gebeten. Aus der Bitte um militärischen Beistand wird in Clemont eine Bewegung zur Befreiung der Heiligen Stätten, die die »Hand eines unreinen Volkes« besudelten.

Keiner heizt die Kreuzzugshysterie mehr an, als ein kleiner, hässlicher Prediger in Lumpen mit einer großen Liebe zum Wein: Peter der Einsiedler. Das einfache Volk hängt an seinen Lippen: Bauern verkaufen ihr Land, Handwerker ihr Werkzeug, um ins Heilige Land zu ziehen. Wie die Kinder von Hameln folgen sie dem Rattenfänger in Mönchskleidung – das Phänomen wird später als Volkskreuzzugs in die Geschichte eingehen. Diese schlichten Menschen haben weder eine Vorstellung von den enormen Risiken dieser Reise, noch von den ungeheuren Distanzen, die vor ihnen liegen. Ohne den Aufbruch der ritterlichen Kreuzzugsheere abzuwarten, ziehen sie los.

Anfang August 1096 erreicht das Lumpenheer Konstantinopel. Ein Kulturschock. Noch nie haben die Bauern eine Stadt für 100 000 Menschen gesehen, noch nie soviel Luxus, noch nie so viel Schönheit. Der Reichtum weckt die Gier. Zwar sind die byzantinischen Befestigungen unüberwindlich, doch auch vor den Mauern gibt es etwas zu plündern. Kein Wunder also, dass der byzantinische Kaiser Peter den Einsiedler und seine Gefolgschaft schnell auf die andere Seite des Bosporus abschiebt. Schon bald befinden sie sich auf dem Territorium des Sultans der Seldschuken. Und dieser macht mit den Fremden kurzen Prozess: Am 21.

Oktober 1096 vernichtet er bei Civetot am Marmarameer das Heer des Volkskreuzzuges. Von schätzungsweise 20 000 Mann überleben gerade einmal 3000: »Wie viel abgeschlagene Köpfe, wie viel Gebeine getöteter Menschen fanden wir da auf den Feldern liegen«, wird später ein Chronist schreiben, der das Schlachtfeld besuchte.

Während die Geier über dem Leichenmeer des Volkskreuzzugs kreisen, nähern sich die Ritterheere dem Bosporus. Da keiner der abendländischen Könige das Kreuz genommen hat, fehlt eine von allen anerkannte Führungspersönlichkeit – so rivalisieren vier Fürsten um die Vorrangstellung. Der Lothringer Herzog Gottfried von Bouillon, prominentester Lehnsmann Kaiser Heinrichs IV., führt 20 000 Krieger ins Feld. An der Spitze der Ritterschaft aus dem Norden Frankreichs steht der Normannenherzog Robert, Sohn Wilhelms des Eroberers. Das größte Aufgebot kommt aus Südfrankreich und wird von Raimund von Toulouse angeführt. Das kleinste, aber vielleicht gefährlichste Kontingent, stellen kampferprobte Normannen aus dem Süden Italiens und Sizilien. Ihr Befehlshaber, Bohemund von Tarent, wittert seine Chance auf Ehre, Ruhm und Landgewinn.

An der Küste Kleinasiens vereinen sich die Heerzüge der vier Fürsten, um im Frühjahr 1097 ins Landesinnere vorzustoßen. Die Stärke der Franken – so der übliche Sammelbegriff im Orient für die Krieger aus dem Westen – bemisst sich auf schätzungsweise 7500 Ritter, und 35 000 Leichtbewaffnete. Hinzu kommt noch mal dieselbe Zahl an Zivilisten.

Am 1. Juli 1097 prallt bei Doryläum die Vorhut der Kreuzritter mit einem seldschukischen Reiterheer zusammen. Doch im Gegensatz zu den militärischen Amateuren des Volkskreuzzugs sind diese Männer Profis des Krieges. An Bohemunds schwergepanzerten Normannen beißen sich die türkischen Krieger die Zähne aus. Als dann noch Verstärkung eintrifft, wenden die sonst siegesgewohnten Seldschuken ihre Pferde zur Flucht.

Nach einem entbehrungsreichen Marsch durch die Halbwüste des anatolischen Hochlands steht das Kreuzfahrerheer am 21. Oktober vor den gewaltigen Wällen Antiochias mit seinen 400 Türmen. Unmöglich, diese Stadt im Sturm zu nehmen. Die Belagerung zieht sich über sieben Monate hin, selbst schweres Belagerungsgerät kann die Mauern nicht

Aufbruch zum Kreuzzug -
Einschiffung der Kreuzritter
Miniatur (14. Jh.).

Die Eroberung von Jerusalem
1099 während des I. Kreuzzuges
(1096-1099)
Miniatur (15. Jh.).

la noble cite de Jherusale fu prinse lan cent im xix von le vendredi xv jour de mors de Jullet

brechen. Wie so oft in ist es gemeiner Verrat, der die Tore öffnet. Am 3. Juni fällt die Metropole in die Hände der Christen, die ein schreckliches Blutbad unter der Bevölkerung anrichten. Ein anonymer christlicher Chronist: »Alle Straßen der Stadt lagen voller Leichen. Man konnte es vor Gestank kaum aushalten.«

Doch schon am nächsten Tag werden aus den Eroberern selbst Belagerte als ein Heer unter der Führung des Herrschers von Mossul vor den Toren der Stadt erscheint. Nach Monaten der Belagerung gibt es in der Stadt kaum Nahrungsmittel – die Männer kauen das Leder ihrer Schuhe und erwarten ihren Untergang. Nie ist Jerusalem ferner als in diesen schrecklichen Tagen des Hungers, der Furcht und der Agonie. Dann plötzlich eine Nachricht, die alles verändert: In der Petrus-Basilika wurde die Lanze gefunden, mit der Christus am Kreuz durchbohrt wurde – Gott ist doch mit ihnen! Mit neuem Mut suchen die Christen die Entscheidung in einer offenen Feldschlacht. Auf Transportpferden, Esel und zu Fuß stürmen die abgemagerten Ritter gegen den gegen den übermächtigen Gegner – und siegen. Das Zeltlager der Feinde wird Beute der Christen. »Was die Frauen in den Zelten des Feindes betrifft, so taten die Franken ihnen nichts Schlimmes an, sondern stießen Lanzen in ihre Bäuche«, wird später der Chronist Fulcher das keusche Verhalten der Ritter loben. Bohemund, der den größten Anteil am Sieg hatte, ist am Ziel seiner Reise angelangt. Statt nach Jerusalem weiter zu ziehen, wird er lieber Fürst des Kreuzfahrerstaates Antiochia.

Das »Wunder« von Antiochia öffnet die Tore ins Heilige Land. Doch von schnellem Vormarsch kann nicht die Rede sein. Es ist weniger der Widerstand der muslimischen Feinde als die Konkurrenz der christlichen Fürsten – allen voran Raimund von Toulouse und Gottfried von Bouillon –, die den Kreuzzug bremsen. Erst ein Jahr nach dem Fall Antiochias, es ist der 7. Juni 1098, erblicken die Kreuzfahrer die Mauern Jerusalems, das nach einem seldschukischen Intermezzo wieder zum Herrschaftsgebiet der Fatimidenherrscher von Kairo gehört.

Das Heer der Kreuzfahrer ist auf 15 000 Mann zusammengeschrumpft, darunter gerade einmal gut 1200 Ritter. Als Willkommensgruß für die Franken hat der ägyptische Stadtkommandant die Brunnen der Umgebung vergiften und alle Bäume, die Holz für Belagerungsmaschinen liefern könnten, schlagen lassen. Auch die meisten christlichen Bewohner Jerusalems hat der vorsichtige Befehlshaber verbannt – anders als in Antiochia soll Verrat nicht die Tore seiner Stadt öffnen.

Ohne Bauholz und ausreichend Trinkwasser riskieren die Kreuzfahrer einen Angriff mit der einzigen brauchbaren Sturmleiter des Heeres – ein Selbstmordkommando, das scheitert. Doch dann bekommen die Kreuzfahrer unerwartet Hilfe durch eine Genueser Flotte, die im nahen Jaffa gelandet ist. An Bord Werkzeug, Nägel, Seile und vor allem routinierte Handwerker. Mit der Hilfe einheimischer Christen treiben die Kreuzfahrer zudem noch geeignetes Bauholz auf: Die Produktion von Belagerungstürmen und Katapulten beginnt.

Das Prunkstück in diesem Arsenal wird der 20 Meter hohe Belagerungsturm Gottfried von Bouillons, der Raimund als wichtigste Führungspersönlichkeit im Kreuzfahrerheer abgelöst hat. Nicht zuletzt, weil er die Unterstützung des Normannenherzogs für sich gewinnen konnte. Die bedrohliche Kriegsmaschine ragt an der Nordwestecke Jerusalems in den wolkenlosen Himmel des Heiligen Landes. Als Gegenmaßnahme werden an diesem Punkt von den Ägyptern die Verteidigungsanlagen verstärkt. Doch als die Sonne am 14. Juli aufgeht, stellen die Ägypter verblüfft fest, dass der Turm verschwunden ist. Ein äußerst talentierter Handwerker hatte den Turm so konstruiert, dass er über Nacht in seine Einzelteile zerlegt werden konnte. Nun bedroht er einen Mauerabschnitt im Nordwesten Jerusalems, der bei weitem nicht so gut ausgebaut ist. Ein zweiter Turm rollt schwerfällig beim Zionsberg im Süden Jerusalems auf die Stadtmauer zu. Hier kämpfen die Männer Raimunds. Noch halten die Vormauern die beiden hölzernen Kolosse auf. Es dauert den ganzen Tag, Breschen zu schlagen. Dann unterbricht die Nacht den Angriff auf die Stadt.

Am nächsten Morgen stehen dann die Türme vor der Hauptmauer. Doch der Widerstand ist heftig. Ein Trommelfeuer von Brandgeschossen aus Pech und Schwefel hagelt auf die beiden Türme. Plötzlich steht der Turm Raimunds in Flammen. Der Angriff am Zionsberg bricht zusammen. Nun ruht alle Hoffnung der Christen auf Gottfried. Der Lothringer Herzog hat seinen Turm durch nasse Tierhäute gegen die Brandgeschosse geschützt und so erreicht seine Kriegsmaschine intakt die Hauptmauer. Eine hölzerne Brücke fährt herrunter und die ersten christliche Ritter stürmen auf die Wehrgänge. Noch wäre Zeit für beherzten Widerstand, doch bei den Verteidigern bricht Panik aus. Was nun folgt ist keine Schlacht, sondern ein Massaker. In einer Chronik der Epoche liest man: »Unsere Männer betraten die Stadt und schlugen die Sarazenen bis zum Tempel Salomons (Tempelberg) tot, wo diese Zuflucht suchten und den ganzen Tag erbittert gegen unsere Männer kämpften, so dass der ganze Tempel von ihrem Blute schwamm.«

Aber nicht nur Krieger werden getötet, auch die Zivilbevölkerung, selbst Frauen und Kinder, wird nicht verschont. Während zeitgenössische arabische Quellen von 70 000 Toten sprechen, registrieren die christlichen Chronisten 10 000 Tote. Hingegen findet sich in einer neutralen jüdische Quelle der Epoche die verblüffende Zahl von »nur« 3000 Toten.

Neuer Herrscher in Jerusalem wird Gottfried von Bouillon, während sich sein ewiger Rivale Raimund mit der Grafschaft Tripolis zufrieden geben muss und Herzog Robert ohne nennenswerte Beute in seine normannische Heimat zurücksegelt. In Verbeugung vor der Heiligkeit des Ortes nennt sich Gottfried bescheiden »Verteidiger des Heiligen Grabes«. Erst sein Bruder Balduin, der Gottfried 1100 auf den Thron folgt, wird den klangvollen Titel eines Königs von Jerusalem annehmen. 200 Jahre werden Christen und Muslime um die Vorherrschaft im Heiligen Land kämpfen, bis am Ende der Halbmond triumphiert.

Für die Europäer sind die Kreuzzüge schon lange eine ferne Epoche, mehr Sage als Geschichte. Für die Menschen in Syrien oder Ägypten ist dieser Konflikt der Kulturen hingegen erschreckend präsent und dient als Spiegel der modernen politischen Lage.

Klaus Hillingmeier

Rüstungshelm aus der Zeit der Kreuzfahrer.

Detail eines Kirchenfensters der Cathédrale Saint Julien, Le Mans.

Der Fall Jerusalems

Die Könige von Jerusalem umgab eine besondere
Aura der Macht: Sie galten als die legitimen Nachfolger
Davids und waren die Hüter der heiligsten Stätten der
Christenheit. In ihrem Stolz wähnten sie sich allen
Feinden überlegen bis ihr »Königreich des Himmels«
in einem einzigen Schreckensjahr zugrunde ging.

Am 29. Oktober des Jahres 1187 verkündete Papst Gregor VIII. der Christenheit schreckliche Kunde: „Die Hand Gottes hat ein furchtbares Strafgericht über das Land von Jerusalem vollstreckt" – die Heilige Stadt ist in den Händen der Ungläubigen. Die Schuld suchte der Papst in der „Zwietracht, die durch die Schlechtigkeit der Menschen" in jenem Lande eingetreten war. Und mit dieser Schuldzuweisung hatte der Heilige Vater nicht ganz Unrecht.

Die Tragödie nahm 1174 ihren Anfang, als der energische König Amalrich im Alter von 34 unerwartet an den Folgen einer falschen medizinischen Behandlung starb. Vier Tage nach seinem Tod krönte der Patriarch von Jerusalem in der Grabeskirche Amalrichs 13-jährigen Sohn Balduin zum neuen Herrscher von Jerusalem. Doch jeder im Königreich wusste, dass der Knabe nicht lange regieren würde – Balduin hatte Lepra.

Während die Krankheit unaufhaltsam das Fleisch des Königs verfaulen ließ, wuchs die Stärke des islamischen Gegners. 1174 gelang es Saladin, dem Herrscher über Ägypten, sich auch Damaskus zu unterwerfen. Endlich schien die islamische Welt den Führer gefunden zu haben, der es mit den Franken aufnehmen konnte. Sein Sekretär Nur ad-Din verlieh dieser Hoffnung Ausdruck: „Jetzt, da du Ägypten und Syrien für den Ruhm des Islams gewonnen hast, musst du Jerusalem vom Schmutz des Kreuzes säubern."

1177 holte Saladin zum ersten Schlag gegen die Christen aus: Im November überschritt sein Heer die Grenze des Königreichs Jerusalem. Obgleich von seiner Krankheit gezeichnet, führte Balduin IV. persönlich seine Truppen gegen Saladin. Bei der Burg Montgisard, unweit von Ramleh, gelang es ihm, das Invasionsheer zu überrumpeln. Tausende von Feinden wurden niedergemacht; der Rest floh in kopfloser Panik. Der Triumph Balduins war jedoch nicht vollkommen – Saladin gelang es, sich mit seiner Leibwache durch die christlichen Linien zu schlagen.

Einige Jahre nach diesem Sieg war Balduin in einem bemitleidenswerten Zustand: Der König war fast erblindet, und die Lepra hatte seine Beine zerfressen, sodass er in einer Sänfte getragen werden musste. Im März 1185 erlöste der Tod den 24-Jährigen. Als Thronerben hatte Balduin den sechsjährigen Sohn seiner Schwester Sybille bestimmt; die Regentschaft sollte bis zur Volljährigkeit Raimund III., Graf von Tripolis, übernehmen. Falls der Knabe vor dem Erreichen seines zehnten Lebensjahres stürbe, sollte Raimund die Geschicke des Landes so lange weiterführen, bis Papst und Kaiser einen neuen König bestimmt hätten. Raimund war ein Realpolitiker, der die militärische Stärke Saladins richtig einschätzte und daher eine Koexistenz mit den islamischen Nachbarn anstrebte: Als eine seiner ersten Amtshandlungen handelte er einen vierjährigen Waffenstillstand mit Saladin aus. Doch Raimund hatte mächtige Feinde. Besonders unter den Neuankömmlingen aus Europa und den Templern sahen nicht wenige seinen Kurs als Verrat am Kreuzzugsgedanken. Ihren Führer fand diese

Opposition in Rainald von Châtillon, einem Abenteurer, der 16 Jahre in muslimischer Gefangenschaft verbracht hatte, und in Sybilles Ehemann Guido von Lusignan. Als im August 1186 der kränkliche Sohn Sybilles starb, schlug die Stunde der Falken: In einem Handstreich wurde der Regent entmachtet und Sybille zur neuen Königin von Jerusalem gekrönt. Mit eigener Hand setzte sie ihrem Gemahl Guido die Krone aufs Haupt und bestimmte ihn zum neuen Herrscher des Königreiches.

Noch im gleichen Jahr brach Rainald von Châtillon den Waffenstillstand: Er plünderte eine reiche Karawane auf dem Weg von Kairo nach Damaskus, erschlug die Wachmannschaft und nahm die Kaufleute gefangen. Der Kommentar eines arabischen Chronisten: »Rainald war einer der Schlimmsten, ein noch größerer Verräter als die anderen Franken.«

Saladin forderte Guido von Lusignan auf, Rainald zur Wiedergutmachung zu zwingen, doch ohne Erfolg. Am 1. Juli 1187 überschritt Saladin mit 30 000 Mann den Jordan, um die Stadt Tiberias zu belagern. Das Rückgrat seines Heeres bildeten die Ghulams – schwer gepanzerte Reiter nach fränkischem Vorbild – sowie berittene Bogenschützen. Den Truppen Saladins zog das größte Aufgebot entgegen, das das Königreich Jerusalem jemals ins Feld geschickt hatte: 1200 schwere Ritter, leichte Kavallerie und an die 12 000 Mann Fußvolk. Als stolzes Feldzeichen führten sie die höchste Reliquie des Königreichs mit sich – das heilige Kreuz. Das Gros des Heers führte Guido von Lusignan an. Die Nachhut befehligte Balian von Ibelin, einer der respektiertesten Barone des Königreichs, die Vorhut kommandierte niemand anderer als Raimund von Tripolis, der sich angesichts der Bedrohung mit dem König ausgesöhnt hatte.

Am 2. Juli bezog das Heer auf Raimunds Rat eine strategisch günstige Stellung in Sephoria, wo reichlich Wasser für Mensch und Tier vorhanden war. Hier wollte der Graf von Tripolis Saladin die Schlacht aufzwingen. Doch Guido von Lusignan missbilligte Raimunds defensive Strategie und befahl, dem Feind kühn entgegenzureiten. Die Julihitze war mörderisch; auf dem Weg gab es keine Quellen. Völlig ausgebrannt erreichte das Heer am Nachmittag des 3. Juli einen kargen Hügel mit zwei Gipfeln, die »Hörner von Hattin«. Einige Barone drängten Guido, sich bis zum nahen See Genezareth durchzuschlagen, doch angesichts der Erschöpfung seiner Truppen befahl der König die Rast. Als Raimund davon erfuhr, ahnte er, dass alles verloren war: »Oh allmächtiger Gott und Herr, der Krieg ist aus; wir sind todgeweihte Leute; das Königreich ist am Ende!«

Am Morgen des 4. Juli brach die Hölle über das christliche Heer herein. Kopflos floh das Fußvolk vom Schlachtfeld und wurde leichte Beute für die muslimische Reiterei. Die Ritter kämpften mit verzweifeltem Mut, doch, vom Durst geschwächt, konnten sie nicht standhalten. »Wie Gazellen erschossen wir sie und streckten sie tot nieder«, notierte ein arabischer Chronist. Schließlich fiel auch das heilige Kreuz in die Hände der Feinde, und die Christen verloren ihren letzten Funken Mut. Am Ende der Schlacht war fast die gesamte Ritterschaft des Königreichs Jerusalem entweder tot oder wie Guido von Lusignan und Rainald von Châtillon in Gefangenschaft geraten. Einzig Raimund von Tripolis und Balian von Ibelin war es mit einigen Getreuen gelungen, der Hölle von Hattin zu entkommen. Das Leben Guidos verschonte Saladin: »Ein König tötet keinen König!« Mit dem Karawanenräuber Rainald machte der Sultan hingegen genauso kurzen Prozess wie mit den Templern und Johannitern, die er in einer Massenhinrichtung abschlachten ließ.

Nach der katastrophalen Niederlage machte sich Endzeitstimmung in Jerusalem breit. Um die drohende Eroberung abzuwenden, tat die ganze Stadt Buße: Mädchen und Frauen ließen sich das Haar, Symbol der Eitelkeit, abschneiden, Mönche, Priester und Nonnen gingen als Zeichen der Demut barfuß, und die Kirchen waren überfüllt mit inbrünstig betenden Menschen. Zwar schützten starke Mauern die Stadt, doch es gab kaum Krieger, um sie zu bemannen. Weder Königin Sibylle noch Raimund von Tripolis weilten in Jerusalem, und so war die einzige Führungspersönlichkeit Balian von Ibelin. Mit Schrecken musste der Baron

feststellen, dass nur noch zwei Ritter in der Stadt verblieben waren. Um diesen Mangel zu beseitigen, erhob er alle adeligen Knaben über 16 in den Ritterstand und verteilte Waffen an jeden Mann, der irgendwie in der Lage war, ein Schwert zu führen.

Am 20. September standen Saladins Truppen vor den Mauern Jerusalems. Ein christlicher Augenzeuge: »In der Nacht ließ Saladin so viele Steinschleudern und Wurfmaschinen aufstellen, dass man am nächsten Tag elf davon vorfand, alle groß, und sie schleuderten Geschosse gegen die Stadtmauern. Den Schildträgern folgten die Bogenschützen, die ihre Pfeile wie Regen niederprasseln ließen. In der Stadt war kein Mann, der tapfer genug gewesen wäre, um nur einen Finger über den Mauern zu zeigen.«

Am 29. September brach ein Stück der Mauer unter dem Bombardement zusammen. Balians letztes Aufgebot von Knaben und alten Männern kämpfte mit verzweifeltem Mut, doch der Baron wusste, dass sie nicht lange Widerstand leisten konnten. Einige schlugen einen Ausbruch vor, doch dies hätte bedeutet, Frauen und Kinder schutzlos zurückzulassen. Daher begab sich Balian zu Saladin, um über eine Kapitulation zu verhandeln. Seine Worte hat ein arabischer Chronist überliefert: »Herr, habt in Gottes Namen Mitleid. Denn die Leute in der Stadt verzweifeln an ihrem Leben, und sie werden sich eher töten lassen, als dass sie durch Gewalt erobert werden. Es wird ein großes Gemetzel auf beiden Seiten geben, bevor Ihr die Stadt mit Gewalt einnehmen könnt, wie Ihr zu tun gedenkt.«

Einem anderen Chronisten zufolge, soll der Baron sogar damit gedroht haben, Jerusalem mitsamt allen Heiligtümern in einen einzigen Schutthaufen zu verwandeln: »Welcher Vorteil wird Euch dann aus der Ruine erwachsen?«

Balians Drohung hatte Erfolg: Saladin stimmte der friedlichen Übergabe der Stadt zu. Männern wurde gegen eine Zahlung von zehn Dinaren freier Abzug gewährt, für Frauen wurde der Preis auf fünf festgelegt. Doch nicht alle hatten das Geld oder das Glück, von der Staatskasse ausgelöst zu werden. Nach der Chronik des Ernoul waren es über 11 000 Christen, die in die Sklaverei gerieten, arabische Quellen sprechen sogar von 15 000. Nach 88 Jahren war Jerusalem wieder in islamischer Hand. Saladin ließ die christlichen Symbole vom Felsendom und der Al-Aksa-Moschee entfernen und die Gebäude mit Rosenwasser reinigen. Am Freitag, dem 9. Oktober 1187, feierte er mit seinen Männern einen Dankgottesdienst. Das Thema der Predigt »betraf die Hauptfrage des Tages, den Heiligen Krieg, der mit Gottes Hilfe siegreich durchfochten werden wird«.

Der Optimismus schien berechtigt, denn die wenigen christliche Bastionen im Heiligen Land – Antiochia, Tripolis, Tyrus, Akkon – waren so schwach wie die Moral ihrer Verteidiger.

Klaus Hillingmeier

Dussak (mittelalterlicher Säbel)
Einhändig geführte Hieb- und
Stichwaffe mit gekrümmter
Schneide.

DER KREUZZUG DER KÖNIGE

DASS, GEMEINSAM MIT DEM RÖMISCHEN KAISER, DIE KÖNIGE VON ENGLAND UND FRANKREICH 1189 DAS KREUZ NAHMEN, ERSCHEINT WIE EINE GEWALTIGE MACHT-DEMONSTRATION DES CHRISTLICHEN ABENDLANDS. TATSÄCHLICH IST ES AUS-DRUCK EINER TIEFEN SPALTUNG: DER FRANZOSE UND DER ENGLÄNDER TRAUTEN EINANDER NICHT ÜBER DEN WEG. SIE SIND RIVALEN IM KAMPF UM MACHT UND EINFLUSS IN WESTEUROPA, UND WENN EINER AUF REISEN GEHT, DARF DER AN-DERE NICHT ZU HAUSE BLEIBEN. FOLGERICHTIG BRECHEN DIE BEIDEN, RICHARD LÖWENHERZ VON ENGLAND UND PHILIPP II. AUGUST VON FRANKREICH, IM JULI 1190 GEMEINSAM INS HEILIGE LAND AUF.

Für Löwenherz kommt der Kreuzzug gerade recht: Abenteuer und Kriege liegen ihm mehr als langweilige Regierungsge-schäfte in England, das er ohnehin für barbarisch hält. Sofort nach seiner Krönung versucht er, so viel Geld wie möglich aufzutreiben, dann ist er, begleitet von seinem Kreuzheer, schon wieder Richtung Marseille verschwunden, denn von hier aus will er nach Palästina segeln.

Auf Sizilien, in Messina, machen die beiden Könige Station, um zu überwintern. Die dortige Bevölkerung ist allerdings wenig begeistert vom Benehmen der Kreuzritter und probt den Aufstand. Kurzerhand erobert Richard in einem Handstreich die Stadt und vergießt zunächst einmal Christenblut. Im Frühjahr, nach den Winterstürmen, bricht die Flotte wieder auf. Vor Zypern geraten einige Schiffe in Seenot, die Zyprioten sehen, sehr zum Ärger Richards, die Schiffe samt Schiffbüchigen als leichte Beute. Darin täuschen sie sich gewaltig: Die Engländer nehmen die Insel ein, und Richard macht ein gutes Geschäft: Er verkauft die Herrschaft über die Insel kurzerhand um 100 000 Goldstücke an die Tempelritter.

Endlich, im Juni 1191, trifft die englische Flotte vor Akkon ein. Richard wird mit Freudenfeuern empfangen, schließlich belagert man schon seit fast zwei Jahren die Stadt, ohne Erfolg. Jetzt kommt die Wende, so hofft man, und tatsächlich, mit Rammböcken, Tunnels und großen Belage-rungstürmen bringt man die Eingeschlossenen in solche Bedrängnis, dass sie die Übergabe anbieten – gegen freien Abzug mit all ihrem Besitz. Richard lehnt ab; er will sich nicht um die fette Beute bringen lassen. Schließlich kommt es zur bedingungslosen Kapitulation. Geiseln werden gestellt, Saladin soll das erbeutete wahre Kreuz zurückgeben, Lösegeld zahlen und Gefangene freilassen. Unter gewaltigem Freudengeschrei zie-hen die Kreuzfahrer in die Stadt, und, wie zwischen Richard und Philipp schon seit Langem vereinbart, wird die Beute penibel geteilt. Da bleibt nichts für Dritte übrig, und das irritiert besonders den Österreicher Herzog Leopold V., der – seit dem Unfalltod Kaiser Barbarossas – den Oberbefehl über das deutsche Kontingent innehat. Als er seine Ansprü-che stellt, wird er von den Engländern nicht ernst genommen, sogar sein Banner wirft man in den Schmutz und trampelt darauf herum. Leopold kocht vor Wut, kann aber im Moment nichts unternehmen. Die Rache spart er sich für später auf; er setzt seine Segel und kehrt nach Österreich zurück.

Akkon ist also wieder christlich, aber es bleibt noch viel zu tun. König Philipp, der von Anfang an nicht gerade begeistert bei der Sache war, will nach Hause. Den Ruhm und die Ehre heimst ohnehin Richard ein, recht viel ist für ihn in Akkon nicht mehr zu holen. Der Franzose reist ab. Jetzt wittert Saladin seine Chance: Er spielt auf Zeit und denkt vorerst einmal nicht daran, das besagte Kreuz zurück- und das Lösegeld herzugeben. Die Frist läuft ab, und Richard beschließt, ein Exempel zu statuieren: Die Geiseln, knapp 3000, sollen getötet werden! Provokant werden die Gefangenen vor die Stadt geführt, damit Saladin und seine Leute auch alles gut mitbekommen. Dann stürzen sich die Ritter auf die Wehrlosen und erschlagen und erstechen sie. Es ist keine Exekution, sondern ein Gemetzel. Die Muslime müssen ohnmächtig zusehen.

Richard ist nun alleiniger Anführer der Kreuzfahrer, und er hat die undankbare Aufgabe, seine Ritter von den Fleischtöpfen der Stadt Akkon weg und Richtung Jerusalem zu führen. Strikte Disziplin ist angesagt: Keine Huren im Heer! Alle Prostituierten, die zum Erstaunen der Muslime in größeren Mengen zum »Personal« des Kreuzheeres gehören, müssen in Akkon bleiben. Saladin gerät unter Druck: Er hat vor Akkon eine erste Niederlage einstecken müssen, und die Kritik aus dem eigenen Lager wird lauter. Er zwingt Richard auf dem Weg nach Jaffa bei Arsuf zu einer Schlacht, indem er die Nachhut angreift.

Die bewährte Taktik, mit schnellen Vorstößen und Scheinrückzügen die Phalanx der Ritter auseinander zu sprengen und dann die einzelnen Gruppen niederzumachen, funktioniert diesmal nicht: Diszipliniert halten die Ritter stand, bis die Hauptmacht in einer langen Schlachtreihe die Angreifer immer weiter zurückdrängt. Tausende Muslime fallen; Saladins Nimbus der Unbesiegbarkeit ist dahin.

Trotz dieses Sieges gibt es ein Problem: Jerusalem wird sehr schwer zu erobern und noch schwerer zu halten sein. Richard hat eine Idee: Was wäre, wenn Saladins Bruder Richards Schwester Johanna heiraten würde? Die beiden könnten doch mitsammen Palästina regieren, allen wäre geholfen und er würde nach Hause fahren und sich um sein Reich kümmern! Die Nachrichten aus England sind nämlich beunruhigend. Der französische König intrigiert, und Richards Bruder schielt nach dem Thron. Doch Johanna, die sich seit der Sizilien-Episode bei Richard aufhält, spuckt Gift und Galle und weigert sich rundweg, einen Moslem zu heiraten. Sicherheitshalber fragt Richard bei Saladins Bruder Al-Adil an, ob er vielleicht zum Christentum konvertieren würde. Als dieser höflich, aber bestimmt ablehnt, ist die Idee gestorben.

Die Probleme bleiben. Es kommt der Winter und die Kampfhandlungen ruhen. Im Sommer 1192 wagt man doch noch einen Angriff auf Jerusalem. Da greift Saladin zu einem drastischen Mittel: Er lässt alle Brunnen rund um die Stadt vergiften; das Kreuzheer leidet fürchterlichen Durst. Schließlich, im September, als beide Seiten einsehen, dass es in dieser Pattsituation keinen Sieger geben kann, kommt es nach längeren Verhandlungen zum Waffenstillstand. Er soll für drei Jahre gelten und im Wesentlichen besagt er, dass die Christen die Küstenstädte bis Jaffa erhalten, Pilger freien Zutritt zu den heiligen Stätten haben und Muslime und Christen frei durch Palästina ziehen dürfen. Jerusalem jedoch bleibt im Besitz Saladins. Im Oktober segelt Richard ab.

Für ihn ist allerdings der Kreuzzug noch lange nicht ausgestanden. Verkleidet reist er mit nur wenigen Begleitern über österreichisches Gebiet; in der Nähe von Wien wird er aber erkannt. Herzog Leopold hat mit ihm noch ein Hühnchen zu rupfen wegen der Sache vor Akkon und lässt ihn kurzerhand festsetzen. Als Kaiser Heinrich VI., Barbarossas harter Sohn und Nachfolger, davon erfährt, verlangt er den prominenten Gefangenen für sich. Wegen diverser Zwistigkeiten ist auch er Löwenherz nicht besonders grün, und außerdem bedeutet ein königlicher Gefangener fette Beute. Das wahrhaft fürstliche Lösegeld, das der Kaiser verlangt, beträgt etwa 100 000 Mark Silber. Ein ganzes Jahr braucht man in England, um diese Summe aufzutreiben. Im Frühjahr 1194 betritt Richard wieder englischen Boden. Für ihn ist die Episode des Kreuzzugs abgeschlossen. Die bedrängten christlichen Stützpunkte im Heiligen Land müssen zusehen, wie sie selbst zurechtkommen. Das gelingt ihnen immer weniger, auch wenn ihnen der Tod Saladins 1193 eine Atempause verschafft hatte. Es ist nicht zu übersehen: Das Abendland beginnt seine Begeisterung für das »Projekt Heiliges Land« zu verlieren.

Elisabeth Schiller

Jesus, Detail der Kuppel in der Grabeskirche Jerusalem.

DER VIERTE KREUZZUG

Am 13. April 1204 geschah das Unfassbare: Die Armee des vierten Kreuzzuges, eigentlich ausgezogen, um im Heiligen Land gegen die Ungläubigen zu kämpfen, eroberte und plüderte Byzanz. Wie konnte es soweit kommen?

Nach dem Tode Kaiser Manuels I. Komnenos 1180 brach die weitgesteckte Reichsidee unter den Schlägen neu erstarkter Gegner zusammen. Das ehemals reiche Byzanz war nach fast vierzigjährigen Kämpfen im Orient, in Kleinasien, auf dem Balkan und in Italien finanziell völlig ausgelaugt. Normannen, Serben, Ungarn und Seldschuken nutzten die Gunst der Stunde, und die Macht der Republik Venedig wuchs im östlichen Mittelmeer. Auch im Inneren kam es zu sozialen Spannungen, die durch die Privilegierung des Militäradels durch die Komnenen-Dynastie hervorgerufen wurden. Die vielen Unzufriedenen scharte Andronikos Komnenos, ein Neffe Manuels, um sich. Im Frühjahr 1182 stürzte er das herrschende Regime und ließ die führenden Köpfe der alten Reichsführung hinrichten.

Die Herrschaft Andronikos' I. wandte sich gegen den Adel, wurde aber zusehends als brutale Tyrannis empfunden. Um seinen Rückhalt in der Bevölkerung zu stärken, setzte der Kaiser auf die anti-lateinische Karte. Damit weckte er aber nur die Eroberungslust westlicher Gegenspieler. Bela III. von Ungarn eroberte Belgrad, Nisch und Sofia; Isaak Komnenos, der Vertreter der »legalen« Familien-Linie, ließ sich auf Zypern zum Kaiser ausrufen. Auch die Normannen zog die byzantinische Schwäche an; im Juni 1185 eroberten sie Dyrrhachion und Thessalonike. Als sie schließlich auf Byzanz marschierten, beendete eine Revolte die blutige Herrschaft Andronikos' I.

Isaak II. aus dem vornehmen Geschlecht der Angeloi – in Umdeutung seines Namens als »Engel des Himmels« begrüßt – übernahm nun die Macht. Das alte Regime des Feudaladels kehrte ebenso zurück wie die Korruption in der Verwaltung. Außenpolitisch konnte Byzanz kaum mehr agieren, es war zu einem kraftlosen Kleinstaat verkommen. Bulgaren und Serben eroberten weitere Gebiete, lediglich die Normannen konnte Isaak zurückdrängen. Dessen Hauptfeinde saßen ohnehin im Kaiserpalast: 1195 stürzte ihn sein Bruder Alexios III. und kerkerte ihn ein.

Doch auch der neue Kaiser konnte den Verfall nicht aufhalten. Die katastrophale finanzielle Situation war nicht in den Griff zu bekommen; der höfischen Verschwendung tat dies aber keinen Abbruch. Auch auf kirchenpolitischem Terrain war der Machtverlust feststellbar: Die Bulgaren wandten sich der römischen Kirche zu, und auch die Serben unterstellten sich 1202 der römischen Kurie. Nur der Tod Kaiser Heinrichs VI. im Herbst 1197 verschaffte Byzanz noch einmal eine rettende Atempause, denn damit endeten die schon weit gediehenen Eroberungspläne des abendländischen Kaisertums.

Im Jahr darauf belebte Papst Innozenz III. die christliche Kreuzzugsbewegung, als die Kreuzfahrerstaaten fast vollständig an Sultan Saladin verloren gingen. Tatsächlich setzten sich neue Ritterheere aus dem Abendland in Bewegung. Venedig unter seinem Dogen Enrico Dandolo sah die Gelegenheit gekommen, um sich Dalmatien und weitere Gebiete an der Adria und der Ägäis zu sichern. Dandolo erklärte sich bereit, für den

Transport von etwa 33 000 Mann zu sorgen und weitere 50 Galeeren zur Verfügung zu stellen. Die Kreuzfahrer sollten dafür 85 000 Silbermark bezahlen sowie die Hälfte des eroberten Gebietes abtreten. Vorgebliches Hauptziel war die Eroberung Ägyptens.

Von den 33 000 Männern kam aber nur rund ein Drittel zum Abfahrtstermin in die Lagunenstadt, deshalb forderte Dandolo die Einnahme der konkurrierenden Seerepublik Zara, um die Beute mit den Schulden zu verrechnen. Die Anführer der Kreuzfahrer stimmten zu und eroberten Ende November 1202 die christliche Stadt. Im eroberten Zara trafen Boten des deutschen Königs ein, bei denen sich der byzantinische Prinz Alexios Angelos, der Sohn des inhaftierten Isaak, befand. Dieser bot für die Eroberung Konstantinopels und seine Inthronisierung 200 000 Silbermark.

Die Anführer entsandten ein Entschuldigungsschreiben an Innozenz und erklärten, dass nur die Annahme des Isaak-Plans die Fortsetzung des Kreuzzuges sicherstellen könne. Der Papst stimmte zähneknirschend zu; den Venezianern verzieh er nicht, denn er sah sie als die Urheber des Angriffs auf Zara.

Ende Juni erreichten die Truppen Byzanz. Nach mehreren ergebnislosen Scharmützeln setzte sich Alexios III. nach Thrakien ab, Isaak und Alexios IV. wurden von den siegreich ins Ostreich einmarschierenden Lateinern wieder eingesetzt. Ihre Versprechen bezüglich der Belohnung konnten die beiden Kaiser aber nicht einhalten – bei einer Revolte der griechischen Bevölkerung verloren sie Thron und Leben. Die Kreuzfahrer und Venezianer zogen nun gegen den neuen Kaiser, Alexios V., zu Felde, um die Stadt endgültig in die Knie zu zwingen.

Am 13. April 1204 brach über Konstantinopel das Unheil herein. Kreuzfahrer und Venezianer zogen plündernd und mordend durch die Straßen; auch Alexios V. kam ums Leben. Die Eroberer erbeuteten 900 000 Silbermark, davon gingen 500 000 als Spesen an Venedig. Dort fanden sich die wertvollsten Kunstschätze der Beute wieder, darunter die Quadriga, die seither den Markusdom ziert. Viele edle Ikonen und Mosaiken wurden aber für immer zerstört.

Balduin von Flandern wurde zum Herrscher des neuen, lateinischen Kaiserreichs gekrönt. Ihm unterstanden formal das Königreich Thessalonike sowie einzelne Fürstentümer auf der Peloponnes. Doch auch Balduin mangelte es an militärischer Stärke. Bereits 1205 unterlag er den Bulgaren und geriet in Gefangenschaft. Demgegenüber hielten sich die orthodoxen Kaiserreiche von Nikaia und Trapezunt sowie das Despotat von Epiros, sodass sich auch die Hoffnungen des Papstes auf die Überwindung der Kirchenspaltung zerschlugen. Gewinner des Kreuzzugs der Christen gegen Christen waren kurzfristig allein die Glücksritter und Kaufleute, langfristig jedoch die islamischen Osmanen.

Jochen Zellner

Dolch
Als Waffe eine mittelalterliche Weiterentwicklung des Allzweckmessers.

Bau des Tempels von Jerusalem
Miniatur (Ende 15. Jh.) von Jean Fouquet
(um 1420 - 1477/81).

Das Ende der Kreuzfahrerstaate

Der 3. Kreuzzug wurde die letzte großanlegte Aktion des Abendlands zur Unterstützung der Kreuzfahrerstaaten. Was danach folgte, waren unkoordinierte bis skurrile Einzelaktionen: die Tragödie des Kinderkreuzzugs, der Jerusalemzug eines »Ketzers« und die Feldzüge eines frommen, aber strategisch unbegabten Königs.

ls das Jahr 1244 zu Ende ging, hatten sich die Führer der Christenheit neuen Herausforderungen zu stellen: Die Herrschaft über Jerusalem, die Kaiser Friedrich II. mit Diplomatie anstelle von militärischer Gewalt zurückgewonnen hatte, war erneut verlorengegangen – und diesmal für immer. Im Dezember erkrankte Ludwig IX. von Frankreich lebensgefährlich an Malaria und gelobte für den Fall seiner Genesung einen Kreuzzug. Damit zogen die Franzosen für die Endphase der Kreuzzugsbewegung wieder die Initiative an sich. Ludwig bereitete sein Unternehmen sorgfältig vor. So traf er erst 1249 in Ägypten ein, das als Hauptfeind der christlichen Staaten im Orient galt. Hier gelang es den Franzosen, die wichtige Hafenstadt Damiette einzunehmen und Anfang 1250 bis al-Mansurah vorzudringen. Das war es dann aber auch: Das ungewohnte Klima und die nach Anfangsschwierigkeiten kompetent organisierte muslimische Abwehr brachten die Europäer in eine Zwangslage, die schließlich mit der Gefangennahme des schwer erkrankten Königs und seines Heeres endete. Für seine Freilassung musste Ludwig ein hohes Lösegeld entrichten und den einzigen noch von den Franzosen gehaltenen festen Platz räumen: Am 6. Mai 1250 wurde Damiette übergeben und der König freigelassen.

Entgegen den Bitten seiner Umgebung reiste Ludwig nicht sofort nach Hause. Vielmehr begab er sich ins Heilige Land, dessen Verteidigung er durch eine Reihe von Maßnahmen zu stärken versuchte. Erst im April 1254, vier Jahre nach dem missglückten Ägyptenfeldzug, brach er zur Heimreise auf.

Während und nach der ersten Orientfahrt des Königs, die als 6. Kreuzzug gezählt wird, hatten sich spektakuläre Veränderungen in den benachbarten muslimischen Reichen abgespielt: In die Periode der ägyptisch-französischen Kämpfe fällt der Übergang der Herrschaft über das Nilland von der Dynastie Saladins, zu den türkischstämmigen Mamelucken, Kriegssklaven aus Zentralasien, die im Dienst des jeweiligen Sultans standen. Ohne dass König Ludwig oder sein mit ihm gefangener späterer Biograf Jean de Joinville zunächst etwas davon bemerkten, begann 1250 die Laufbahn des Mamelucken Baibars, der sich brachial all derer entledigte, die ihm im Wege standen.

Die Härte Baibars' hatte für die islamische Welt aber auch ihren Nutzen: Im Februar 1258 hatten die Mongolen Bagdad erobert und den Kalifen ermordet. In der Folgezeit wuchsen die Mamelucken in die Rolle einer Schutzmacht für den Islam hinein, und im September 1260 brachte ihr Heer die mongolische Expansion bei Ain Dschalut tatsächlich zum Stehen. Baibars, Anführer der Vorhut, fühlte sich nach gewonnener Schlacht von seinem Sultan nicht genügend belohnt. So bekam der undankbare Fürst einen Schwertstreich ins Genick und Ägypten mit Baibars einen neuen Sultan. Einmal an der Macht, erwies sich der brutale Mamelucke als fähiger Herrscher. Im Jahr danach trieb er einen Verwandten des toten Kalifen auf und gab ihm die Gelegenheit, das Kalifat in Kairo neu zu begründen. Es bestand bis zum Ende des Mamelukenreiches 1517, wurde außerhalb von dessen Grenzen jedoch kaum anerkannt und gilt heute unter muslimischen Historikern als »Scheinkalifat«.

Währenddessen suchte Baibars die Kreuzfahrerstaaten zwischen 1265 und 1271 mit fast jährlichen Einfällen heim. Sein wichtigster Erfolg war dabei die Eroberung Antiochias im Mai 1268. Um den geschlagenen Fürsten Bohemund VI., den Herrscher von Antiochia, noch weiter zu demütigen, schrieb er ihm einen Brief, der ein gerüttelt Maß an Sadismus offenbart: „Ah, wenn du gesehen hättest, wie deine Ritter unter die Hufe der Pferde getreten wurden, wie deine Stadt Antiochia den Gewalttaten der Plünderung preisgegeben und die Beute eines jeden Beliebigen wurde, deine Schätze, die man zentnerweise unter sich verteilte, die Damen der Stadt, die man vier für ein Goldstück verkaufte! Wenn du die niedergerissenen Kirchen und die umgestürzten Kreuze gesehen hättest, die Blätter der heiligen Evangelien zerstreut, die Gräber der Patriarchen unter die Füße getreten! Wenn du den Moslem, deinen Feind, gesehen hättest, wie er auf das Tabernakel und den Altar trat und den Mönch, den Diakon, den Priester und den Patriarchen abschlachtete! Wenn du deinen Palast in Flammen gesehen hättest und die Toten verzehrt vom Feuer ...«

Als einziger Herrscher des Abendlands reagierte einmal mehr Ludwig von Frankreich auf die Nöte der Kreuzfahrerstaaten. Nachdem auch der zweite Anlauf Ludwigs misslungen war, die heiligen Stätten zu befreien – gezählt als 7. Kreuzzug –, befanden sich die Abendländer im Orient in einer ausweglosen Lage. Der Tod Baibars' 1277 verschaffte ihnen kaum eine Atempause. Nachfolger des rabiaten Mamelucken wurde sein Protégé Kalavun, der nicht so sadistisch wie sein Förderer, doch nicht weniger kriegstüchtig war.

Er gewann 1289 Tripolis und vollendete damit die Eroberung des Fürstentums Antiochia. Die endgültige Vernichtung der Kreuzfahrerstaaten blieb seinem Sohn al-Aschraf Khalil vorbehalten. Er eroberte im Mai 1291 das mit dem Mut der Verzweiflung verteidigte Akkon, den letzten Stützpunkt im Heiligen Land.

Und was hat das alles mit Babylon zu tun? Seit uralter Zeit bestand oberhalb von Heliopolis gegenüber der großen Pyramiden eine ägyptische Siedlung, aus deren einheimischem Namen griechische Reisende das ihnen geläufige »Babylon« heraushörten. Sie war nach der Zeitwende Standort eines römischen, später byzantinischen Kastells, das 641 vor den Arabern kapitulierte. Aus dem Heerlager der siegreichen Muslime entstand die Militärstadt Fustat, das heutige Alt-Kairo. Die Kreuzfahrer, denen diese Entwicklung bekannt war, bezeichneten nicht nur Kairo als Babylon, sondern benutzten den korrekt nur für das Zweistromland anwendbaren Landesnamen »Babylonien« als Synonym für das Sultanat Ägypten. Darin spiegelt sich die auf alttestamentlichen Vorstellungen aufbauende Abwehrhaltung gegenüber der »großen Hure Babel« wider. Dass sie im Kampf um das Heilige Land offenbar erneut triumphiert hatte, war für viele Zeitgenossen ein Zeichen dafür, dass das Ende der Zeiten bevorstehen musste. Doch dann ging das Leben im Abendland auch ohne den Besitz von Jerusalem weiter.

Martin Schottky

Mittelalterliche Karte (mit Jerusalem als Zentrum der Welt).

TEMPLER —
ELITE DES RITTERTUMS

ZWEI JAHRZEHNTE NACH DER TRIUMPHALEN
EINNAHME JERUSALEMS 1099 DURCH DIE
KREUZFAHRER FEHLT ES DEM HEILIGEN LAND
AN GLAUBENSSTREITERN. DIE STRASSEN SIND
UNSICHER, UND DIE MACHT DES ISLAMISCHEN
GEGNERS WÄCHST. UND SO FINDEN SICH NEUN
RITTER UNTER DER FÜHRUNG DES FRANZOSEN
HUGO VON PAYNS AUS DER CHAMPAGNE ZUSAM-
MEN, UM UNTER DEN KANONISCHEN REGELN VON
ARMUT, KEUSCHHEIT UND GEHORSAM EINE
GLAUBENSGEMEINSCHAFT MIT DEM ZIEL ZU GRÜNDEN,
DIE PILGER ZU SCHÜTZEN UND DAS KÖNIGREICH
JERUSALEM ZU VERTEIDIGEN. ALS ORDENSSITZ
ERHALTEN DIESE »ARMEN RITTER CHRISTI« EINE
WOHNSTATT AUF DEM TEMPELBERG VON JERUSALEM.
UND SO ERHÄLT DIE NEUE GEMEINSCHAFT VON DER
UNTERKUNFT GLEICH IHREN NAMEN: TEMPLER.

as Konzept, die großen mittelalterlichen Ideale von Rittertum und Mönchtum zu verbinden, war damals revolutionär. Seit Beginn ihrer »politischen Karriere« in der Spätantike litt die Kirche an dem Problem, dass Macht immer auch mit Blutvergießen verbunden war. Den Widerspruch zwischen der himmlischen Friedensbotschaft und den grausamen »Notwendigkeiten« des irdischen Lebens überspielten die Kirchenväter dadurch, dass man das Handwerk des Krieges ganz an die weltliche Gewalt delegierte, sodass vermeintlich kein Blut an den Händen der Kirche klebte.

Trotz dieser Problematik gewinnt die Idee von »Mönchskriegern« Anerkennung: Bald beginnt der Johanniterorden – ursprünglich eine rein karitative Gemeinschaft – das kämpferische Ethos der Templer zu übernehmen, und 1128 wird auf dem Konzil von Troyes die Regel des Templerordens abgesegnet.

Seinen einflussreichsten Propagandisten findet der junge Orden in Bernhard von Clairvaux. Bernhards Onkel gehört zu den neun Gründungsmitgliedern und auch Hugo von Payns zählt zu der Verwandtschaft des Mönches. 1130 verfasst der wortgewaltige Heilige seine Schrift »Das Lob der neuen Ritterschaft«, in welcher er die weltlichen Kreuzritter als »lüstern nach Macht und Reichtum« schilt. Die Templer aber seien die wahrhaftigen christlichen Ritter und zudem noch fromme Mönche: »Und wie könnte man sie besser als mit beiden Namen bezeichnen, diese Männer, denen es weder an der Sanftheit der Mönche noch an der Bravour der Ritter mangelt?«

Schließlich erhält der Orden höchsten Segen aus Rom: 1139 verleiht Papst Innozenz 11. den Templern umfangreiche Privilegien und unterstellt die Gemeinschaft unmittelbar der päpstlichen Autorität. Zahlreiche weitere päpstliche Privilegien folgen…

Parallel zur kirchlichen Etablierung des Templerordens verläuft sein militärischer Aufstieg. Es ist der zweite Großmeister, der aus der Ordensgemeinschaft eine schlagkräftige Waffe schmiedet. Kern des kämpfenden Ordens sind die Ordensritter. Sie rekrutieren sich in der Regel aus dem Kleinadel: oft Zweitgeborene ohne Perspektive, gelegentlich Idealisten oder Abenteuerlustige und manchmal auch Adelige mit einer nicht ganz makellosen Vergangenheit. Aber auch Mitglieder der großen europäischen Fürstenhäuser kämpfen in den Reihen der Ritter. Dabei dominiert im Orden das französische Element: Bis auf eine Ausnahme kommen alle Großmeister des Ordens aus dem französischen Sprachraum.

Jeder Ritter erhält zwei Pferde, auch wenn das Ordenssiegel in ostentativer Bescheidenheit zwei Ritter zeigt, die sich ein Pferd teilen, sowie eine standesgemäße Bewaffnung. Ihre Kleidung ist in Anlehnung an das Habit der Zisterzienser weiß und schlicht. Seit 1147 ziert das charakteristische rote Kreuz – Symbol des permanenten Kreuzzuges – den Mantel. Verstärkt werden die adeligen Ritter des Ordens durch »dienende Brüder« aus dem Volk, die als leichtbewaffnete Serganten kämpfen. Die dritte militärische Gruppierung sind die »Turkopolen«, christliche Orientalen, die nach türkischem Vorbild als leichte Kavallerie kämpfen.

Jacques de Molay
Letzter Großmeister des Templerordens.

Siegel der Tempelritter
Exemplar einer Ausstellung
in Prag.

Ordensritter mit dem Tatzenkreuz des
Templerordens und Kettenhelm.

Ordensritter des dritten Kreuzuges mit
Graf von Poitou-Wappen auf Schild.

Gunsten der Christen zu verschieben. Längst ist die Offensive an den Gegner übergegangen, und die Templer beginnen, sich hinter mächtigen Burganlagen wie Safed bei Akkon oder Athlit (Pilgerburg), der größten Festung des Landes, zu verschanzen. Aber selbst angesichts der bedrohlichen Lage »pflegen« die Templer weiterhin ihre Rivalität mit den Johannitern. Immer wieder sprechen die Chronisten von Intrigen und Ranken – ja selbst Fälle von offenen Kämpfen zwischen den Orden sind überliefert.

1265 beginnt der ägyptische Sultan Baibars seinen Vernichtungsfeldzug gegen die »Franken«: 1266 muss Safed kapitulieren, und 1268 fällt die Templerburg Beaufort, die die Handelsroute nach Antiochia kontrolliert, in einem Sturmangriff. Doch während im Heiligen Land das Territorium des Ordens gleich Schnee in der Wüstensonne dahinschmolz, hatte sich der Besitz des Ordens im Abendland prächtig vermehrt. Auch wenn zeitgenössische Chronisten den Besitz des Ordens ins Unermessliche übertreiben, der englische Chronist Matthew Paris spricht Mitte des 13. Jahrhunderts von 9000 Komtureien (Ordensniederlassungen), so zählen doch die Templer zu den reichsten Orden der Christenheit. Ihren ausgedehntesten Besitz hat die Gemeinschaft in Frankreich mit nahezu 1 200 Niederlassungen, privilegiert mit zahlreichen Abgaben und Zollrechten. Und im Norden von Paris erstreckt sich »Villeneuve du Temple«, eine regelrechte Ordensstadt, die mit der königlichen Metropole konkurriert. Doch nicht der Landbesitz schuf

Islamischer Reiter setzt zur Verteidigung an.

Martialische Darstellung eines Ordensritters mit Schwert und Speer.

den Mythos vom unerschöpflichen Reichtum der Templer, sondern deren Rolle als Bankiers. Nach orientalischem Vorbild betreiben die Ordensritter eine fortschrittliche und lukrative Geldwirtschaft: Sie verleihen Geld gegen Zinsen, stellen Kreditbriefe aus und gewährleisten so einen gefahrlosen Finanztransfer.

Diese Diskrepanz zwischen den florierenden Einkünften des Ordens und der desolaten Lage im Heiligen Land führt zu einem Meinungsumschwung an der Kurie. Auf dem Konzil von Lyon nimmt Gregor X. 1274 den gleichermaßen stolzen wie halsstarrigen Großmeister des Templerordens, Wilhelm von Beaujeu, ins Gebet und schlägt ihm vergeblich eine Union mit den Johannitern vor, um die Zwistigkeiten zwischen den rivalisierenden Orden zu beenden.

Erst im Untergang beweist Wilhelm von Beaujeu Größe. Als 1291 der ägyptische Sultan Malek elAshraf Akkon, das letzte traurige Fragment des Königreiches Jerusalems, erobert, leistet der Großmeister der Templer Seite an Seite mit den Johannitern erbitterte Gegenwehr, bis er bei einem Ausfall tödlich verwundet wird. Mit ihrem Großmeister stirbt auch der Widerstandswillen der Templer. Freiwillig räumen sie nach dem Verlust Akkons ihre letzte Burg im Orient: Athlit. Und während sich die Johanniter im östlichen Mittelmeer ein neues Betätigungsfeld suchen, verfällt der Templerorden in eine fatale Lethargie...

Klaus Hillingmeier

DER DEUTSCHE RITTERORDEN

NATÜRLICH WUSSTE HERMANN VON SALZA, DER 4. GROSSMEISTER DES DEUTSCHEN ORDENS, DASS SEINER GEMEINSCHAFT EIGENTLICH DER KAMPF MIT DEN »UNGLÄUBIGEN« AUFGETRAGEN WAR, DIE 1187 DEN CHRISTEN JERUSALEM ENTRISSEN HATTEN...

Doch die kriegerischen Kumanen, die König Andreas von Ungarn schwer bedrängten, waren auch »Ungläubige«! Also ließ sich Hermann auf einen Handel mit dem König ein: Der Orden bekam das Burzenland in Siebenbürgen geschenkt und verpflichtete sich dafür zur Abwehr der wilden Kriegerhorden. Bald begann der Bau von Burgen, das Land wurde kolonisiert, und König Andreas sah mit Unbehagen so etwas wie einen Staat entstehen.

Deshalb trachtete er danach, die allzu rührigen Ordensritter wieder loszuwerden, was ihm nach einigem Hin und Her auch gelang. Hermanns erster großer Coup war also ein Flop. Das Ziel, seinem Orden irgendwo ein geschlossenes Herrschaftsgebiet zu schaffen, gab der ehrgeizige Großmeister trotzdem nicht auf. Nur so, dachte er, ließen sich die etablierten Orden der Johanniter und Templer an Macht und Einfluss überflügeln.

In den wenigen Jahren seit seiner Gründung war dem Deutschen Orden durch fromme Stiftungen stattlicher Grundbesitz zugefallen, im Heiligen Römischen Reich, in Spanien, Syrien, Armenien, auf Zypern und an der Küste Palästinas. Dorthin führte den frischgebackenen Großmeister seine erste Inspektionsreise, auf der er weitere Schenkungen annahm.

Im Februar 1216 erwirkte er die päpstliche Bestätigung der Ordensregel, der Privilegien und der Besitzungen im Osten. Zwar wurden damit nur frühere Entscheidungen bekräftigt, doch Hermann ging in solchen Dingen gern auf Nummer Sicher. Darum ließ er sich auch, als Papst Innozenz starb, dessen Zusagen vom Nachfolger Honorius III. wiederholen. In dieser Zeit traf Hermann zum ersten Mal mit dem jungen Stauferkönig Friedrich II. zusammen, der sehr bald sein diplomatisches Geschick kennen und schätzen lernte. Bei den Verhandlungen mit dem Papst über Friedrichs Kaiserkrönung spielte der Großmeister eine wichtige Rolle. Zugleich nützte er die Gelegenheit, sich neue Erwerbungen bei Akkon bestätigen zu lassen. Friedrich seinerseits sorgte nach seiner Krönung dafür, dass der Deutsche Orden durch ein päpstliches Privileg den beiden älteren Ritterorden gleichgestellt wurde und seine Brüder einen weißen Mantel mit schwarzem Kreuz tragen durften. Dagegen protestierten die Templer noch jahrelang, aber vergeblich. Insgesamt erließ Honorius in zwei Jahren über 50 Verfügungen zugunsten des Ordens, und der Kaiser stand ihm kaum nach.

Am 5. Kreuzzug, der nach Anfangserfolgen in Ägypten kläglich scheiterte, nahm auch Hermann von Salza teil und trat dafür ein, die Friedensangebote des Sultans al-Kamil anzunehmen. Die anderen Orden und der päpstliche Kardinallegat waren strikt dagegen – zum Schaden der Christen, wie sich zeigte.

Während Kaiser Friedrich seinen feierlich versprochenen Kreuzzug aus politischen Gründen immer wieder aufschob, machte sich Hermann auf vielfache Weise nützlich: Er beschwichtigte den Papst, verhandelte mit den oberitalienischen Stadtstaaten, griff in einen Konflikt mit dem Dänenkönig ein, arrangierte wohl auch die Heirat des Kaisers mit Isabella, der Erbin des Königreichs Jerusalem, und nützte, nebenher, eine neue Chance für seinen Orden: Ein polnischer Fürst bat ihn um Hilfe gegen die heidnischen Pruzzen (Preußen) und lockte mit der Aussicht auf umfangreiche Erwerbungen. Gewitzt durch die ungarische Pleite ließ Hermann das neue Unternehmen vom Kaiser urkundlich absegnen. Die päpstliche Zustimmung kam erst nach Jahren, aber sie kam - trotz der Spannungen, die inzwischen das Verhältnis von Papst und Kaiser belasteten.

1227 starb Papst Honorius. Sein Nachfolger Gregor IX. ging sofort auf Konfrontationskurs und bannte den Kaiser, als dieser wegen einer Erkrankung die schon begonnene Kreuzfahrt abbrach. Hermann hielt weiter zu ihm und war dabei, als der Gebannte erneut in See stach, nach Verhandlungen mit dem Sultan die heiligen Stätten zurückerhielt und sich selbst zum König von Jerusalem krönte. Der Patriarch, die Templer und Johanniter hielten sich abseits: Sie verübelten es Friedrich, dass er den Muslimen zugestanden hatte, weiterhin auf dem Tempelberg zu beten. Daran nahm auch der Papst Anstoß, aber Hermann brachte doch wieder eine Aussöhnung zustande.

Fast neun Jahre hielt der ausgehandelte Vertrag – bis am Palmsonntag 1239 der Kaiser erneut gebannt wurde. Am gleichen Tag starb in Salerno der Großmeister Hermann von Salza...

Gerhard Fink

HONORIVS III.
Roman? creat? die
Sedit an. io. men. 8.
tij an. 1227. Vac.

Cencius Sabella:
18. Iulij an. 1216.
Obijt die 18. Mar-
Sed. diem 1.

Honorius III.,
Stich.

Ein Ritter des Deutschen Ordens links, und ein Schwertbruder, rechts, Stahlstich (Anfang 20. Jh.) von Franz Edwin Gehrig-Targis (1896-1968) aus einem Bilderbogen.

Die Johanniter — Kampf ums Mittelmeer

Als Akkon 1291 fiel, hatten seine
Brüder den verwundeten Großmeister
der Johanniter, Jean de Villiers, gerade
noch rechtzeitig in Sicherheit gebracht

Wie viele andere Christen flohen die Ordensritter nach Zypern, ins Königreich der Dynastie Lusignan, die diese Insel einst vom englischen Kreuzfahrerkönig Richard Löwenherz (1189-1199) zum Lehen empfangen hatte.

Der König wies den Johannitern die wichtige Hafenstadt Limassol als Stützpunkt an, und er hätte gerne auf ihre Unterstützung im Kampf gegen die Moslems zurückgegriffen. Aber stattdessen mischten sie sich in die zypriotische Innenpolitik ein, um sich für einen neuen Kreuzzug vorzubereiten. Das war schließlich ihr Lebenszweck, und sie mussten auch nach dem Fall von Akkon nachweisen, dass sie noch nötig waren!

Als König Philipp IV. von Frankreich den Templerorden auflöste, zeigte sich der Bedeutungsschwund drastisch, obwohl der Papst durchsetzte, dass zumindest ein Teil des konfiszierten Templer-Vermögens den Johannitern zugute kam. Die fanden 1308 endlich eine neue Aufgabe: Sie bemächtigten sich der Insel Rhodos. Die gehörte eigentlich dem Kaiser in Konstantinopel, doch auf dem gegenüberliegenden Festland hatten sich türkische Seeräuber festgesetzt. Gegen die Piraten gingen die Johanniter selbstständig vor, machten aus Rhodos ihr Hauptquartier, und der Kaiser in Konstantinopel musste sie gewähren lassen.

So wurden sie Ansprechpartner der Venezianer, die in der Ägäis umfangreiche Besitzungen hatten und deshalb 1327 die Idee eines neuen Kreuzzuges vorbrachten. Daraus wurde nichts, denn das türkische Piratenwesen hatte mittlerweile solche Ausmaße angenommen, dass jeder lokale christliche Machthaber zuerst an sich und erst viel später ans Heilige Land dachte.

Das hinderte die Johanniter nicht, auf der Peloponnes einzugreifen, wo sie 1400 von den Byzantinern Korinth erwarben. Die Griechen dort wehrten sich jedoch so hartnäckig gegen den Ausverkauf an „Lateiner", dass der Handel 1404 wieder rückgängig gemacht wurde. Die Johanniter hatten sich derweil in Smyrna festgesetzt, um den türkischen Piraten besser Paroli bieten zu können. Erst 1402 wurden sie dort vertrieben. Das war alles ein politisch-militärischer Fleckenteppich, aber er trug doch dazu bei, das altersschwache byzantinische Reich noch ein paar Jahrzehnte über die Runden zu bringen.

Erst nach dem Fall von Konstantinopel im Jahr 1553 konnte Sultan Mehmet II. gegen die Ungläubigen in seinen Gewässern vorrücken. 1480 belagerte sein Heer Rhodos, das von den Johannitern zu einem bulligen Bollwerk ausgebaut worden war. Fünf große Stürme befahl der Sultan, gleichgültig gegenüber den schweren Verlusten in den Reihen seiner Krieger. Der Großmeister der Johanniter, die sich mittlerweile »Ritter von Rhodos« nannten, wurde fünffach verwundet. Nach drei Monaten Belagerung griffen die Neapolitaner ein und erzwangen die Einfahrt in den Hafen. Der Sultan sah ein, dass man eine so mächtige Festung, die von der See nicht abzuschneiden war, in Ruhe lassen musste, und zog ab.

So saß dieser Pfahl weiterhin im Fleisch des osmanischen Machtbereichs. Aber die Osmanen kamen 40 Jahre später doch noch zum Ziel: Am 24. Dezember 1522 kapitulierte der Großmeister Villiers de l'Isle-Adam vor Sultan Süleyman dem Prächtigen – nach fürchterlichen Verlusten der Osmanen, aber selbst von jeglicher Hilfe aus dem Abendland abgeschnitten. Der Sultan ließ ein Stadttor niederbrechen, um triumphalen Einzug halten zu können, und angesichts des gefangenen Großmeisters soll er gesagt haben: »Ich fühle Mitleid mit diesem armen Greis, den wir aus seinem Haus verjagen!«. Die Johanniter bekamen freien Abzug.

Nach langwierigen Verhandlungen erhielten sie von Kaiser Karl V. als Lehen einen neuen Stützpunkt zugewiesen: die Inseln Malta, Gozo und

Weltkarte des Fra Mauro (1459).

Tracht und Bewaffnung der johannitischen
Ordensbrüder, Holzstich, koloriert, aus
einem Bilderbogen, 19. Jh..

Comino, die den Verkehr zwischen östlichem und westlichem Mittelmeer beherrschten. Malta selbst hatte einen hervorragenden natürlichen Hafen, und genau den brauchten die Ritter zur Fortsetzung ihrer christlichen Piraterie. Die ärgerte den alternden Süleyman derart, dass er 16000 Mann Infanterie und 6000 Janitscharen auf 181 Kriegsschiffe bringen und sie im Mai 1565 an der Südküste Maltas an Land setzen ließ. Am 23. Juni nahmen sie unter erheblichen eigenen Verlusten das Fort St. Elmo, das den Eingang in die Hafenanlagen kontrollierte. Die 600 Ritter und ihre 8000 Söldner wussten, dass sie standhalten mussten, bis Entsatz aus Sizilien herankam. Am 7. September landeten von dort 10000 Mann – genug, um das durch Angriffe und Krankheiten geschwächte Osmanenheer ernsthaft zu bedrohen. Ein Gegenangriff der Türken blieb im Elan der

Neuankömmlinge stecken, und dann schauten die kommandierenden Paschas, dass sie noch vor den Herbststürmen nach Hause segelten. Der Jubel des christlichen Abendlandes war gewaltig und der Heldenmut der Ritter, die sich nun Malteser nannten, wurde überall gefeiert. Jahrhundertelang herrschen die Malteser weiter über ihre Inseln, bekämpfen das Piratenwesen und kontrollierten die strategischen Seewege. Dann setzte Napoleon einen Schlussstrich unter die glorreiche militärische Geschichte des Ordens: 1798 wehte über Malta die Tricklore und der Großmeister des Ordens wurde zum Rentner des französischen Staates degradiert.

Bernd Rill

Die Ritterorden der Reconquista

Die großen Ritterorden der Templer und Johanniter stellten die Elite unter den christlichen Streitern. Wie im heiligen Land kämpften sie auch auf der Iberischen Halbinsel gegen die Muslime. Aber auch eigene spanische Orden zogen in die Schlachten der Reconquista.

In seiner flammenden Kreuzzugspredigt auf dem Konzil von Clermont 1095 hatte Papst Urban II. ausdrücklich betont, dass der Kampf gegen die Mauren in Spanien keinesfalls weniger wichtig sein dürfe als die Eroberung Jerusalems: »Es ist kein Verdienst, die Christen an dem einen Ort von den Sarazenen zu befreien, sie aber zum anderen der sarazenischen Tyrannei und Unterdrückung auszuliefern.«

Tatsächlich zogen daraufhin zahlreiche Kreuzfahrer aus Frankreich und anderen europäischen Ländern über die Pyrenäen, um dem Aufruf des Papstes zu folgen und sich den Ablass all ihrer Sündenstrafen sowie die Aussicht auf das ewige Leben im Paradies zu sichern.

Mit offenen Armen wurden sie freilich nicht gerade empfangen. Auf der Iberischen Halbinsel kämpften die Könige von León, Kastilien und Aragón kaum weniger erbittert gegeneinander als gegen die Mauren. Wen also sollte man unterstützen, ohne den anderen zu verprellen? Selbst Papst Alexander III. riet 1159 den Königen von Frankreich und England ausdrücklich davon ab, sich in Spanien einzumischen.

Auf ungleich größere Akzeptanz stießen dagegen die Ritterorden der Templer und Johanniter. Der Orden der Templer war 1119 gegründet worden, um das christliche Königreich Jerusalem zu verteidigen. 1139 wurde der Orden direkt dem Papst unterstellt und mit außergewöhnlichen Privilegien ausgestattet: Nicht nur, dass die Templer keine Steuern zu zahlen brauchten, sie waren auch die einzigen Christen, die damals Geld gegen Zinsen verleihen durften – was nicht unerheblich zum Reichtum des Ordens beitrug.

Wohlhabend war aber auch der Orden der Johanniter, der sich zunächst der Krankenpflege gewidmet hatte, im 12. Jahrhundert jedoch begonnen hatte, es den Templern gleichzutun und Waffen zu tragen. Zur Unterstützung erhielten beide Ritterorden reichlich Geld und Ländereien von verschiedenen christlichen Staaten. Auch in Spanien flossen ihnen beachtliche Mittel zu. Ganz uneigennützig waren die reichen Spenden freilich nicht: Man hoffte, beide Ritterorden als Gegenleistung später einmal für den Kampf gegen die Mauren verpflichten zu können.

Die Templer engagierten sich seit 1146 in Kastilien, ohne jedoch die in sie gesetzten Hoffnungen gänzlich zu erfüllen: Das 1147 von Alfons VII. eroberte Calatrava, das ihnen zur Verteidigung übergeben worden war, gaben sie schon bald nach dessen Tod wieder zurück, angeblich außerstande, die Stadt vor den Almohaden zu schützen. Als auch niemand von den weltlichen Großen bereit war, die schwierige Aufgabe zu übernehmen, kam Hilfe von unerwarteter Seite: Raimondo, Abt des Zisterzienserklosters Fitero, gründete mit einigen kampferprobten Gefährten 1164 den Ritterorden von Calatrava, wobei er vom König von Kastilien sowohl finanzielle als auch personelle Unterstützung erhielt. Die neue Bruderschaft erhielt die päpstliche Erlaubnis, den »Kampf gegen die Feinde des Glaubens« an vorderster Stelle in ihre Statuten aufzunehmen.

Nur wenige Jahre später, 1170, entstand auf ähnliche Weise der Orden von Santiago mit dem Hauptziel, die Stadt des hl. Jakob gegen die Almohaden zu verteidigen. Auch diesem Ritterorden gehörten sowohl Kleriker als auch Laienbrüder an, wobei es bei Letzteren Ritter und Fußsoldaten gab. Doch selbst wenn sie, genau wie die Brüder von Calatrava, das Ge-

lübde ablegen mussten, in Armut, Keuschheit und Gehorsam zu leben, so wurde für die Ritter eine ungewöhnliche Ausnahme gemacht: Sie durften verheiratet sein: »In ehelicher Keuschheit ohne Sünde lebend, ähnelten sie den ersten Eltern, weil es besser ist zu heiraten, als zu verbrennen.« Das hatte es in der Geschichte des christlichen Ordenslebens noch nie gegeben!

Auch wenn die Bedeutung der Ritterorden nicht in ihrer zahlenmäßigen Stärke lag, so waren allein ihre Disziplin, ihre Motivation sowie ihre rasche Mobilisierbarkeit Grund genug, sie immer wieder im Kampf gegen die Mauren einzusetzen, sei es durch selbstständige militärische Initiativen oder integriert in die königlichen Armeen. Hauptsächlich wurden die Ritterorden gebraucht, um die Einfallswege der Almohaden in christliches Gebiet zu verteidigen. Gleichzeitig oblag ihnen die Aufgabe, zurückeroberte verwüstete Landstriche zu kultivieren und mit christlichen Bauern zu besiedeln. Noch heute zeugen zahlreiche Überreste von Kirchen und Burgen von der regen Bautätigkeit der frommen Ritter.

Der Orden von Santiago begann ab 1180, systematisch Gefangene aus muslimischen Territorien freizukaufen. Dabei konnte man zwar auf die Mittel zurückgreifen, die ihnen Alfons VIII. von Kastilien für diesen Zweck zur Verfügung stellte, war aber auch bereit, eigene Gelder zuzuschießen, die aus den bedeutenden Ländereien des Ordens sowie aus Almosensammlungen stammten.

Aufgrund der andauernden Rivalität der spanischen Könige waren die meisten christlichen Siege jedoch nur von kurzer Dauer. Erst 1212 gelang es den vereinigten spanischen Truppen mit maßgeblicher Unterstützung der Ritterorden, den Almohaden in der Schlacht von Las Navas de Tolosa die entscheidende Niederlage zuzufügen, von der sich der Islam in Spanien nicht mehr erholte. Bis Mitte des 13. Jahrhunderts konnte mit der Ausnahme Granadas die gesamte Iberische Halbinsel zurückerobert werden.

Damit hatten die mittlerweile reich und mächtig gewordenen Ritterorden ihre Schuldigkeit weitgehend getan. Besonders die souveränen Orden der Templer und Johanniter waren inzwischen zu einem Machtfaktor geworden, den viele Könige nicht länger dulden wollten. Während sich die Johanniter auf ihren eigenen Ordensstaat Rhodos zurückzogen, widerfuhr den Templern ein tragisches Schicksal: 1312 wurde der Orden auf Initiative des französischen Königs Philipp IV. durch päpstlichen Befehl aufgelöst. Auch wenn den spanischen Templern im Gegensatz zu ihren französischen Brüdern der Scheiterhaufen erspart blieb, so wurde auch in Kastilien und Aragón der Orden aufgelöst und sein Besitz konfisziert. Er fiel entweder an die Krone oder wurde unter den anderen Ritterorden aufgeteilt.

Die Orden von Calatrava und Santiago überlebten – in einer weltlichen Ausprägung – bis heute, weil sie die Nähe zur Monarchie suchten. Höhepunkt dieser Entwicklung war 1523, als Papst Hadrian VI. die Großmeisterwürde von Calatrava- und Santiago-Orden auf die Krone Spaniens übertrug.

Karin Feuerstein-Prasser

Rüstung mit Armet-Helm
Aus der Zeit der Reconquista.

Schlachten, Feldzüge, Kriege

Die Schlacht auf den Katalaunischen Feldern

Den Höhepunkt der Völkerwanderungszeit markiert das Jahr 451, als auf den Katalaunischen Feldern die Heere der Römer und Hunnen aufeinander prallten. Aber auch die Aufgebote der West- und Ostgoten trafen sich hier zu einem blutigen »Bruderkampf«.

Als Attila mit seinen hunnischen Reitern und den verbündeten Stämmen von Ungarn aufgebrochen war, um in Gallien einzufallen, zog Flavius Aëtius, der oberste Feldherr
Westroms, an der Spitze eines »kleinen kärglichen Heeres«
über die Alpen. Der General, der dank eines schwachen
weströmischen Kaiserhauses jahrzehntelang die Innen- und Außenpolitik bestimmt hatte, war wild entschlossen, die wirtschaftlich wichtigen
Provinzen im Norden nicht in die Hände der Invasoren fallen zu lassen.
Um aber eine wirkungsvolle Verteidigung organisieren zu können, bedurfte es der Hilfe von germanischen Bundesgenossen.

Vor allem die Westgoten waren wichtig. Doch deren König Theoderich I. zögerte, schließlich hatte Aëtius in der Vergangenheit mehrfach
die damals noch mit ihm verbündeten Hunnen gegen die Westgoten
gehetzt. Als kluger und erfahrener Herrscher, der Nutzen und Kosten

abzuwägen verstand, fragte er sich nun, ob ein Bündnis mit Aëtius oder
eines mit Attila gewinnbringender sei.

Glücklicherweise kannte Aëtius den Senator Avitus, der seinen Ruhe-
stand auf einem Landgut in der Auvergne verbrachte und offenbar
einen guten Ruf als redegewandter Diplomat genoss. Ihn schickte er
als Unterhändler zu Theoderich. Mit Erfolg: Avitus malte am Hof von
Toulouse in düsteren Farben aus, welche Verwüstungen die Hunnen
anderswo angerichtet hatten. Die ungezügelte Wildheit dieser Barbaren
werde auch das Westgotenreich nicht verschonen. Es müsse doch im ur-
eigensten Interesse der Goten liegen, die Äcker und Weinberge, die ihnen anvertraut wurden, zu schützen. Und im Übrigen habe jeder Christ
die Pflicht, Gotteshäuser und Reliquien vor Schändung zu bewahren.

»Euer Wunsch, ihr Römer, sei erfüllt«, soll Theoderich daraufhin
geantwortet haben. »Es ist euch gelungen, Feindschaft zwischen uns

und Attila zu setzen. Wir werden ihn verfolgen, wohin auch immer man uns ruft. Mag er sich noch so wegen seiner zahlreichen, über mächtige Völker errungenen Siege aufblasen, die Goten werden den Kampf mit dem Übermütigen zu führen wissen.« Und dieser Entschluss entfaltete Sogwirkung. Theoderichs Beispiel folgten zahlreiche Soldaten verschiedener Herkunft, die sich in Gallien niedergelassen hatten. Unter anderem schlossen sich Burgunder, Franken und Sachsen der Armee des Aëtius an, der schließlich in Eilmärschen dem Gegner entgegenzog. Inzwischen belagerten die Hunnen bereits die Stadt Orléans. Ihre Sturmböcke hatten schon die Mauern gebrochen, als das Entsatzheer mit Aëtius und Theoderich eintraf. Sofort gab Attila das Signal zum Rückzug. Er wich nach Nordosten aus, setzte über die Seine und sammelte seine Truppen in der Champagne, um ein geeignetes Schlachtfeld für die Reiterei zu wählen. Aëtius folgte seinem Gegner in gebührendem Abstand, doch in der Nacht stießen fränkische Verfolger auf die Nachhut Attilas.

Am nächsten Tag standen sich die Armeen zur Entscheidungsschlacht auf einer sanft gewellten Ebene gegenüber, in deren Mitte sich ein kleiner Hügel erhob. Altem Brauch gemäß ließ Attila seine Schamanen kommen, die den Ausgang des Kampfes vorhersagen sollten. Die Opferpriester untersuchten die Eingeweide geschlachteter Rinder und die Muster geriebener Knochen und kamen zu dem Schluss, ihr König könne zwar nicht gewinnen, doch in der Schlacht werde der Kommandant der feindlichen Truppen fallen und diese so um den Sieg bringen – Attila schloss aus dieser Prophezeiung auf den Tod seines Widersachers Aëtius.

Als Attila sein Heer gruppierte, stellte er seine Hunnen in die Mitte, auf den rechten Flügel die ostgermanischen Gepiden unter ihrem König

„Die Hunnenschlacht auf den Katalaunischen Feldern", Gemälde / Öl auf Leinwand (1837) von Wilhelm von Kaulbach (1805 - 1874).

Offiziershelm der Römer (mit Kamm aus roten Pferdeborsten). Ab ca. 100 nach Christus getragen, als Gegensatz zum einfachen Legionärshelm.

■ „Barbaren" Stich

Ardarich und auf den linken die Ostgoten unter dem Befehl der drei Brüder Valamir, Thiudimir und Vidimir.

Auf der Gegenseite hielten die Mitte die Alanen, angeführt von ihrem König Sangiban; Aëtius leitete die zusammengewürfelten Truppen des linken Flügels, während Theoderich die Westgoten auf der rechten Seite kommandierte, die in der Schlacht also genau auf ihre Vettern aus dem Osten trafen. Es ist schwer, den militärischen Verlauf dieser Auseinandersetzung bis in alle Einzelheiten zu rekonstruieren, da sich die Schlacht nach der Hauptattacke der hunnischen Reiterei in eine unüberschaubare Anzahl von Einzelgefechten zersplitterte. Das Handgemenge war »ein schrecklicher Kampf, ein gewaltiger, vielförmiger, mit Verbissenheit geführt«. Ein Flüsschen habe sich gar durch das Blut der Getöteten und Verwundeten in einen reißenden Strom verwandelt.

Die Konfrontation zwischen West- und Ostgoten prägte das Schlachtgeschehen entscheidend: König Theoderich soll durch den Wurfspeer eines vornehmen Ostgoten namens Andages vom Pferd geworfen und unter den Hufen der eigenen Kavallerie zu Tode getrampelt worden sein. Damit erfüllte sich die Weissagung der hunnischen Opferschauer, allerdings anders, als von Attila erwartet.

Theoderichs Sohn Thorismund riss sofort den Oberbefehl über die Soldaten an sich. Wutentbrannt warf er sich mit seiner Streitmacht auf die Gegner und drängte die Ostgoten ab. Weil Attila in diesem Moment die Gefahr eines Umfassungsangriffs erkannte, zog er seine Soldaten zurück. Sie verschanzten sich hinter Gräben und Wagenburgen. Die Situation der Hunnen war plötzlich so verzweifelt, dass Attila für sich sogar schon einen Scheiterhaufen aus den Sätteln seiner Reiter aufschichten ließ, um einer Gefangennahme durch Selbstverbrennung zu entgehen.

Doch Aëtius griff nicht mehr an. Nachdem Theoderichs Leichnam unter einem Haufen Erschlagener gefunden und geborgen worden war, hoben die Westgoten Thorismund als ihren neuen König auf den Schild und verließen das Schlachtfeld, auf dem angeblich 150000 Männer ihr Leben verloren hatten. Warum die Verbündeten des römischen Feldherren einfach abrückten und damit dem bereits geschlagenen Attila das Entkommen ermöglichten, konnte bis heute nie ganz zufrieden stellend beantwortet werden.

Das blutige Ringen auf den Katalaunischen Feldern raubte Attila den Nimbus der Unbesiegbarkeit. Die Geschichte von Westeuropa wäre vielleicht ganz anders verlaufen, wenn die Hunnen die gallischen Provinzen unter ihre Kontrolle gebracht hätten…

Martin Held

Westgotischer Fußsoldat mit Kettenpanzer, Miniatur (12. Jh.).

Goldscheibenfibel, frühkarolingische Arbeit, Fibel (8. Jh.).

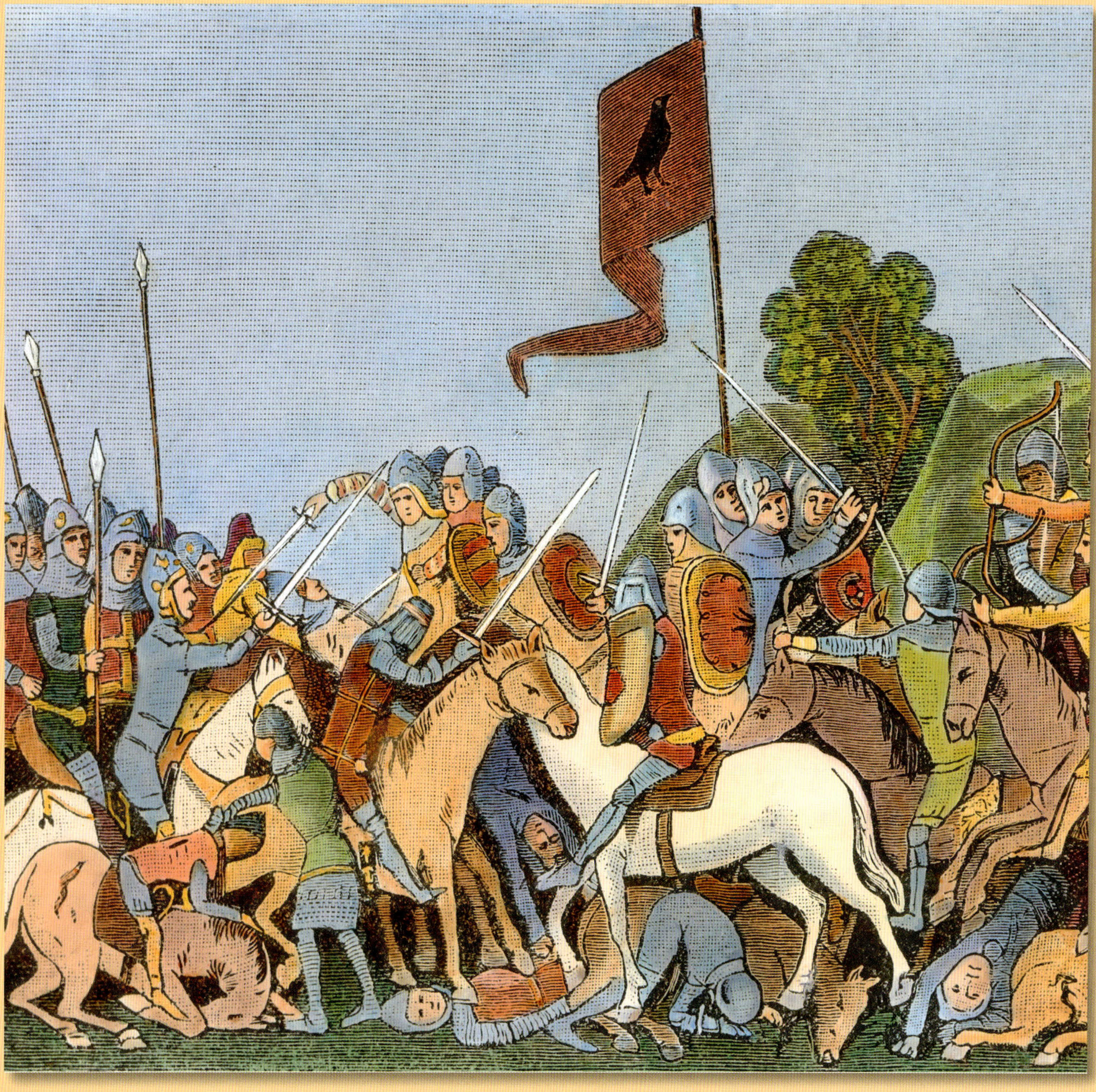

Attila bricht in Gallien ein, Holzstich, koloriert nach einer mittelalterlichen Miniatur.

Krone aus Kertsch. Zur Kultur der Krimgoten gehörig. Der beidseitig bogenförmige Aufsatz soll offenbar zwei Adlerköpfe darstellen.

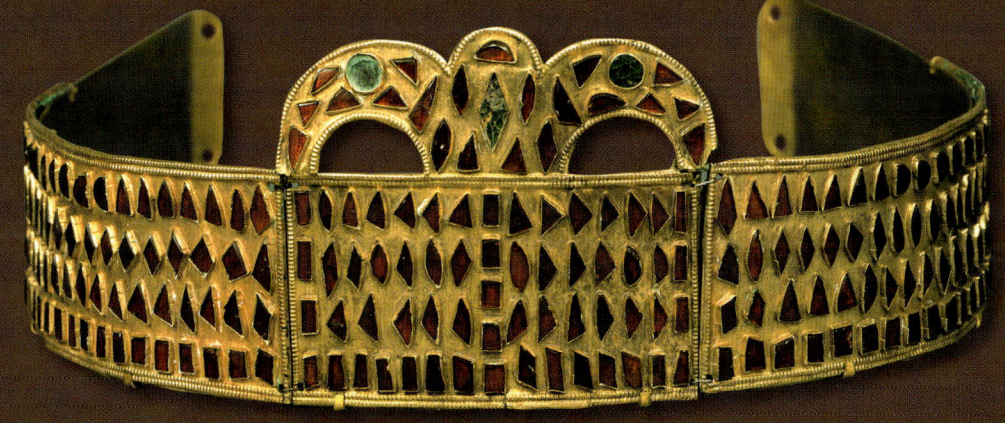

Die Feldzüge Karls des Großen

Als König Pippin 768 starb, wurde nach fränkischer Sitte das Reich zwischen seinen Söhnen aufgeteilt. Ein gefährlicher Bruderzwist drohte, und an den Grenzen warteten schon die Feinde auf ihre Chance.

Ab dem 9. Oktober 768 gab es zwei neue Könige im fränkischen Reich. 15 Tage nach dem Tod ihres Vaters Pippin wurden der 26-jährige Karl in Noyon und der 16-jährige Karlmann in Soisson zum König erhoben. Pippin hatte das Reich durchaus gerecht unter den Brüdern aufgeteilt: Karl bekam Austrien, die ostfränkischen Gebiete am Main, die westliche Hälfte von Neustrien und Aquitanien. Seinem Bruder fiel der Rest zu. Beide erhielten damit sowohl romanische als auch germanische Gebiete, um einer dauerhaften Teilung des Reiches vorzubeugen, und Karl und Karlmann sollten auch gemeinsam regieren. Diese Rechnung ging allerdings nicht auf.

Bereits ein Jahr nach der Krönung brach ein Aufstand in Aquitanien aus. Das Herzogtum fühlte sich nicht als Teil des fränkischen Reiches. Nur mit größter Härte und Brutalität war es König Pippin in einem jahrelangen Krieg gelungen, Waifar, den letzten aquitanischen Herzog, zu unterwerfen. Kopf der neuen Rebellion gegen die Franken war nun ein gewisser Hunoald, ein Verwandter (Sohn?) Waifars.

Karl bat seinen Bruder vergeblich um Hilfe und musste den Aufstand alleine niederschlagen. Hunoald floh ins Baskenland zu Herzog Lupus, doch Karl erzwang seine Auslieferung, was vermutlich Hunoalds Todesurteil war. Dadurch hatte sich der Baskenherzog – wenngleich nicht gerade freiwillig – der Autorität des fränkischen Königs unterstellt.

Im Frankenreich verstärkten sich die Spannungen zwischen Karl und Karlmann derart, dass die Zeitgenossen einen Bruderkrieg fürchteten. Doch 771 starb Karlmann plötzlich, gerade einmal 20-jährig angeblich infolge eines Blutsturzes. Natürlich kamen sofort Gerüchte auf, dass Karl nicht ganz unschuldig am Tod seines Bruders war, zumal Gerberga, die Witwe Karlmanns, mit ihren zwei Kindern zu ihrem Vater Desiderius, dem König der Langobarden, floh. Die meisten Großen des her-

renlosen Teilreiches jedoch leisteten schon wenige Tage nach dem Tode Karlmanns seinem Bruder den Treueschwur.

Als im Frühjahr 773 Gesandte des Papstes Hadrians I. bei Karl erschienen und um Hilfe gegen die Langobarden baten, war der Frankenkönig nur zu gerne bereit, gegen Desiderius zu ziehen. Neun lange Monate belagerte er Pavia, die befestigte Langobarden-Hauptstadt. Dann hatten Hunger und Seuchen die Bewohner der Stadt mürbe gemacht: Sie lieferten Desiderius aus. Er wurde wie Gerberga und ihre Söhne, die Karl zuvor in Venedig gefangen genommen hatte, in ein Kloster gesteckt. Von nun an trug Karl den stolzen Titel »König der Franken und Langobarden«. Als nicht unerheblichen Bonus gab es den in Pavia gefundenen Königsschatz dazu.

Karls Triumph über die Langobarden hatte jedoch seine Schattenseiten: Im Nordosten seines Reiches plünderten derweil die Sachsen. So zog Karl im Sommer 775 gegen das »widerspenstige Volk« und annektierte weite Teile des Stammesgebietes. Doch kaum hatte er den Sachsen den Rücken zugedreht, kam es erneut zu Aufständen: Erst nach zehn Jahren voller Feldzüge und Strafexpeditionen konnte Karl mit gewissem Recht behaupten, das freiheitsliebende Volk unterworfen zu haben.

Ein anderer Gegner stand im Westen: Im April 778 machte Karl sich auf, um mit Suleiman Ibn Jakthan al Arabi el Kelbi, dem Stadthalter von Barcelona, gegen Abd ar-Rahman, den Emir von Córdoba zu kämpfen. Der Feldzug wurde gegenüber der Kurie als Abwehrkrieg gegen einen bevorstehenden Sarazeneneinfall deklariert – tatsächlich ging es wohl eher um Landgewinn.

In Spanien angekommen, musste Karl allerdings feststellen, dass die Christen gar nicht befreit werden wollten. Sie hatten sich ihre Unabhängigkeit gegenüber den Arabern bewahren können und wollten sie jetzt nicht an den fränkischen König verlieren. Dazu kam, dass die ara-

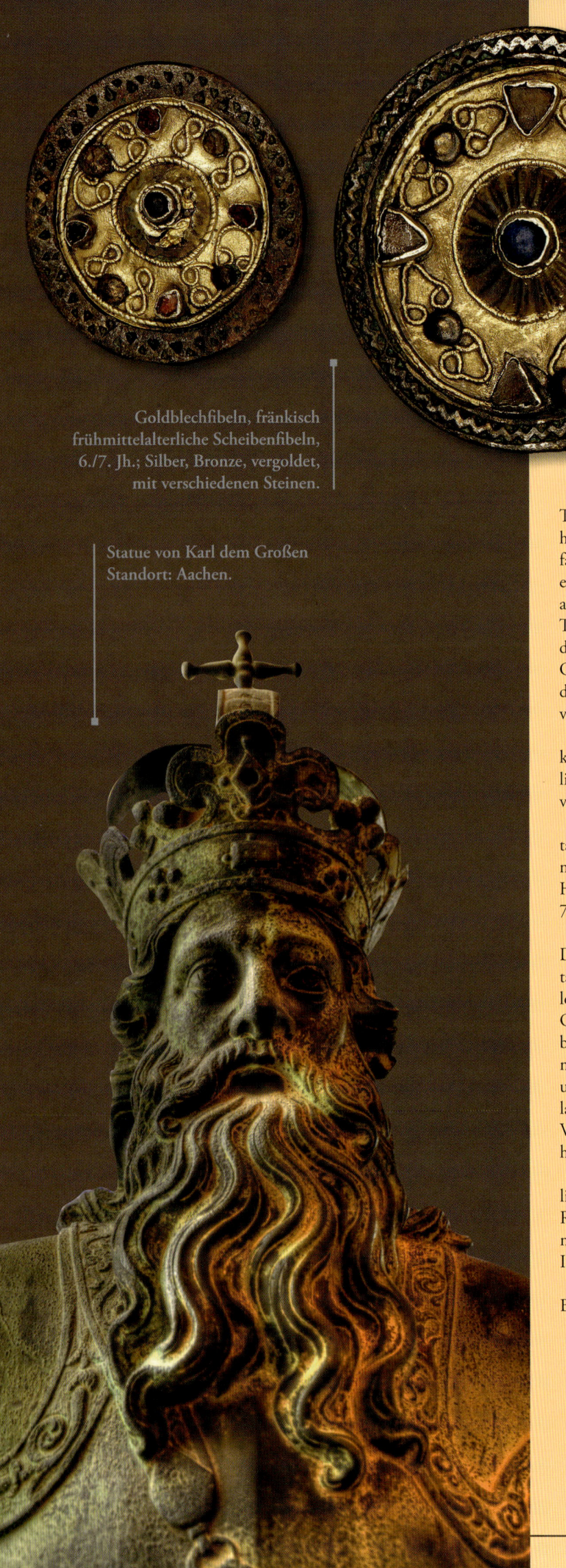

Goldblechfibeln, fränkisch
frühmittelalterliche Scheibenfibeln,
6./7. Jh.; Silber, Bronze, vergoldet,
mit verschiedenen Steinen.

Statue von Karl dem Großen
Standort: Aachen.

bische Kultur der europäischen weit überlegen war und weder die Christen noch die Juden in ihrer Religionsausübung behindert waren. Als Karl schließlich erkannte, dass auch die versprochene Hilfe Suleimans nicht eintreffen würde, befahl er den Rückzug.

Der Rückzug bedeutete nicht nur, dass Karl seinen Irrtum öffentlich eingestand, sondern auch, dass die Soldaten um ihren Lohn gebracht wurden, der aus der Beute bei den Plünderungen bestanden hätte. So kam es, dass die heimkehrenden Soldaten, wütend über ihren Verlust, Pamplona zerstörten. Das wird als ein möglicher Grund für jenes Massaker im Tal von Roncesvalles am 15. August 779 gedeutet. Einhard beschreibt das Ereignis in seiner »Vita Karoli Magni« so: »Als die Armee die engen Bergpfade ließen es nicht anders zu in lang gestreckter Linie einherzieht, greifen die Basken, die sich auf dem Gebirgskamm in den Hinterhalt gelegt haben, den Tross sowie die ihn schützende Nachhut an und drängen sie, von oben herabstürzend, ins Tal hinab. Bei dem Gemetzel werden die Franken fast alle niedergemacht. Die Basken plündern das Gepäck und zerstreuen sich dann unter dem Schutz der heranbrechenden Nacht schnell in alle Richtungen. Durch die leichte Bewaffnung und das für sie günstige Terrain sind sie in diesem Gefecht im Vorteil; die Franken dagegen hindern ihre Rüstung, die Schwerter und die Helme sowie die Ungunst des Geländes. In diesem Kampf fallen der königliche Truchsess Ekkehard, der Pfalzgraf Anselm und Roland, Graf der Bretonischen Mark, und viele andere.«

Spätere Legendenbildung hat versucht, dieses Ereignis für die Franken weniger schmachvoll aussehen zu lassen. So werden im »Rolandslied«, das um 1100 entstand, aus den Basken Mauren, und die Franken verfolgen die Ungläubigen, bis Roland gerächt ist.

Die letzte große Arrondierung des karolingischen Reiches nach Aquitanien, dem Lombardenreich und Niedersachsen war Bayern. Geschickt nutzte Karl einen lang zurückliegenden Rechtsbruch des bayrischen Herzogs Tassilos III. aus dem Geschlecht der Agilolfinger, um im Jahr 788 dessen Herzogtum »einzukassieren« (siehe Seite 36/37).

Nach den Jahren der Expansion ging Karl nun immer mehr in die Defensive, indem er sein Territorium durch Marken sicherte: Von Aquitanien aus wurde die Spanische Mark mit dem Machtzentrum Barcelona errichtet (801), die gegen die Sarazenen schützen sollte. An der Ostgrenze diente die Pannonische Mark als Puffer vor den Slawen. Sie bestand aus dem Gebiet, das einst den Awaren gehört hatte. Dieses innerasiatische Reitervolk hatte viel von seiner Stärke verloren und ging unter der Herrschaft Karls gänzlich unter – bei den Slawen hielt sich lange die Redensart »untergegangen wie die Awaren« für ein spurloses Verschwinden. Zu den Slawen gab es viele freundschaftliche Beziehungen, sodass Karl in ihnen keine große Bedrohung sah.

Von der Elbe bis zum Ebro erstreckte sich nun das Gebiet der Karolinger, im Norden grenzte es an Dänemark, im Süden an Benevent. Ein Reich, das in seiner Größe und Machtfülle dem Kaiserreich von Byzanz mehr als ebenbürtig war. Karl der Große hatte aus seinem Erbe ein Imperium geschmiedet.

Bettina Görke

Karl der Große fällt 772 (bis 804) in Sachsen ein und zerstört die Irminsul bei Obermarsberg a. d. Diemel, Holzstich (um 1865). Zentrales Heiligtum der Sachsen: Säule, die nach heidnischer Auffassung das Himmelsgewölbe trug.

DER SACHSENSCHLÄCHTER

»DEN DEUTSCHEN MANNEN GEREICHTS
ZUM RUHM, DASS SIE GEHASST DAS
CHRISTENTUM, BIS HERRN KAROLUS
LEIDGEM DEGEN, DIE EDLEN SACHSEN
UNTERLEGEN.«

In diesem Zitat aus Goethes »Zahmen Xenien« wird der Grundkonflikt zwischen Franken und Sachsen deutlich: Christentum versus Heidentum und die gewaltsame Christianisierung der Sachsen, die im so genannten »Blutgericht« von Verden im Jahr 782 ihren Höhepunkt fand. Aber warum ließ Karl der Große laut Annalen 4500 Sachsen (die Zahlenangabe ist in der Forschung umstritten) hinrichten? Eine Tat, die auch für die damalige Zeit ungewöhnlich hart war, die Voltaire als »Tat eines Verbrechers« bezeichnete und Karl spätestens seit der völkischen Bewegung des 19. Jahrhunderts den Beinamen »Sachsenschlächter« einbrachte.

Der Hauptgrund ist die große Rolle, die die Religion in der Politik spielte. Denn die karolingische Reichskirche war nicht nur die Vermittlerin geistigen Lebens, sie war auch Trägerin politischer Funktionen. Ebenso gab die Kirche der Karolingerherrschaft eine religiöse Legitimation, die den Herrscher weit über den Adel hinaushob. Heidnische Sachsen, die sich weigerten, das Christentum anzunehmen, wurden so automatisch zu Hochverrätern, die den König nicht anerkannten, und mussten von Karl zur Sicherung seiner Stellung bekämpft werden.

Ein weiterer Grund war die unterschiedliche gesellschaftliche und rechtliche Organisation von Franken und Sachsen: Die Franken hatten ein Königtum mit einer Grafschaftsverfassung, in der den einzelnen Grafen vom König Land (Lehen) und die damit verbundenen besonderen Rechte verliehen wurden. Bei den Sachsen hatte sich während ihrer kurzen Wanderung in der Spätantike von Holstein in das Gebiet des heutigen Niedersachsens kein Königtum ausgebildet. Die vier Teilstämme (Herrschaften) Engern, Westfalen, Ostfalen und Elbsachsen waren politisch in einer Gauverfassung mit einer Stammesversammlung zusammengeschlossen, die jährlich in Marklo (heute Marklohe bei Nien-

burg/Weser) zusammentrat. Auch in ihrer gesellschaftlichen Ordnung hatten sie die alte Sozialstruktur bewahrt und unterschieden zwischen dem grundherrlichen Geburtsadel (Edelinge), den schollengebundenen, aber freien Bauern (den waffenfähigen Frilingen) sowie den unfreien Hörigen (Lazzen).

Zur Zeit Karls des Großen reichte das sächsische Stammesgebiet von Ostsee, Eider und Schlei bis zu Ijsell, Niederrhein, Sieg, Diemel, Werra und Saale. Dieses riesige Siedlungsgebiet, ihr Heidentum und ihre Stammesverfassung machten die Sachsen für Karl nicht nur zu gefährlichen Feinden, sondern ließen sie zudem als Gegner erscheinen, deren Unterwerfung sich wirtschaftlich lohnte.

So legte Karl schon bei seinem Amtsantritt 768 ein hartes Vorgehen gegen die Sachsen fest. Vier Jahre später zog er gegen die Sachsen in den Krieg und eroberte die Eresburg an der Diemel (heute: Obermarsberg im Sauerland). Um die Überlegenheit des christli-chen Gottes zu demonstrieren, zerstörte er das wichtigste Heiligtum der Engern, die »Irminsul«, ein Säulenheiligtum. Nach weiteren Feldzügen, in deren Verlauf auch die Sigiburg (Hohensyburg) an der Ruhr zerstört wurde, ging ein großer Teil des sächsischen Adels auf die karolingische Seite über, und in den Jahren 775/776 kam es zu den ersten Massentaufen. Die strenge und fast kastenmäßige Abgrenzung der sächsischen Stände trug mit zu diesem überraschenden politischen Verhalten bei. Denn während der Adel sich bis auf wenige Ausnahmen schnell zum Anschluss an das Frankenreich und zum Christentum bereitfand, haben sich die unteren Stände zäh der fränkischen Herrschaft widersetzt, auf der anderen Seite jedoch wegen ihrer Rivalität untereinander auch nicht gegen den Adel opponiert. Eine Ausnahme in diesem inneren Standeszwist bildete Widukind, einer der Gaufürsten Westfälens, der sich auf die Seite der unteren Stände geschlagen hatte, ihr Anführer wurde und die Auseinandersetzungen der Sachsen mit Karl dem Großen entscheidend geprägt hat.

Schon im Jahre 778 war Widukinds Aufstand bis an den Rhein getragen worden. Karl schlug den Aufruhr mit zwei Kriegszügen bis zur Weserlinie (779) und zur Elbe (780) nieder. Auf der Reichsversammlung in Lippspringe wurde dann 782 das Sachsenland auch formell in das karolingische Reich einbezogen. Karl der Große ließ in Sachsen fränkische Grafschaften errichten, die er außer an Franken auch an sächsische Edelinge übertrug. Gleichzeitig wurde ein drakonisches Gesetz eingeführt (»Capitulatio de partibus Saxoniae«), das bei Gewalttaten gegen Geistliche und Kirchen sowie beim Festhalten an heidnischen Gebräuchen, wie z. B. der Leichenverbrennung, die Todesstrafe verhängte. Außerdem schrieb es die Zwangstaufe, das Zehntgebot und den Königsbann vor.

Diese Gewaltbestimmungen mit ihren tiefen Eingriffen in das sächsische Leben und Recht riefen noch 782 einen neuen Aufstand Widukinds hervor, bei dem eine fränkische Heeresabteilung am Süntel vernichtet und zahlreiche fränkische Missionare und Grafen ermordet wurden. Als Reaktion folgte 782 das berüchtigte Blutbad in Verden an der Aller: Karl ließ nach dem Bericht der Reichsannalen 4500 Rebellen als Hochverräter hinrichten, die vom sächsischen Adel ausgeliefert worden waren. Die grausame Aktion verhinderte jedoch erneute Aufstände genauso wenig wie entsprechende militärische Gegenaktionen Karls.

Der sächsische Widerstand war noch nicht gebrochen, wenngleich sich die Aufständischen in der Schlacht bei Detmold (783) und an der Hase geschlagen geben mussten. Erst drei Jahre nach dem »Blutgericht« von Verden stellte sich Widukind zum Friedensschluss: 785 ließ er sich gegen die Stellung von Geiseln in die Pfalz nach Attigny bringen und dort taufen. Über das weitere Schicksal des Sachsenführers gehen die Nachrichten auseinander. Zum einen soll er in seine Heimat zurückgekehrt sein und bei der Verbreitung des Christentums mitgeholfen haben, zum anderen soll er, damaliger Herrschaftspraxis entsprechend, in das Bodenseekloster Reichenau als Klosterhäftling eingewiesen worden sein, um nach dem Verständnis der Zeit für seine heidnischen Untaten Buße zu leisten. Aber auch in den Jahren nach 785 gab es vor allem bei den nördlichen Teilstämmen immer wieder vereinzelte Aufstände. Darauf wurde mit weiteren Kriegszügen geantwortet, in denen sich Karl sogar teilweise mit den benachbarten Slawen verbündete. Eine weitere Strafmaßnahme war die Deportierung von Sachsen in fränkische Gebiete. Allerdings verlagerte sich in diesen Jahren der Schwerpunkt der Aktionen immer mehr vom militärischen Feld auf die politische und gesellschaftliche Neuorganisation der Sachsen sowie auf die Christianisierung Norddeutschlands.

Weitere Maßnahmen unterstützten dieses Vorhaben: Das grausame Gesetz der Capitulatio de partibus Saxoniae wurde 797 durch das Capitulare Saxonicum ersetzt, das die harten Strafbestimmungen abschwächte. Im Jahr 802 schließlich wurde das sächsische Stammesrecht, die Lex Saxonum, aufgezeichnet. Damit erhielten große Teile der alten sächsischen Rechts- und Ständeordnung für die Sachsen in ihren angestammten, aber auch in den ihnen zugewiesenen Siedlungsgebieten Gültigkeit. Umfassend eingegliedert wurden die Sachsen letztlich durch ihre Christianisierung, die nach 785 zu einer neuen und zunehmend festeren Kirchenordnung und Bistumsorganisation führte, so in Münster, Paderborn, Osnabrück, Minden oder auch Bremen. Und als im Jahr 936 Otto I. zum König gekrönt wurde, saß auf dem Karlsthron zu Aachen ein direkter Nachfahre Widukinds...

Martina Müller

Karl der Große mit den Päpsten Gelasius und Gregor I. aus dem Sakramentar von Karl dem Kahlen (um 870).

Replik des Helms aus der Schiffsbestattung 1 von Sutton Hoo, England. Momentaner Standort: Britisches Museum.

DIE WIKINGER IN ENGLAND

DAS REICHE ENGLAND LOCKTE DIE WIKINGER ALS BEUTEOBJEKT UND ZUNEHMEND AUCH ALS SIEDLUNGSGEBIET. DAS NEBENEINANDER VON ANGELSACHSEN UND NORDMÄNNERN BLIEB VON SPANNUNGEN BELASTET, DIE SICH SCHLIESSLICH IN EINEM FRÜHEN FALL VON VÖLKERMORD ENTLUDEN.

Engländ, Herbst im Jahre des Herrn 1002: König Aethelred der »Unberatene« befindet sich in einer Zwickmühle. Seit einem Vierteljahrhundert zahlt er nun den verhassten Dänen Tribut. Insgesamt sind schon 100 000 Pfund Silber außer Landes gegangen, und die Forderungen der Erpresser aus Übersee werden immer dreister! Zwar erkauft er damit seinem Land Frieden, aber das »Danegeld« lastet schwer auf den Schultern seiner Untertanen. Und landauf, landab fragen sich die Menschen, was der König denn überhaupt gegen diese Not unternehme.

Um dieses Problem zu lösen, verfällt Aethelred auf eine Idee, mit der er seinem Beinamen »der Unberatene« alle Ehre macht. Er sucht sich einen Sündenbock, und wer bietet sich dafür besser an, als seine dänischstämmigen Untertanen! Also gibt er den Befehl, dessen Ausführung am 13. November 1002 als »Massaker am St. Bricius-Tag« in die Geschichte einging: »Der König ordnete an, alle in England lebenden Dänen am St. Bricius-Tag zu töten, weil er in Erfahrung gebracht hatte, dass sie sich verschworen hatten, ihn und seine Ratgeber umzubringen und sich sein Reich anzueignen.«

Beweise für eine derartige Verschwörung gibt es bis heute nicht, und die Dänen wurden von der Gewalttat auch vollkommen überrascht. Ein Chronist schildert die Gräuel: »Jener Tag war ein Samstag, an dem die Dänen üblicherweise badeten. Aber zur dafür bestimmten Zeit wurden sie erbarmungslos niedergemacht, vom Niedersten bis zum Höchsten. Sie wurden weder nach Alter noch nach Geschlecht verschont, und selbst Engländerinnen tötete man, die sich mit den Dänen vermischt hatten, und ebenso die Kinder, die diesen üblen Verbindungen ent-

sprungen waren. Einigen Frauen wurden die Brüste abgeschnitten, andere wurden lebendig in der Erde vergraben, und die Kinder wurden an Pfählen und Steinen zerschmettert.«

Es gab vermutlich Zehntausende Opfer, und unter den so grausam Hingemetzelten soll auch die Schwester des dänischen Königs gewesen sein. Nun hatte Sven Gabelbart auch noch einen persönlichen Grund, gegen England loszuschlagen!

Die Ereignisse, die zu dem Massaker an den Dänen führten, hatten rund 200 Jahre vorher begonnen. Als die Dänen Ende des 8. Jahrhunderts zu ihren Beutezügen in England auftauchten, trafen sie auf ein politisch zersplittertes Land. Die sieben Königreiche der Angelsachsen lieferten sich blutige Machtkämpfe, und die mächtigsten Regenten, jene von Northumbria (York und Nordengland), Mercia (zwischen Wales und der Nordseeküste) und Wessex (im Südwesten, mit der Residenz Winchester), wechselten in der Führung ab. 825 hatte sich König Egbert von Wessex zum Alleinherrscher Englands emporgekämpft. Er konnte seinen Triumph allerdings nicht lange genießen; schon für 835 berichtet die Angelsächsische Chronik von 350 Wikingerschiffen vor der Küste Cornwalls. Die Schiffe kamen aus allen Teilen Skandinaviens, aus Dänemark, Jütland, Schweden und Norwegen.

Der Begriff »Wikinger« leitet sich vom Wort für Bucht oder Handelsplatz ab, dem »wik«, und bezeichnet kein Volk, sondern einen Zustand: Ein Wikinger war ein Skandinavier, der sich auf Beutefahrt befand. Den Anfang machten die Dänen, die jedes Jahr wiederkamen, bis sie ab 851 auf den Inseln Thanet und Sheppey in der Themsemündung überwinterten und von dort aus die systematische Eroberung Ost-

englands begannen. Inseln waren für die Wikinger ideale Stützpunkte für ihre Raubzüge. Ihre flachen Schiffe konnten hier leicht an Land gezogen werden, und eine wasserreiche Umgebung bot maximale Bewegungsfreiheit. Allerdings waren die Wikinger auch an Land gute Kämpfer – das bekamen die Angelsachsen bald zu spüren.

Nachdem die Dänen erst einmal mit der Eroberung begonnen hatten, ging es Schlag auf Schlag: 866 wurde der bedeutendste Mittelpunkt Nordenglands, die Stadt Eoforwic (das heutige York) erobert und hieß von nun an Jorvik (»Pferdebucht«). Von hier aus entstand das erste Wikingerreich auf englischem Boden, das bis 954 Bestand hatte. Nach der Bezwingung Jorviks konzentrierten sich die Eroberungszüge ab 870 auf Wessex, dem 872 bis 877 die Unterwerfungen Mercias und 875 bis 876 ganz Northumbrias folgten. Die dänischen Könige teilten die Gebiete unter sich auf und vergaben Land an ihre verdienten Krieger. Den Heerscharen folgten bald Einwanderer mit ihren Familien, die Ackerland benötigten. Zu dessen Beschaffung wurden häufig angelsächsische Bauern von ihren Höfen vertrieben; es entstanden ganze Dänendörfer. Die skandinavischen Siedler lebten nach ihrem eigenen Recht, nahmen aber schnell den christlichen Glauben an, vor allem seit ihr Häuptling Guthrun 878 in einer Schlacht gegen König Alfred von Wessex unterlag und sich taufen lassen musste.

886 wurde England offiziell zwischen Angelsachsen und Skandinaviern aufgeteilt. Die Grenze verlief von London nordwärts entlang einer alten Römerstraße, der Watling Street, bis zur Irischen See. Südwestlich davon erstreckte sich das Machtgebiet des Königs von Wessex, der Nordosten fiel den Dänen zu. Dieses Gebiet stand nun unter dänischem Recht, dem »Danelag«; die Mehrheit der Bevölkerung waren aber weiterhin Angelsachsen und anglisierte Kelten, wie vor Kurzem eine Gen-Analyse der englischen Bevölkerung bewies. Trotzdem entwickelte sich im Gebiet des Danelag eine besondere angloskandinavische Kultur. Es fanden sich dort Stilelemente aus der skandinavischen Kunst, und auch sprachliche Einflüsse des Nordens machten sich hier bemerkbar.

Um die Wende zum 10. Jahrhundert fielen viele Gebiete des Danelag wieder an den König von Wessex zurück. Dies lag vor allem am zähen Widerstand König Alfreds, der mit nur 23 Jahren die Herrschaft in Wessex übernommen hatte. Der junge Herrscher erwies sich als hervorragender Organisator. Er reformierte das Heer, ein Teil der Krieger blieb nun ständig in Kampfbereitschaft, und er ließ eine Flotte bauen, mit der er den Angreifer auf dessen ureigenem Element erfolgreich entgegentreten konnte. Zusätzlich befestigte er die Grenze entlang des Danelag durch eine Kette von Verteidigungsanlagen, den burhs, die gleichzeitig als Verwaltungszentren dienten, Sicherheit für den Handel und bei Gefahr eine Zufluchtsstätte für die Bevölkerung boten.

Oseberg-Schiff
Schiff / Eichenholz (9. Jh.)
1904 unter einem Grabhügel ausgegraben; Schiffsgrab mit den Bestattungen zweier Frauen.

Wikinger-Schild
Die berühmtesten Rundschilde des Mittelalters.

Der König, der in seiner Kindheit mehrere Jahre in Rom gelebt hatte, war hochgebildet und ein großer Förderer von Wissenschaft und Kultur. Er übersetzte lateinische Werke in die angelsächsische Sprache und schuf damit die Voraussetzung, dass sich das Angelsächsische als Sprache von Regierung, Wissenschaft und Literatur durchsetzte. All dies führte dazu, dass Alfred später »der Große« genannt und nach seinem Tod als Heiliger verehrt wurde. Er selbst bezeichnete sich selbstbewusst als »König der Engländer«.

Als Alfred 899 starb, erstreckte sich sein Reich über Südengland und die westliche Mitte des Landes bis Manchester. In seinen Regierungsjahren hatte er die Voraussetzungen für die Rückeroberung des übrigen Englands geschaffen, die 902 unter seinem Sohn Eduard begann. Diese »Rekonquista« gelang weitgehend und hatte zur Folge, dass der englische König über eine große Zahl skandinavischer Untertanen gebot. Die »englischen Dänen« öffneten freilich eroberungslustigen Herrschern aus der alten Heimat diverse Tore nach England. So wechselte die Herrschaft ständig zwischen skandinavischen und angelsächsischen Königen, bis 954 der vorläufig letzte Wikingerherrscher Erik, mit dem vielsagenden Beinamen Blutaxt, aus Jorvik verbannt wurde. Aus diesen Jahren der nicht enden wollenden Kriegszüge ragt als besonders blutig die Schlacht von Brunanburh von 937 heraus, bei der sich Angelsachsen und eine große Allianz von Skandinaviern und Kelten gegenüberstanden. Dabei errang König Aethelstan von Wessex einen überwältigenden Sieg; ein irischer Chronist berichtet: »Niemals zuvor wurde auf dieser Insel, wie uns Bücher und Heilige von früher berichten, ein Heer so vollständig niedergemacht.«

Die geistlichen Verfasser der Angelsächsischen Chronik wurden gar poetisch: »König Aethelstan, der Herr der Krieger, der Ringschenker der Männer, und ebenso sein Bruder, der Edle Edmund, gewannen unsterblichen Ruhm mit den Schneiden der Schwerter bei Brunanburh. Sie spalteten den Schildwall, zerhieben die Kampfschilde mit den geschmiedeten Klingen …«

Seit dem Tod Eriks der Blutaxt wurden die Überfälle von Dänen und Norwegern seltener. Ab 980 nahmen sie jedoch wieder zu, und 992 begannen koordinierte Eroberungszüge des Norwegers Olaf Tryggvason und des Dänenkönigs Sven Gabelbart. Sie spekulierten auf den Unmut der Angelsachsen mit ihrem »unberatenen« König Aethelred. Sein Heer vernichteten sie in der Schlacht von Maldon.

Gezwungenermaßen zahlte Aethelred nun die geforderten Tribute, allerdings löste sich die Allianz der beiden skandinavischen Könige – nach einer Zahlung von 22 000 Pfund Silber im Jahr 992 und 16 000 Pfund für das Jahr 994 – auf und Olaf kehrte nach Norwegen zurück. Sven Gabelbart dagegen verheerte auch in den Folgejahren Wessex, und Aethelred zahlte weiter – bis er den Befehl zu dem Dänen-Massaker am St. Bricius-Tag gab. König Sven antwortete mit massiven Vergeltungsfeldzügen, und die Tribute wurden immer höher. Aethelred, der die letzten Sympathien verloren hatte, floh 1013 zu seinem Schwiegervater in die Normandie, und England war zur Annahme eines dänischen Königs bereit. Sven Gabelbart bestieg an Weihnachten 1013 tatsächlich den englischen Thron, starb aber schon am 14. Februar 1014. Sein 18-jähriger Sohn Knut übernahm die Herrschaft und unterwarf sich England vollständig. Als kurz darauf Knuts Bruder Harald, der König von Dänemark, starb, ging auch dessen Herrschaft auf Knut über.

Während seiner knapp 20-jährigen Regentschaft bescherte Knut seinen Ländern eine kostbare Friedenszeit. Er ließ sich taufen und erkannte die geltenden Gesetze an, nach denen Angelsachsen und Dänen nach ihren eigenen Sitten und Gebräuchen leben durften. Auch ließ er sich von seiner ersten heidnischen Frau scheiden und heiratete

Vendelhelm / Brillenhelm
Lederhelm mit brillenähnlichem Augenschutz.

Emma, die Witwe König Aethelreds. Unter dem Herrscherpaar Knut und Emma genoss England auf dem Festland hohes Ansehen. Als 1028 auch noch das Königreich Norwegen in seinen Besitz fiel, war Knut »der Große« damit wohl der mächtigste skandinavische Herrscher der Geschichte.

Das große Nordseereich war aber nicht von Dauer: Nach Knuts Tod 1035 herrschten nur kurz seine Söhne; danach fiel die Krone Englands zurück an einen Angelsachsen. Dieser Eduard wurde ob seiner Frömmigkeit »der Bekenner« genannt. Er war der Stiefsohn Knuts und entstammte der ersten Ehe Emmas mit König Aethelred. Eduard war in der normannischen Heimat seiner Mutter aufgewachsen und schuf somit die Voraussetzung für die spätere Eroberung Englands durch Wilhelm I. und eine neue »Fremdherrschaft«.

Martina Müller

Historische Karte von Dänemark.

Silbertauschierte Prunkaxt aus dem Grab von Mammen (Mammenaxt), Beigabe aus einem Kammergrab. Verzierung: bänderartig verschlungene Tierfigur (Mammenstil).

DIE SCHLACHT AUF DEM LECHFELD

DIE UNGARN SIND EINGEFALLEN! ZUNÄCHST KANN SICH DIE FAMILIE DER OTTONEN NICHT EINIGEN, STREITEREIEN ERFÜLLEN DEN CLAN. DOCH AM ENDE KÄMPFEN ALLE GEMEINSAM GEGEN DEN FEIND.

itten in die Wirren des Krieges zwischen Otto dem Großen und seinem Sohn Liudolf, der in diesem Frühling des Jahres 954 Landstriche verwüstet und die Untertanen des Reiches in zwei Lager spaltet, platzt eine Meldung, die die Zeitgenossen aufgeschreckt haben wird: Die Ungarn sind eingefallen. Und diese Gefahr ist wahrlich keine Unbekannte. Schon früher haben die Reiterhorden bei ihren Zügen durch das Land raubend und brandschatzend Angst und Panik in der Bevölkerung verbreitet. Schon früher hat sich der König ihnen entgegengestellt und sie 937 auf ihrem Vormarsch nach Sachsen gestoppt und vertrieben. Doch dieses Mal ist die Situation eine andere, denn die Ungarn weichen von ihrer Guerilla-Taktik, die vor allem auf schnellen Beute- und zügigen Rückzug zielt, ab, um Otto dem Großen am 10. August 955 zur offenen Schlacht auf dem Lechfeld bei Augsburg zu begegnen.

Es ist besonders kennzeichnend für die Situation im Reich, dass die bedrohliche Nachricht zunächst einmal zu einer Verschärfung der Konflikte innerhalb des ottonischen Familienclans führt, denn Herzog Hein-rich von Bayern, mittlerweile treue Stütze seines Bruders, wirft den Aufrührern Liudolf und Konrad vor, den reichsfeindlich gesinnten Stamm aus dem Osten eingeladen zu haben. Die Aufständischen sind empört. Doch lange dauert die Zwietracht nicht, und Widukind berichtet, dass Otto den Feinden auf dem Schlachtfeld mit einem Heer gegenüberstand, das aus Einheiten aller Teile des Reiches bestand — auch Konrad der Rote und Boleslaw von Böhmen, der sich dem Sachsen unterworfen hatte, führten Truppenteile.

Bevor die Schlacht, die als bedeutender Markstein der europäischen Geschichte ins kulturelle Gedächtnis eingegangen ist, beginnt, soll der König — so Thietmar von Merseburg, wie Widukind Chronist der Zeit — dem heiligen Laurentius, Tagesheiliger am 10. August, im Falle des Sieges die Gründung eines Bistums in Merseburg geschworen haben.

Zunächst sieht es jedoch nicht nach Erfolg aus, denn Widukind berichtet, dass die ungarischen Kämpfer dem Reichsheer in den Rücken fallen und schwere Verluste zufügen können. Konrad dem Roten, der auf dem Lechfeld sterben wird, gelingt mit seinen Soldaten jedoch der Befreiungsschlag. Und im anschließenden Kampf der Königlichen, den

Otto mit der »Heiligen Lanze« — schon unter Heinrich I. eine der bedeutendsten Königsinsignien — in der Hand angeführt haben soll, gelingt ein vollständiger Sieg, der in seiner Bedeutung nicht unterschätzt werden darf.

Laut Widukind haben die Truppen Otto bereits danach als neuen »Augustus«, also Kaiser, ausgerufen. In jedem Fall dürfte dieser überwältigende Erfolg die Basis dafür gewesen sein, dass auch Papst Johannes XII. Otto 960 um Hilfe ruft und ihn anschließend zum Kaiser krönt. Die Ungarn, die noch in den Tagen nach ihrer Niederlage verfolgt und getötet werden, sind vernichtend geschlagen, und der Tag des Heiligen Laurentius wird reichsweit zum Feiertag. Und auch das Bistum in Merseburg wird verwirklicht.

Stephan Scholz

Johannes XII. [937 - 964], Papst
von 955 - 963, Stich.

Otto I. vergibt seinem Sohn Liudolf, Holzstich (um 1855) von G. & R. Roloffs Liudolf rebellierte 953 zusammen mit Konrad dem Roten gegen seinen Vater. Nach der Niederschlagung des Aufstands warf sich Liudolf 954 während einer Jagd nahe Weimar vor Otto zu Boden. Nach einer Zeichnung von Ludwig Richter.

IOANNES XII Romanus, Alberici filius, è Comitib.ᵉ Tus culanis creat.ᵉ an.955. Sedit an.9. Obijt die 14. Maij an.964.

HASTINGS — HAROLDS LETZTER KAMPF

1066 WURDE ZUM SCHICKSALSJAHR IN DER GESCHICHTE ENGLANDS: JAHRHUNDERTELANG HATTEN SICH DIE ANGELSACHSEN MIT WECHSELNDEM ERFOLG DER ATTACKEN DER NORDMÄNNER ERWEHRT. JETZT KAMEN DIE ANGREIFER GLEICHZEITIG AUS NORD UND SÜD — KONNTE HAROLD UND SEINE ANGELSACHSEN DIESEM DOPPELTEN DRUCK STANDHALTEN?

er Frühnebel auf den Wiesen hat sich gelichtet und gibt den Blick frei auf ein Feld einige Meilen nördlich der Küste von Sussex in England. Zwei Armeen haben sich an diesem 14. Oktober 1066 in Schlachtordnung aufgestellt – zwei sehr unterschiedliche Armeen.

Die eine ist in der deutlich stärkeren Position, denn sie erwartet den Angriff auf einem Hügel. Ihre Kämpfer stehen in einem dichten Pulk zusammen. Man sieht fast nur Schilde und Helme und hinter dieser Mauer Speere und Äxte, aber auch Schmiedehämmer und Spaten. Kein einziges Pferd gehört zu dieser Armee. Am Fuße des Hügels rückt der Gegner vor – mit Reitern und Bogenschützen. Es ist die Streitmacht des Herzogs Wilhelm aus der Normandie. Oben auf der Anhöhe, da weht das goldene Banner König Harolds von England. Wie mag es wohl in ihm aussehen? Ist er vom Sieg überzeugt oder kommen ihm Zweifel?

Bekannt ist, dass seine Stimmung in den vergangenen Monaten starken Schwankungen ausgesetzt war – doch das verwundert kaum. Die Ereignisse haben sich überschlagen: Vor einem Jahr regierte in London noch der weißhaarige König Eduard der Bekenner. Am Weihnachtsabend wurde er krank. Dennoch zwang er sich, in seiner Festtagsrobe die Messe zu besuchen. Unbedingt wollte er noch der Weihe seines Lebenswerks beiwohnen, der Westminster-Abtei. Aber er schaffte es nicht mehr. Er verlor das Bewusstsein, wachte dann nur noch ein Mal auf und berichtete von einer Vision: In einem Jahr werde England in der Hand von Feinden sein! Am 5. Januar starb er. Sein Bart schimmerte dabei wie eine Lilie, hieß es.

Der König hatte keine Kinder, und die Nachfolge war ungeklärt. Für seinen Schwager Harold Godwinson bestand jedoch kein Zweifel daran, dass Eduard ihn auf dem Thron sehen wollte, und binnen einer Woche hatte England einen neuen König: Harold. So fing es an, dieses Jahr 1066. Dann kam der »langhaarige Stern«, der Komet. Dass er nichts Gutes ankündigte, wusste man.

Die Armee Wilhelms setzt zum Sturm an. Die Bogenschützen schießen ihre erste Salve ab. Die meisten Pfeile bleiben aber in der angesächsischen Brustwehr aus Zweigen stecken. Im Gegenschlag regnen Spieße auf die Schützen hinab. »Out! Out!«, rufen die Angelsachsen. Die normannischen Fußtruppen weichen zurück. Hat Wilhelm die Sachsen unterschätzt? Lange galten sie als schwach, hatten sie den Heimsuchungen nichts entgegenzusetzen, die über die Nordsee kamen. Jederzeit konnten die gefürchteten Drachenschiffe am Horizont auftauchen. Einem englischen König brachen sie bei lebendigem Leibe den Brustkorb auf und rissen ihm die Lungen heraus. Sie nannten das »Zerlegen des Blutadlers«.

Doch in diesem Schicksalsjahr 1066 hat sich das Blatt gewendet: England kann sich sehr wohl verteidigen! Der Norwegerkönig Harald Hardrada hatte sich eingebildet, nach Eduards Tod eigene Ansprüche auf die englische Krone erheben zu können. Er berief sich auf seinen Vorfahren Knut, der zwanzig Jahre als König von England geherrscht hatte, sogar weitgehend friedlich. Der Norweger setzte über die Nordsee und marschierte auf York, errang einen ersten Sieg über die örtliche Landwehr und wähnte sich sicher. Diese Selbstüberschätzung bezahlte er mit dem Leben. Denn König Harold rief Ritter und Bauern zu seinen Fahnen und legte mit ihnen binnen weniger Tage in Gewaltmärschen den weiten Weg nach Nordengland zurück. Plötzlich stand Harold vor Harald, und der wusste nicht, wie ihm geschah. Die überraschten Nordmänner wurden schlicht überrollt; auch Harald blieb auf dem Feld.

Das war die Schlacht von Stamford Bridge gewesen, vor gerade einmal drei Wochen. Welcher König hat sich je zweier so mächtiger Feinde auf ein Mal erwehren müssen, der Nordmänner im Norden und der Normannen im Süden? Denn als Harold bei York triumphierte, landete bei Hastings schon der nächste Rivale: Herzog Wilhelm, auch Wilhelm der Bastard genannt. Der Normanne behauptet, dass Harold ihn einst als rechtmäßigen Erben Eduards anerkannt habe. Doch diese Zusicherung war unter Zwang erfolgt: Wilhelm hatte Harold damals aus einer Gefangenschaft freigekauft und verlangte im Gegenzug den Treueschwur. Harold betrachtet sich durch diese Erpressung nicht gebunden.

Wilhelms Truppen sind zum zweiten Mal den Hügel hinaufgestürmt, doch ihre Linien geraten in Unordnung. Der linke Flügel fällt zurück, flieht in Verwirrung. Mit Triumphgeheul springen die Angelsachsen über ihre Brustwehr und jagen den Flüchtenden hinterher. Ein tödlicher Fehler, denn nun setzt Herzog Wilhelm seine Reiterei in Bewegung. In gestrecktem Galopp mähen die schwerbewaffneten Ritter die Bauern nieder. Harold geht durch ein Wechselbad der Gefühle; auf Erleichterung folgen Erschrecken und Enttäuschung. Hätte er sich Wilhelms Armee vielleicht doch nicht sofort stellen sollen? Manche seiner Ratgeber haben gesagt, die erschöpften Truppen müssten sich von dem Gewaltmarsch nach York und wieder zurück erholen. Je länger er die Schlacht hinauszögere, desto schlechter sei es für Wilhelm, dessen Invasionsmacht nur schwächer würde. Aber Harold fürchtet, dass seine Volksarmee mit Beginn des Winters auseinanderfallen könnte. Und da der schnelle Überraschungsschlag gegen Harald so erfolgreich gewesen ist, will er gern daran glauben, dass dasselbe auch gegen Wilhelm gelingt.

Harold ist geschwächt, aber noch unbesiegt. Es ist schon Nachmittag, als die normannische Reiterei aufs Neue den Hügel hinaufprescht. Wieder wird sie abgewehrt – und abermals lassen sich die einfachen Bauern in Haralds Streitmacht dazu verleiten, hinter den Fliehenden herzulaufen. Erneut wenden sich die Normannen um und stürmen mit dem Kampfschrei »Gott mit uns!« auf die Angelsachsen los. Ihre Flucht ist nur eine Finte gewesen; aus den Verfolgern werden Gejagte. Als die Reiter wieder am Fuß des Hügels ankommen, liegt hinter ihnen ein Leichenfeld.

Doch noch immer steht die Phalanx der Angelsachsen. Es sind nicht die Reiter, die den Schilderwall schließlich brechen lassen, es ist ein einzelner Pfeil. Obwohl Harold dicht von seinen Rittern umstellt ist, stürzt er mit einem Mal schreiend zu Boden: Ein Pfeil ist ihm durchs Auge in den Kopf gedrungen – der König von England ist tot. Auf diese Nachricht hin fliehen die überlebenden Angelsachsen in alle Richtungen. Harolds Banner stürzt in den Schmutz, seine Leiche wird in Stücke geschlagen. Von nun an heißt Wilhelm der Bastard Wilhelm der Eroberer, und England wird von neuen Herren regiert, den Normannen.

Christoph Driessen

■ Teppich von Bayeux - Normannische Lanzenreiter beim Angriff, Wandteppich / Wollstickerei auf Leinen (11. Jh.); rechts: Leofwine, einer der Brüder von König Harold II., fällt.

Richard Löwenherz gegen Saladin

24. August 1191

Die schönen Tage in Akkon sind nun zu Ende: Die Männer müssen die gerade eroberte Hafenstadt verlassen, die mit ihrem schwerem orientalischen Wein und den käuflichen Frauen so viel Vergnügungen bot, dass so mancher Kreuzfahrer das hehre Ziel Jerusalem aus den Augen verloren hatte. Wie zur Buße dürfen nur ausgesucht alte Waschweiber den Tross begleiten, während alle ansehnlichen Frauen auf Befehl des englischen Königs in Akkon verbleiben müssen.

Richard ist mutig, aber nicht tollkühn. Trotz seines Sieges von Akkon weiß er, das Saladin alles andere als geschlagen ist. Während er über gerade einmal 15.000 Mann befiehlt, kann Saladin mindestens über die dreifache Truppenstärke verfügen. Daher soll sein Heer auf der alten römische Küstenstraße Richtung Süden bis nach Jaffa marschieren, um dann erst ins Landesinnere nach Jerusalem abzuschwenken. So kann eine Versorgungsflotte die Kreuzritter begleiten und im Falle einer Niederlage einen schnellen Rückzug in die ummauerte Sicherheit Akkons ermöglichen.

Über zwei Kilometer zieht sich die Marschkolonne der Kreuzfahrer hin. An ihrer Spitze weht der „Beauseant", das schwarz-weiße Banner der Templer. Es ist seit Jahrzehnten das gefährliche Privileg dieses Ordens, die Heere des Heiligen Landes anzuführen. Im Zentrum reiten die Gefolgsleute Richards, Aquitanier, Nordfranzosen und Anglonormannen. Die Nachhut bildet der zweite legendäre Ritterorden der Christenheit, die Johanniter, sowie die weltlichen Ritter des Königreichs Jerusalem unter Führung Jakob von Avernes.

Mitten im Aufgebot reitet Guido von Lusignan, der den stolzen Titel eines Königs von Jerusalem führt. Doch an dem Franzosen klebt der Ruf des Hasardeurs und Verlierers wie Pech: er hatte vor fünf Jahren Saladin zum tödlichen Spiel um die Herrschaft im Heiligen Land herausgefordert – und verloren. In der Schlacht bei den Hörnern von Hattin wurden die Kreuzfahrer vernichtend geschlagen. Und während er in ehrenvoller Kriegsgefangenschaft weilte, fiel Jerusalem in die Hände des Feindes.

2. September

Es mag das Heilige Land sein, doch zumindest die Sonne ist des Teufels. Besonders die Kämpfer aus England und der Normandie, leiden unter der männermordenden Hitze. Viele Soldaten sind so erschöpft, dass sie nicht mehr weitergehen können und auf die Schiffe gebracht werden müssen, manche fällt der Hitzschlag wie eine Axt Gottes. Nur eine gelegentliche Brise von der See schenkt etwas Linderung. Aber die glühenden Kettenhemden abzulegen, wäre tödlicher Leichtsinn: Seit Tagen belauern Saladins Männer das Heer, warten in größter Anspannung auf den Befehl, die Stärke des Feindes auszutesten. Und der wird gegeben. Zuerst greift leichte Kavallerie die Kreuzritter an. Pfeile regnen auf die Christen nieder. Doch Kettenhemden und wattierten Jacken bieten Schutz. Erstaunt beobachten die Krieger Saladins, dass manche Ritter mit 10 Pfeilen gespickt ungerührt weiterkämpfen. Also schickt Saladin seine schwer-gepanzerte Ghulam-Kavallerie gegen die Christen. An ihrer Spitze ein neuer Goliath, Ayaz al-Tawil (Ayaz der Gewaltige), um dessen mächtige Lanze ganze Legenden ranken. Doch dies ist die letzte Schlacht des Hünen. Ein David unter den Kreuzfahrern zeigt sich unbeeindruckt, nimmt den Kampf an und streckt Ayaz mit einem gezielten Streich seines Schwertes nieder. Für die islamische Glaubenskämpfer ein Gottesurteil und so wird der Befehl zum Rückzug gegeben. In Jahrzehnten des Krieges hat es Saladin gelernt, zu warten, bis seine Chancen eindeutig auf Sieg stehen.

6.September

Die letzten Tage waren ruhig. Die Flotte hatte die Männer mit Nachschub versorgt. Nun haben die Kreuzfahrer bei einem ausgetrockneten Flussbett, dem Wadi al Qasab, ihr Lager aufgeschlagen. König Richard schickt einen Parlamentär zum Heer Saladins, bittet um Unterredung. Und der Herrscher Ägyptens geht zum Schein darauf ein. Er will die Kreuzfahrer in Ruhe wiegen, damit er seine Truppen neu organisieren kann. Zwischen Wadi al Qasab und der nächsten Etappenziel der Christen, der kleinen Hafenstadt Arsuf, ist das Gelände ideal für einen Angriff: Bewaldete Hügel geben Deckung für den Aufmarsch; sollte es zum Gegenangriff der Christen kommen, wäre das unangenehme Terrain ideal, um die Christen stoppen.

7. September

Noch vor Morgengrauen bricht Richards Armee die Zelte ab. Im Licht der aufgehenden Sonne nehmen die bewaldeten Hügel im Westen immer schärfe Konturen an. Und bei diesen Hügeln entdecken die Kreuzfahrer feindliche Krieger. Erst ein paar vereinzelte Reiter, dann Hunderte, schließlich Tausende. Saladin positioniert seine Schlachtreihen. Wie bei Hattin soll Panik der Verbündete sein. Der Befehl: Die Nachhut angreifen, die christlichen Linien aufbrechen und dann vernichten. Die erste Welle bilden türkische Reiter, gefolgt von furchteinflössenden schwarzhäutigen Kriegern aus dem tiefsten Süden Ägyptens. Begleitet wird der Angriff vom bösartigen Stakkato der Militärpauken und Kriegshörnern. Die Verluste an Männern halten sich in Grenzen, doch immer mehr der kostbaren Pferde werden von Pfeilen getroffen. Der Großmeister der Johanniter schickt einen Boten zu Richard. Er will die Erlaubnis zum Gegenangriff. Doch der König muss warten, bis sich seine gesamte Reiterei sich für einen geballten Gegenschlag formiert hat. Als die Antwort den Großmeister erreicht, wendet er sein Pferd, um Richard persönlich um den Angriffsbefehl zu bitten. Doch noch bevor er den König erreicht, treten seine Ordensmänner schon den Gegenangriff an.

Aber ihr Angriff hat nicht genügend Kraft. Die Nachhut ist in Gefahr aufgerieben zu werden und damit wäre das ganze Heer gefährdet. Nun ist Richard in Zugzwang. Und der König handelt schnell. So beherzt stürmt er mit den Ritter aus Aquitanien zu Hilfe, dass beinahe Teile der eigenen Infanterie niedergeritten werden. Wie ein Hammerschlag trifft sein Angriff die Moslems. Jetzt ist die Panik der Verbündete der Christen. Wer kann, rettet sich in den nahegelegen Wald, der Rest fällt unter den Schwertern der Christen. In ihrem Blutrausch wollen die Ritter ihre Feinde in den Wald verfolgen, doch Richard stoppt sie. Er fürchtet einen Hinterhalt und befiehlt seinen Rittern, sich hinter dem Schutzmantel der Bogen- und Armbrustschützen neu zu gruppieren.

Saladins Heer steht am Rande der Auflösung, doch dank seiner einzigartigen Autorität gelingt es dem Herrscher, wieder Ordnung in seine Reihen zu bringen. Noch immer sind seine Truppen in der Überzahl, noch immer hat das christliche Heer nicht die Sicherheit Arsufs erreicht. Also befiehlt er einen zweiten Angriff mit der Elite seiner Männer, angeführt von seinem Bruder al Adil (Saphadin). Ad Adil ist ein mutiger Krieger, doch selbst er ist Richard nicht gewachsen. Englands König ist auf dem Schlachtfeld zuhause – und er hat das Herz eines Löwen. An der Spitze seiner Ritter stürzt er sich in das Kampfgetümmel, sucht den Kampf und reißt seine Männer mit. Sie sind siegreich, doch sie zahlen einen Preis: Jakob von Avernes fällt.

Mittlerweile ist es der christlichen Infanterie gelungen, eine Oase südlich von Arsuf zu erreichen. Die arabische Garnison der Hafenstadt will verhindern, dass sich der Feind hier festsetzen kann. Als Richard den Angriff bemerkt, versammelt er die Besten seiner Ritter und greift zum dritten Mal an. Diesmal hat er leichtes Spiel, ohne nennenswerten Widerstand werden die Garnisonstruppen vertrieben. Saladin ist geschlagen und Jerusalem scheint zum Greifen nah...

Augenzeuge und Chronist dieses Triumph ist der Dichter Ambroise. In seinem Heldenepos wird der König später übermenschliche Züge annehmen: „Er metzelte dieses abscheuliche Volk nieder, als würde er mit der Sichel die Ernte einholen, sodass man im Umkreis von einer halben Meile wegen all der Leichen der Türken, die er getötet hatte, den Boden nicht mehr sehen konnte." Der Mythos vom Heldenkönig ist geboren. Richards eigene Darstellung der Schlacht fällt da lakonischer aus. Sein Brief an den Abt von Claivaux: „So groß waren die Verluste unter Saladins Anführern und Edelleuten, dass er mehr Leute an diesem Tag – es war ein Sonntag, der Tag vor der Niederkunft der Gesegneten Jungfrau Maria – verlor, als an jedem anderen Tag der vorangegangenen vierzig Jahre. Durch die Gnade Gottes verloren wir niemanden an jenem Tag, außer jenem der Besten der Männer, dessen Verdienste ihm in ganzen Heer beliebt gemacht hatten, Jakob von Avernes."

Klaus Hillingmeier

Saladin [1137 - 1193], Sultan von Ägypten und Syrien, Porträtgemälde (um 1600) von Cristofano di Papi dell Altissimo [um 1530 - 1605].

Die Schlacht von Bouvines

Hoch zu Ross, in schimmerndes Eisen gehüllt, die Lanze im Anschlag und von bunten Bannern umweht, gaben die Ritter ein ebenso prächtiges wie martialisches Bild ab. Doch die Herren des Krieges trafen sich nur äußerst selten zu einem »Rendezvous der Ehre«. Zu hoch erschien ihnen der Einsatz auf dem Schlachtfeld, zu wankelmütig die Laune des Schicksals.

G ott war sein Zeuge: Er hatte diese Schlacht nicht gewollt! Für einen kurzen Moment schloss Frankreichs König Philipp II. August die Augen, um sich zu sammeln. Um ihn herum herrschte Chaos. An diesem 27. Juli 1214 lag eine brütende Hitze über den halb abgeernteten Feldern von Bouvines in Flandern. Es war ein Sonntag, der Tag des Herrn.

Nein, er hatte diese Schlacht an diesem geheiligten Wochentag nicht gesucht, sie war ihm von seinen Feinden aufgedrängt worden: in dem Moment, als seine Truppen die Brücke über den Fluss Marcq bei dem Örtchen Bouvines, zwischen Lille und Tournai gelegen, überschritten. Gerade als er unter einem Eschenbaum ruhte und sich stärkte, erreichte ihn die Nachricht vom Angriff der Gegner auf seine Nachhut. Was hätte er tun sollen? Ein ehrenvoller Rückzug über die Marcq war nun nicht mehr möglich, sie wäre ihm als Flucht oder gar als Feigheit ausgelegt worden. So hatte er sich dazu entschlossen, die Schlacht anzunehmen. Gott sollte sein Richter sein, er sollte ihm die Krone Frankreichs nehmen – oder ihn im Triumph bestätigen.

So wie König Philipp II. August zögerten viele mittelalterliche Feldherren, eine offene Schlacht anzunehmen. Große Ritterschlachten sind im Hochmittelalter eine Seltenheit, eine Schlacht galt immer als ein unkalkulierbares Abenteuer, selbst ein sicher geglaubter Sieg konnte sich im letzten Moment noch in eine Niederlage wandeln. Außerdem ging es bei der mittelalterlichen Kriegsführung nicht darum, den Gegner vollständig zu vernichten, sondern ihn lediglich in die Knie zu zwingen, um so strittige Rechtspositionen durchzusetzen oder eine bessere Verhandlungsgrundlage zu erreichen.

Für Frankreichs König Philipp II. August ging es an diesem denkwürdigen Tag von Bouvines ums Ganze. Sein Hauptgegner war der englische König Johann I., der mit Klauen und Zähnen seine französischen Festlandsbesitzungen verteidigte. Als Sohn der Eleonore von Aquitanien blies er vom Süden Frankreichs aus zum Sturm auf die Kapetingerdynastie. Zu seinen Verbündeten gehörten sein Neffe, der Welfenspross Otto IV., Kaiser des Heiligen Römischen Reiches, sowie die abtrünnigen französischen Vasallen Graf Ferdinand von Flandern und Hennegau, Graf Rainald von

Boulogne und Baron Hugo von Boves. Dazu verstärkten der Graf von Holland, der Herzog von Brabant und ein Halbbruder des englischen Königs, William von Salisbury, die Phalanx der Verbündeten auf dem nördlichen Kriegsschauplatz, während Johann Ohneland in eigener Person an der Loire kämpfte.

Aus diesem Zangengriff musste sich Philipp lösen, wollte er nicht seine Krone verlieren. Plündernd war er in das Gebiet des flandrischen Grafen eingefallen, doch die Gegner unter Kaiser Ottos Führung setzten ihm nach und zwangen ihn an der Brücke von Bouvines, sich auf die Entscheidungsschlacht einzulassen. »Zu den Waffen, Barone! Zu den Waffen!«, gellte der Schrei durch die Mittagshitze, um die französischen Soldaten, die bereits den Fluss überschritten hatten, zurückzubeordern. Philipp holte sich in einer nahegelegenen Kapelle göttlichen Beistand, dann versicherte er sich seiner Gefolgsleute in einer kurzen Ansprache. Hatte er sie nicht immer gut und ehrlich geführt? Stand er nicht im Einklang mit der heiligen Mutter Kirche, wohingegen der gegnerische Kaiser vom Papst gebannt und exkommuniziert war?

So ermutigt, nahmen Philipps 1200 Ritter, seine berittenen Knechte und das fast viermal so starke Fußvolk die übliche Formation in drei Schlachthaufen ein: »zu Ehren der Heiligen Dreifaltigkeit«, wie es in einer zeitgenössischen Quelle heißt. Zufrieden überblickte der französische König seine Reihen. Zahlenmäßig brachte er zwar weniger Mann auf das Schlachtfeld, dafür war der Heereszug der gegnerischen Seite mit den etwa 1500 Rittern und noch mehr Fußsoldaten auseinandergerissen worden. Grund dafür bildete der rasche Vormarsch auf einer Länge von zehn Kilometern. So hatten die Gegner keine Chance, ihre zahlenmäßige Überlegenheit auszuspielen.

Philipp befand sich mit seinen treuesten und bewährtesten Gefolgsleuten in der mittleren Abteilung, gut abgeschirmt von seinen Rittern und Fußsoldaten, unter dem Banner der Oriflamme, während rechts und links von ihm gemischte Flügel aus Kavallerie und Infanterie standen. Ihm gegenüber nahm in ganz ähnlicher Formation Kaiser Otto, der einen goldenen Reichsadler auf einem Wagen mit sich führte, Aufstellung.

Der Auftakt zum Getümmel begann mit einer Reiterattacke zwischen dem rechten französischen und dem gegnerischen linken Flügel, wobei sich die Franzosen die Unsportlichkeit leisteten, erst einmal berittene Knechte anstelle der schwer gepanzerten Ritter ins Rennen zu schicken. Das erboste die Gegenseite zutiefst: »Die Flanderer und die Deutschen, die vor Kampfbegierde brannten, fanden es höchst unwürdig, dass sie zuerst von Knechten und nicht von Rittern gefordert wurden. Darum geruhten sie nicht, sich vom Fleck zu bewegen, sondern erwarteten die Angreifer und bereiteten ihnen einen herben Empfang«, berichtete der französische Chronist Wilhelm Brito.

Nach der Abwehr der Knechte ging es dann richtig los: Die Lanzen eingelegt, galoppierten die Ritter in geschlossenen Reihen aufeinander zu, um die jeweils feindlichen Linien zu durchbrechen. Wer danach noch im Sattel blieb, versuchte sich mit seinem Verband erneut zu formieren und die gegnerischen Reiter anzureiten. Waren die Lanzen zersplittert und die Formationen auseinander gerissen, gingen die geübten Reiter mit dem Schwert zum Nahkampf über: Mann gegen Mann.

Hier berichten die Chroniken über die tollkühnsten Heldentaten einzelner Kämpfer wie des Grafen von Saint-Pol, der sich auf seine Feinde warf »wie ein hungriger Adler auf eine Schar Tauben«. Er schlug alles nieder, was in seiner Reichweite lag, tötete unterschiedlos Menschen wie Pferde und durchpflügte die Menge seiner Feinde wie ein wild gewordener Sensenmann.

Nach schweren Gefechten gelang es den Franzosen schließlich, die vom Grafen von Flandern geführten Verbände zurückzuschlagen und den Befehlshaber gefangen zu nehmen. Die übrigen Reiter schlugen sie so in die Flucht. Mit etwas Verzögerung begann der Schlagabtausch auch in den beiden mittleren Abteilungen, in denen sich die gekrönten Häupter befanden – so dass es zum riskanten »Showdown« der Könige kam.

Für wenige Schreckminuten sah es so aus, als ob Philipp II. August Herrschaft und Leben verlieren könnte, denn mit geübtem Schwung kämpfte sich ein Trupp kaiserlicher Fußknechte bis zu ihm vor. Welche Flut von Flüchen der französische König unter seinem Helm hervorstieß, als ihn die Fußsoldaten mit Lanzen und Eisenhaken vom Pferd holten, ist verständlicherweise nicht überliefert. Jedenfalls gab es kaum eine größere Schmach, als auf dem Schlachtfeld im Staub zu liegen! Doch das gesalbte Haupt der Franzosen hatte Glück im Unglück: »Ohne die Gnade Gottes und ohne spezielle Rüstung, die seinen Körper schützte, hätten sie ihn auf der Stelle getötet«, lobte Brito die Segnungen der Waffentechnik. »Der König sprang auf und bestieg sein Streitross so behände, wie niemand es für möglich gehalten hätte«.

Der Tiefschlag wurde sofort durch eine neue Offensive der französischen Ritter wettgemacht. Dadurch geriet nun umgekehrt Kaiser Otto IV. in schwerste Bedrängnis. Sein Harnisch musste zwei Dolchhiebe abwehren, er wurde am Hals gepackt und tätlich angegriffen. Als auch noch sein Pferd tödlich getroffen mit ihm durchging, hatte er endgültig genug und wandte sich zur Flucht – jedenfalls überlieferte das die Sicht der Sieger. Seine Mannen schlugen sich indes eine ganze Weile tapfer auf dem Schlachtfeld. Graf Otto von Tecklenburg, Graf Konrad von Dortmund und Gerhard von Randerath ließen sich nicht lumpen und gaben ihr Bestes, unterlagen aber schließlich doch dem Ansturm der Gegner und wurden gefangen genommen. Der Wagen mit dem Reichsadler war nun in den Händen der Feinde.

Am längsten dauerte der Kampf auf dem rechten Flügel der kaiserlichen Verbündeten: Hier kämpfte der abtrünnige Rainald von Boulogne, der partout nicht in die Hände des französischen Königs fallen wollte. Mit fast schon verzweifelter Erbitterung kämpfte er gegen den gegnerischen linken Flügel. Verstärkt wurden seine Verbände durch die immer noch verspätet heranströmenden Infanteristen. Um sich immer wieder

eine Erholungspause zu verschaffen, bediente sich der Graf eines schlauen Tricks. Er ließ seine gepanzerten Fußknechte einen doppelten, eng zusammenstehenden Wall bilden, in dessen Mitte er verschnaufen konnte. Doch nützte ihm dies nicht lange. Schließlich fiel auch er in die Hände der Franzosen, nachdem sein Streitross tot zusammengebrochen war und seinen rechten Oberschenkel unter sich begraben hatte.

Am späten Nachmittag ging das Hauen und Stechen seinem Ende zu. Philipp konnte aufatmen: Der Sieg gehörte ihm! Er hatte sein Königtum eindrucksvoll behauptet und ganz nebenbei den deutschen Thronstreit zu Gunsten der Staufer entschieden. Der unterlegene Welfe Otto dagegen musste sich auf seine Braunschweiger Güter zurückziehen und zusehen, wie sein Nebenbuhler Friedrich II. sich als Herrscher im Reich etablierte. Er versank glücklos als Fußnote in den Geschichtsbüchern.

Doch noch ein anderer Aspekt gefiel Philipp II. August: Er hatte bei dem ganzen Kräftemessen nur zwei Ritter verloren und auch die Gegenseite hatte nur 169 Todesopfer unter den Rittern zu beklagen (die Fußknechte zählte man nicht, unter ihnen dürften sich die meisten Opfer befunden haben). Die meisten Gegner waren dem französischen König als Gefangene in die Hände gefallen, so dass hier ein fettes Lösegeld winkte. Der König verbot sogar eine ausufernde Verfolgungsjagd seiner Ritter, um diese erkleckliche Beute auch ja nicht wieder zu verlieren.

In einem wahren Triumphzug zog Philipp II. August nach Paris. Überall tönten die Kirchenglocken, jubelten ihm Menschen zu und empfingen ihn mit größter Herzlichkeit: »Und da der Tag ihnen nicht lang genug war, feierten sie auch des Nachts bei großer Beleuchtung, so dass die Nacht hell war wie am Tag.« Und dies alles nur, weil dem König an einem heißen Sonntag im Juli für ein paar Stunden das Glück hold gewesen war. Er hatte der ganzen Welt bewiesen, wer Herr im Hause Frankreich war.

Karin Schneider-Ferber

Vollständiger Plattenharnisch mit Visierhelm aus der Zeit der Schlacht von Bouvines.

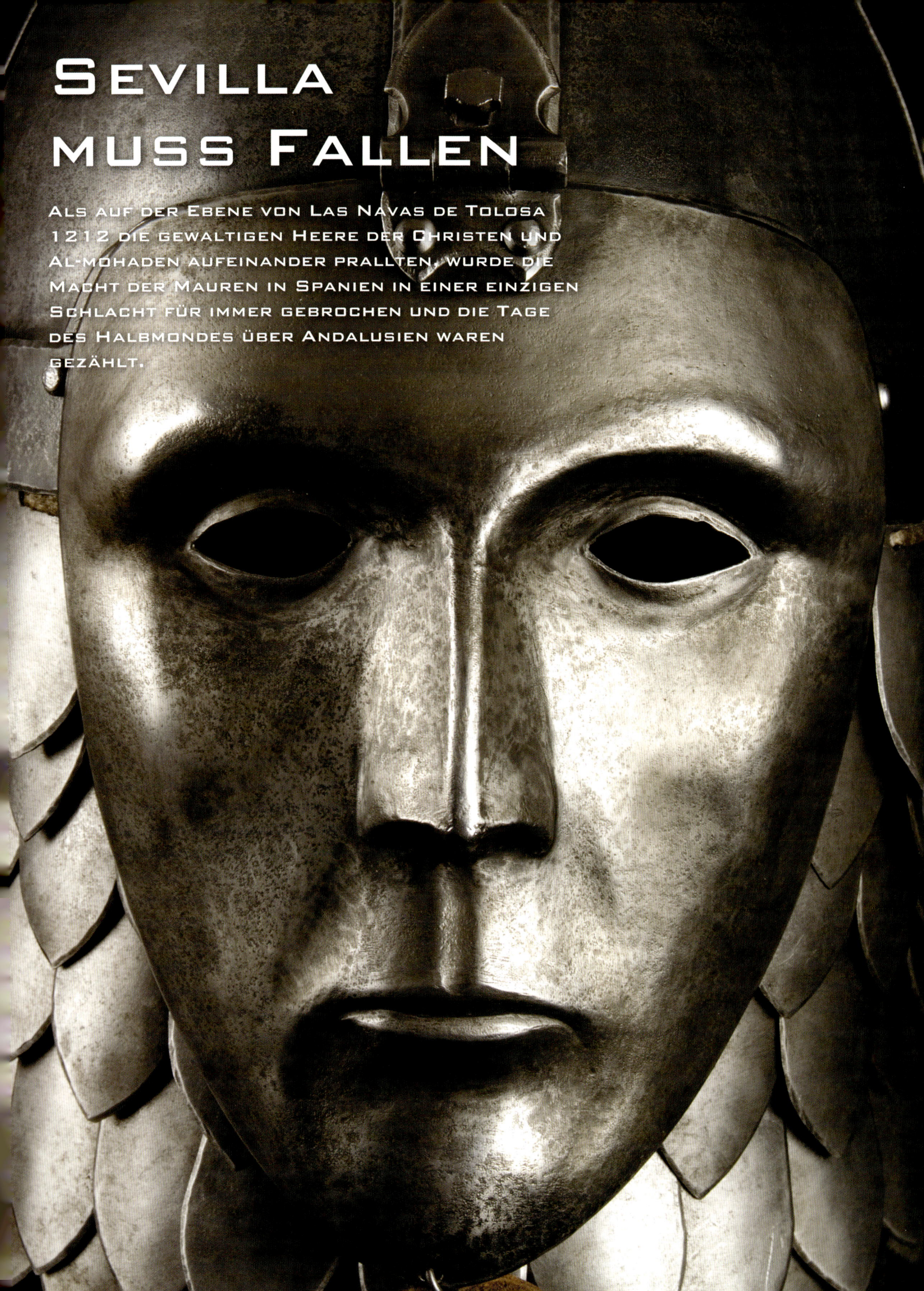

Sevilla muss Fallen

Als auf der Ebene von Las Navas de Tolosa 1212 die gewaltigen Heere der Christen und Al-Mohaden aufeinander prallten, wurde die Macht der Mauren in Spanien in einer einzigen Schlacht für immer gebrochen und die Tage des Halbmondes über Andalusien waren gezählt.

Als König Alfons VIII. (1158 bis 1214) von Kastilien 1210 erfuhr, dass sich im Maghreb 250000 Muslime zum Heiligen Krieg (Dschihad) auf der Iberischen Halbinsel formierten, stand ihm die verheerende Niederlage vor Augen, die ihm Emir Abu Yaqub Yusuf 1195 bei Alarcos zugefügt hatte. Den erneuten Einfall der Muslime in die von den Christen zurückeroberten Gebiete konnte jetzt nur ein gemeinsames Handeln der verfeindeten christlichen Könige verhindern – ja, vielleicht gelang es ihnen sogar, die Almohaden für immer aus al-Andalus zu vertreiben…

Der Führer der Invasoren, Kalif Muhammad, der Sohn des Siegers von Alarcos, neigte zu Pracht und Vergnügen, lechzte gleichzeitig nach Ruhm und trug den hochtrabenden Titel amir al-mu-minin (Beherrscher der Fürsten); die Christen machten daraus Miramamolín.

Statt direkt das Treffen mit dem Gegner zu suchen, zog er mit seinen Berberkriegern, die Anfang 1211 bei Ceuta übergesetzt hatten, zuerst in seine Geburtsstadt Sevilla ein. Dort ließ der Kalif den ehemaligen Kommandanten der Burg Calatrava hinrichten, weil er vor den Kastiliern kapituliert hatte – ein gravierender Fehler, denn der Getötete war in al-Andalus beliebt. Viele Krieger verweigerten nun die Heerfolge gegen die Christen.

Derweil nutzten Muhammads Gegner, Alfons VIII. und Peter II. von Aragón, die Zeit, um ihre Kräfte zu einen. Papst Innozenz III. forderte zur Teilnahme am »Heiligen Krieg« und zu Gebeten für den Sieg über die Ungläubigen auf, steuerte Finanzen bei und versprach Absolution. Die kastilischen Städte ließen den Bau von Befestigungen ruhen, um die Männer als caballeros villanos (Stadtmilizen) zu den Waffen zu rufen. An Pfingsten 1212 sammelte sich in Toledo das gigantische christliche Heer – mindestens 70000 Mann –, um dem Feind entgegenzuziehen. Am 7. Juli schlossen sich dann noch die Truppen aus Navarra unter dem Befehl König Sanchos VII. an.

Am 14. Juli standen sich die Gegner bei Navas de Tolosa, am Südhang der Sierra Morena, gegenüber. Die Muslime beherrschten den Pass von Losa und schnitten damit den Christen den Weg ab. Ihre rechte Flanke deckten andalusische Kontingente, das Zentrum Berberkontingente. In der Mitte, umgeben von einer durch Ketten verstärkten Palisade, prangte das rote Zelt des Kalifen, gekrönt von der grünen Fahne des Propheten. Siegessicher hatte Muhammad sogar seine Goldschätze und seinen Harem mit ins Feld genommen.

Ein Schäfer führte die Christen um den belagerten Pass auf das Plateau von Mesa del Rey, in den Rücken der Muslime. Die Christen waren in der Minderzahl, doch dafür war ihre Reiterei weitaus schlagkräftiger. Am 16. Juli ließ der Kalif zum Angriff trommeln. König Sancho attackierte die Flanke der Andalusier, die überrascht die Flucht ergriffen. Die dadurch entblößten Berbertruppen wurden überrannt, lösten sich auf und flohen ebenfalls. Die Christen setzten nach und richteten ein Blutbad an. Erzbischof Jiménez de Rada von Toledo, der den Christen segnend das Kreuz vorantrug, berichtete: 60000 tote Muslime bedeckten das Schlachtfeld, und 2000 Pferde reichten nicht aus, um die erbeuteten Waffen hinwegzuschaffen…

Muhammad konnte nach Sevilla entkommen, wo er eine Botschaft an seine Untertanen richtete. In dieser, so der Chronist Hinari, »verbarg er die Wahrheit unter den Blüten der Rhetorik«. Muhammad dankte ab, übergab seinem Sohn Mustansir die Macht und starb 1214 in Marrakesch. Die Euphorie der Christen war hingegen grenzenlos. Ihr Sieg bei Navas de Tolosa wird bis heute als »Triumph des Kreuzes« festlich begangen. Alfons eroberte danach die Städte Baeza und Úbeda, wobei weitere 60000 Muslime abgeschlachtet wurden.

Nach dem Tod von Alfons VIII. zerfiel die christliche Allianz, nicht zuletzt weil es um die erbeuteten Gebiete zum Zwist kam. Erst die Vereinigung der Kronen von Kastilien und León unter König Ferdinand III. (1217–1252) im Jahre 1230 gab der Reconquista neue Schlagkraft: 1236 zogen die Christen als Sieger in das prächtige Córdoba ein, 1246 wurde Jaén belagert. Dessen Herrscher al-Ahmar war weitsichtig genug, den Gezeitenwechsel in Spanien zu erkennen: Statt weiter gegen die Christen zu kämpfen wurde er der Vasall Kastiliens: Al-Ahmar erklärte sich bereit, Jaén den Christen zu überlassen und einen jährlichen Tribut zu zahlen. Als Gegenzug durfte er weiter in Granada als Lehnsmann Kastiliens herrschen.

Zwei Jahre nach dem Vertrag von Jaén stand das Heer König Ferdinands vor den Mauern Sevillas: 17 Monate belagerten die Christen die Stadt, wobei eine Kriegsflotte Sevilla den Nachschub vom Meer her abschnitt. Die Sevillaner hungerten und flehten ihre Glaubensbrüder in Nordafrika um Hilfe an: »Höret ihr nicht den Schrei der Todesangst, den Spanien an diese Küste schleudert, während ihr im süßen Frieden schlummert?«

Das Flehen blieb unerhört. Am 23. November 1248 kapitulierte Sevilla, und die prächtige Hauptmoschee wurde zu einer Kathedrale. Obwohl man die muslimische Bevölkerung schonte, floh, wer konnte, nach Nordafrika. Sevilla wurde mit Kastiliern, aber auch Genuesen, Franzosen und Juden neu besiedelt.

Am Ende seines Lebens hatte Ferdinand III. mehr Land von den Mauren zurückerobert als irgendein christlicher König Spaniens vor ihm. Der Ruhm des Kastiliers reichte bis ins ferne England, wo der Mönch Matthew Paris in seiner Weltchronik über ihn notierte: »Dieser König hatte mehr für die Ehre und den Nutzen der Kirche Christi getan als der Papst und alle seine Kreuzfahrer zusammen.« 1671 wurde Ferdinand III. für seine Verdienste im Kampf für den Glauben von Papst Clemens X. heilig gesprochen.

In den Jahrzehnten nach dem Tod des heiligen Herrschers fielen die letzten unabhängigen Bastionen der Mauren in Spanien: Niebla 1262, Cádiz 1264 und 1274 Murcia und Cartagena. Mit der Ausnahme des Königreichs Granada hatte nach 563 Jahren die glanzvolle muslimische Herrschaft über al-Andalus ihr Ende gefunden

Herbert Hartkopf

Links: Statue von Ferdinand III. (Kastilien) (1199–1252).
Erschaffen ca. 1753 von Giovan Domenico Olivieri (1708–1762)
Standort: Sabatini-Gärten in Madrid.

Rechts: Statue von Alfons VIII. (Kastilien)
(1155-1214) Erschaffen zwischen 1750 und 1753
von Juan de Villanueva Barbales (1681-1765)
Standort: Sabatini-Gärten in Madrid.

MOHI UND LIEGNITZ

IM APRIL 1241 GREIFT KHAN BATU, DER ENKEL
DSCHINGIS KHANS, NACH DEM KÖNIGREICH
UNGARN. DIE SCHLACHTEN VON LIEGNITZ UND
MOHI ZEIGEN DEN EUROPÄERN DIE ÜBERLEGENE
MONGOLISCHE KRIEGSFÜHRUNG AUF, BEGLEITET
VON EINER BRUTALEN SPUR AUS TOTEN UND
ZERSTÖRUNG. DOCH LANGE WIRD DIE HERRSCHAFT
DER MONGOLEN NICHT WÄHREN.

Als die mongolische Reichsversammlung sich 1235 unter dem Großkhan Ögödei (1229 – 1241) einfindet, beschließt sie einen immensen Feldzug nach Westen. Ihr Ziel: Neben der Unterwerfung der Kumanen und der Kiewer Rus soll das Königreich Ungarn dem mongolischen Herrschaftsbereich einverleibt werden. An der Armee-Spitze steht Subutai, ein genialer Feldherr mit großer Erfahrung im Kampf gegen die Völker Asiens und Osteuropas.

1238 dringen Gerüchte nach Europa, wonach die Mongolen bis in die deutschen Lande und gar nach Rom vordringen wollen. Doch trotz großer allgemeiner Aufregung rüsten sich die europäischen Fürsten nicht und lassen auch die Aufforderungen zur Unterwerfung unbeantwortet.

Nach der Erstürmung und Zerstörung von Kiew haben die Angreifer die Nord- und Südflanke frei, um sich ihrem nächsten Ziel widmen zu können: dem Königreich Ungarn. Subutai stehen dafür noch rund 60 000 Mann zur Verfügung. Die mongolische Führung sieht in den Ungarn ebenbürtige Gegner und weiß ziemlich gut über die inneren Vorgänge im Reich des ungarischen Königs Béla IV. Bescheid.

Im Dezember 1240 brechen sie auf. Die Hauptstreitmacht, circa 50 000 Mann, wird von Khan Batu und seinem Feldherrn Subutai angeführt, eine weitere Tümän – so nennen die Mongolen die Zehntausendschaften, nach denen das Heer organisiert ist – soll über Polen und Schlesien kommend dafür sorgen, dass die nördliche Flanke nicht zur Gefahr wird. Im März 1241 erreichen sie das polnische Kernland,

brandschatzen Krakau und stoßen weiter in Richtung Breslau vor, dabei hinterlassen sie stets eine breite Schneise der Verwüstung und des Todes.

Unterdessen hat der schlesische Herzog Heinrich II. der Fromme seine Untertanen zum Widerstand gegen die Eindringlinge aufgerufen. Er sammelt sein Heer – bestehend aus deutschen und polnischen Rittern, Bauern, Unfreien, Templern und Bergleuten – bei Liegnitz. Ihm zur Seite stehen etwa 10 000 Mann. Am 9. April stoßen das mongolische und das deutsch-polnische Heer bei Wahlstatt zusammen. Die Mongolen nutzen dabei ihre Taktik der »verstellten Flucht«: Zunächst scheint Heinrichs Heer die Oberhand zu behalten, als es die drei Heerflügel des Feindes zurückdrängt. Doch bezieht eine vierte Abteilung Stellung

■ Links: Saray-Alben (Diez-Alben), fol. 71, S. 58 - Berittene mongolische Krieger verfolgen feindliche Reiter, Miniatur (14. Jh.). Links die Verfolgten, rechts die Verfolger; Mitte unten zwei Tote.

■ Rechts: Saray-Alben (Diez-Alben), fol. 70, S. 4 - Die Mongolen unter Hüplagü überschreiten den Tigris und erobern Bagdad (1258), Miniatur (14. Jh.).

im Rücken Heinrichs und greift von dort aus an, zur Entlastung der bedrängten mongolischen Hauptarmee.

Der Gegenangriff mündet in einem Einkesselungsring, und Heinrich sowie ein Großteil seines Heeres fallen. Trotz beträchtlicher Verluste kann die mongolische Streitmacht aufschließen zu ihrer Hauptarmee nach Ungarn. In fünf Armeen aufgeteilt, fallen die Mongolen in das Land ein. Wieder folgen sie dem Schema ihrer Treibjagden und legen ein enormes Tempo vor, um Béla nur wenig Zeit zum Handeln zu lassen.

Zur Hauptschlacht kommt es am 12. April 1241, nur drei Tage nach der Schlacht bei Liegnitz. Bei Mohi erkennen die Mongolen eine strategisch günstige Stelle, an der sie die beste Gelegenheit zum kämpfen wittern. Zu zwei Seiten geschützt durch die Flüsse Sajó und Hernád sowie die nördliche Seite als möglichen Fluchtweg in Betracht ziehend, nutzen sie den Sichtschutz der dichten Wälder. Zugleich haben sie durch eine Erhebung auf ihrer Seite einen Blick auf das ungarische Lager und besetzen die einzige Brücke zwischen den beiden Heeren.

Die mongolische Streitmacht ist gewappnet für den Kampf gegen den zahlenmäßig überlegenen Gegner Ungarn, der über mehr als 40 000 Krieger verfügt. König Béla ist es unterdessen nicht gelungen, die Fürsten seines Landes vereint in den Kampf zu führen. Auch vermag er in dieser angespannten Lage nicht, seine Truppen zu motivieren. Am fatalsten wird sich jedoch seine Entscheidung auswirken, die Kämpfer in einer Wagenburg zusammenzuschließen, denn damit hat er seine Soldaten quasi eingepfercht und ihnen jeden Rückzug unmöglich gemacht.

Als Batus Armeen noch in der Nacht losschlagen, können die Ungarn den Angriff zurückdrängen und eine – verhältnismäßig kleine – Wache auf der so wichtigen Brücke aufstellen. Die ungarischen Verteidiger leisten starken Widerstand und halten sich tapfer. Doch ein Geniestreich Subutais entscheidet die Schlacht zu Gunsten der Mongolen: Flussabwärts hat er in Eile unbemerkt eine zweite Brücke errichten lassen, über die die Mongolen ihre Truppen zu einem Zangenangriff heranführen können. Sie legen rings um das ungarische Lager Feuer und überziehen die Ungarn mit einem Pfeilhagel. Dieser Handstreich führt zu allgemeiner Verwirrung auf Seiten der Verteidiger und zum Sieg der mongolischen Angreifer. Die Ungarn verlieren über 10 000 Krieger, und König Béla kann nur durch eine abenteuerliche Flucht entkommen.

Nun überziehen die Mongolen ganz Ungarn mit Gewalt und Zerstörung, dabei dringen sie bis an die Adria vor. Das Blatt für die Ungarn wendet sich erst, als die Nachricht vom Tod des Großkhans Ögödei in Europa eintrifft. Batu und seine Heerführer brechen in ihre Heimat auf, damit Batu bei den Wahlen seinen Einfluss geltend machen und die Wahl seines gefährlichsten Widersachers hinauszögern kann. Zudem hatte sein Heer durch den Feldzug immense Verluste erlitten. Weitere Expansionszüge in den Westen werden an den inneren Streitigkeiten der mongolischen Herrscher scheitern, und Europa wird vor weiterer großflächiger Zerstörung bewahrt.

Michael Nehring

Reiterkampf vor einem Stadttor / Angriff der Mongolen, Miniatur (14. Jh.) von Ahmad Musa.

Dschingis Khan, Khan der Mongolen, der die mongolischen Stämme vereinte und weite Teile Zentralasiens und Nordchinas eroberte.

WILLIAM WALLACE UND STERING

Es ist ein langer Schrei mit letzter Kraft: »Freiheit!«, donnert es über den Londoner Richtplatz, der geifernden Masse stockt der Atem, selbst der sieche König in seinem Gemach erschauert, dann drischt der Henker die Axt hinab auf William Wallace. Der große Held Schottlands hat ein trauriges Ende genommen. Doch der Mythos William Wallace hat erst begonnen.

Braveheart nennen die Schotten ihren Helden. So heißt auch Mel Gibsons Leinwand-Epos (1995), das in dieser Szene vor dem Henker gipfelt. Es ist die Geschichte eines einfachen Mannes, der im späten Mittelalter einen Volkskrieg der Schotten gegen den Unterdrücker aus England entfesselt. Das grausige Ende des Helden rührte im Kino Millionen; denn Wallace war einer, der einen aussichtslosen Kampf focht und dennoch ein ganzes Königreich erbeben ließ. König Eduard I., der selbsternannte »Hammer der Schotten«, zitterte vor »dem Wilden« aus dem Norden.

Der 11. September 1297, Stirling Bridge: Nebel verhüllt die schroffen grünen Berge hinter der Stadt an einer Furt durch den Forth. William Wallace sitzt im Sattel und wartet. Er ist ein großer Mann mit breiten Schultern, kräftigen Armen und wilder Mähne. Der Schotte weiß: Eine große englische Streitmacht naht, um seinem Treiben ein Ende zu bereiten. Wallaces Männer tragen Äxte und selbstgebaute Schilde. Sie sind Guerilla-Krieger, eine offene Feldschlacht ist ihnen fremd. Nicht dagegen List und Tücke: Sie locken die königliche Armee in ein Nadelöhr, die schmale Holzbrücke über den Forth.

Die Engländer tappen leichtsinnig in diese Falle, im Vertrauen auf ihre Übermacht und ihren Anführer, den unerfahrenen Hugh Cressingham. Die ersten königlichen Krieger überqueren die Brücke. Noch bevor zu viele Engländer das Ufer erreichen, greifen die Schotten an und bringen mit ihren Speeren die Vorhut zur Strecke. Nachrückende, schwer gepanzerte Reiter geraten ins Wanken, stürzen ins Wasser oder werden abgestochen.

Die Schotten schlagen König Eduards Truppen vernichtend: 100 englische Ritter und 5000 Infanteristen fallen. Ihrem Anführer Cressingham lässt Wallace die Haut abziehen. Wenig später nehmen die ungestümen Schotten sogar York ein, die größte englische Burg in der Region. Es ist eine Blamage für die Krone – und ein Weckruf für König Eduard, der nun nur noch eines fordert: William Wallace, tot oder lebendig.

Die Euphorie in Schottland dagegen ist groß. Ein Ende der Demütigungen durch London scheint möglich. Im Film »Braveheart« machen die Schotten schon vor der Schlacht deutlich, wie viel Respekt sie noch vor den Engländern haben: Sie lüpfen ihre Schottenröcke und zeigen den königlichen Truppen die blanken Hinterteile. Das ist jedoch nicht überliefert.

Überhaupt ist wenig aus dieser Zeit verbürgt. Sicher ist: William Wallace war von geringer Herkunft, ein Gemeiner. In den strohgedeckten Hütten seiner Heimat nahe Glasgow essen die Menschen mit den Fingern. Lesen, Schreiben und Fremdsprachen sind ihnen fremd, Kämpfen nicht. Immer wieder gibt es Scharmützel mit königlichen Statthaltern. Möglicherweise machen die Engländer Wallace früh zum Waisen; jedenfalls lebt der Junge einige Jahre bei seinem Onkel, einem Priester. Dieser bildet seinen Neffen aus und lehrt ihn, neben seiner Kraft auch seinen Verstand zu nutzen.

Es ist eine Zeit, in der ein schottisches Nationalbewusstsein aufkeimt – Figuren wie Wallace sind dessen Fixpunkte. Aber es ist auch eine Zeit, in der die Marionetten König Eduards das schottische Volk unterdrücken. Eduard lässt keinen Zweifel an seinem Herrschaftsanspruch. Mehrfach schlägt seine gefürchtete Armee gnadenlos zu. In der Grenzstadt Berwick-upon-Tweed etwa schlachtet der »Hammer der

Schotten« 7500 Menschen ab – zwei Drittel der Bewohner der mächtigen Stadt.

Revolten gegen die Fremdherrschaft gibt es in der Folge immer wieder. Wallace ist an mehreren Aufständen beteiligt, aber erst nach einem Vorfall 1297 bläst London zum Angriff auf den Aufrührer. Der Legende nach gerät Wallace mit einer englischen Patrouille aneinander, sie verfolgt den Fliehenden und brennt sein Haus nieder – darin war, so heißt es, Wallaces Frau, die den Flammen zum Opfer fällt. Der Witwer kehrt zurück und tötet den Sheriff, eine Marionette Eduards. »Von dieser Zeit an sammelte er (Wallace) alle um sich, die die Knechtschaft der unerträglichen englischen Herrschaft verbittert hatte, und wurde ihr Anführer«, vermerkt ein schottischer Chronist. Der Tod des Sheriffs ist demnach der Tropfen, der das Fass zum Überlaufen bringt und nach Stirling Bridge führt. Wallace geht auch deshalb als Held aus der Schlacht hervor, weil die meisten übrigen schottischen Heerführer auf dem Schlachtfeld bleiben.

Der Triumph des Gemeinen Wallace düpiert den schottischen Adel. Die meisten Edelmänner des Landes kämpfen ohnehin nicht für die Sache Schottlands, sondern allenfalls für die eigene: Sie leben gut, solange sie sich nur Eduards Herrschaft fügen. Dann ist der König großzügig mit Ländereien und Privilegien. Wallace ist diesen Adligen ein Dorn im Auge. Sein anmaßender Auftritt, seine niedrige Geburt widert sie an. Diese Edelmänner lauern nur auf eine Gelegenheit, den Volkshelden loszuwerden.

Hollywood zeigt den Patrioten in Lederwams und mit gewaltigem Schwert. Mit Wutschreien zieht er in erster Reihe in den Kampf, blutüberströmt beendet er die Schlacht, der feurige Blick unbeirrt. Dass sie für ihre eigene Freiheit kämpfen und nicht um irgendwelche fernen Provinzen, dürfte ein psychologischer Vorteil der Männer Wallaces sein – ansonsten sind sie nach allen Regeln der Kriegskunst im Nachteil: Die wenigsten Schotten haben nach langen Friedensjahren Kriegserfahrung; England dagegen schickt die gefürchtetste Armee Europas ins Feld. Neben List und Tücke setzt Wallace aber auch auf technische Kniffe gegen die Übermacht: Wie ein Igel kauern sich seine Männer mit ihren übermannslangen Speeren zusammen und spießen auf diese Weise die anstürmenden Ritter mit ihren Pferden auf. Der Igel ist einer der Schlüssel zum Sieg von Stirling Bridge.

22. Juli 1298, Falkirk: Nur zehn Meilen von Stirling ist es nicht einmal ein Jahr nach dem großen Sieg Zeit für die Revanche. Eduard hat eine gewaltige Armee in Marsch gesetzt, um Wallace zu stoppen. Dieses Mal führt der König selbst das Kommando.

Warum bietet Wallace dem König ausgerechnet in Falkirk die Stirn?

Besondere Vorteile bietet das Gelände nicht. Nach der Legende lernte Wallace jedoch dort in einer Kapelle von seinem Onkel: »Lebe nie als Sklave, Freiheit ist das beste!« Dieser Spruch soll die Saat gewesen sein, aus der der Freiheitskämpfer wuchs.

Nun, Jahre später, führt Wallace 12 000 Mann gegen 16 000 Engländer; es wird eine der größten Schlachten in der Geschichte der Insel. Doch der Kampf endet für Wallace verheerend: Eduard testet seine Schützen erstmals mit Langbogen, und der Pfeilregen dezimiert die Reihen der Schotten derart, dass sie auch mit ihrem Igel-Prinzip nicht standhalten; die englischen Ritter haben anschließend leichtes Spiel.

Eduards Truppen siegen entscheidend, Braveheart flieht. Auf dem Kontinent sucht der schottische Patriot Hilfe beim französischen König und beim Papst – vergebens. Jahre später kehrt Wallace in seine Heimat zurück. Doch nicht jeder Schotte freut sich: Mancher Edelmann kann gut darauf verzichten, dass der gewöhnliche Ritter den Adel wieder vorführt und sich auf seine Kosten hervortut. Wallace fällt einem Verrat zum Opfer und landet in König Eduards Kerker.

Unrühmlicher Schlusspunkt im Leben des Freiheitskämpfers: ein Schauprozess in London. Wallace bekennt sich in allem schuldig – außer in einem Punkt: Hochverrat. Er habe nicht auf den englischen König den Treueeid geschworen, so gibt er vor dem Richter einen letzten Beweis seines Widerstandswillens. Hochverrat könne man ihm folglich nicht zur Last legen.

Wallaces Ende auf dem Schafott aber ist besiegelt. Sein Leben nimmt am 23. August 1305 nach vielleicht 35 Jahren ein grausiges Ende. Eduards Schergen hängen Wallace fast zu Tode, bevor sie ihn strecken und – wie manche berichten – bei lebendigem Leibe verstümmeln. Angeblich soll er kurz vor seinem Tod seine Peiniger verflucht haben. Wallaces Leiche teilen die Engländer danach in vier Teile und schicken sie in die Städte des Nordens – eine Warnung an die abtrünnigen Schotten.

Als makabre Trophäe bleibt allein Wallaces Kopf in der königlichen Hauptstadt. Aufgespießt für aller Augen auf der London Bridge. Am Ort seiner grausigen Hinrichtung heißt es heute auf einer Tafel: »Sein Andenken bleibt für seine Landsleute für alle Zeit eine Quelle des Stolzes, der Ehre und der Inspiration.«

Burkhard Fraune

■ Seite 152: Die Sterling Bridge in Schottland, wo die schottischen Truppen unter Andrew de Moray und William Wallace am 11.09.1297 eine Schlacht der schottischen Unabhängigkeitskriege gewannen. Kleines Bild: William Wallace, Historisierende Darstellung des 17./18. Jahrhunderts.

Robert the Bruce, Anführer der aufständischen Schotten, Denkmal in Bannockburn, Sterling (Schottland).

Die Schlacht von Azincourt

Hunger! Ich bin so hungrig, ich könnte ein Pferd essen. Seit Tagen haben wir nur Nüsse und Beeren im Bauch, und da soll man noch seinen Bogen spannen können! Kalt und nass ist es; ich fürchte, meine Pfeile fallen mir aus der Hand, so klamm sind meine Finger. Und diese Warterei! Seit es hell geworden ist, stehen wir nun da und warten, warten, warten, dass uns die Franzosen angreifen, aber diese Laffen denken gar nicht daran. Sie streiten sich um die Plätze in der vordersten Reihe, und vorhin haben sie sich überhaupt auf den Boden gesetzt, gegessen und getrunken, gelacht und herumgealbert in ihren aufgeputzten Rüstungen. Die nehmen uns einfach nicht ernst – ich geb ja zu, wir sind ein ziemlich maroder Haufen, aber wir haben unseren König, der uns führt, und der wird diese eingebildeten, zerstrittenen Gecken schon das Fürchten lehren! Die haben ja nicht einmal einen richtigen Anführer!

Was sagst du dazu, John? He, ich rede mit dir! Oje, der Arme fürchtet sich schon wieder so, dass er ganz grün ist im Gesicht. Wirst sehen, das wird besser, wenn's endlich losgeht – da, horch, das Signal zum Vorrücken! Nimm deine Sachen und sieh zu, dass du nichts verlierst.

Na, das zieht sich in diesem Schlamm, aber jetzt müssten wir bald in Schussweite kommen. Da vorne wimmelt und wogt es nur so von Gepanzerten – da wird auch mir ganz mulmig zumute.

Aber zum Fürchten ist keine Zeit, John, schau, da ist das Haltzeichen! Schnell, nimm deinen Hammer und schlag den Pfahl in die Erde, lang genug haben wir das schwere Ding ja mitgeschleppt – nein, nicht so, in die andere Richtung, von dir weg, sonst wird sich kein Pferd daran aufspießen!

Und jetzt geht's los: Pfeil aus dem Köcher, Bogen spannen, loslassen. Das scheppert fürchterlich, wenn die Pfeile wie ein Eisenhagel auf die Rüstungen knallen. Und der nächste Pfeil, John – nicht müde werden! Die ersten Pferde dort drüben gehen schon durch! Aber jetzt, John, jetzt! Da kommt die Reiterei! Zurück hinter die Pfähle! Und schieß doch! Schieß! Keine Angst, auch wenn sie heran-dröhnen wie die apokalyptischen Reiter, an unseren Pfählen

sie nicht vorbei… Da, die ersten Pferde stürzen schon – wie sie schreien! Komm da herüber, da hat es ein paar Franzosen in den Dreck geworfen, die stehen nicht so schnell wieder auf mit ihrem ganzen Eisen am Leib! Den Hammer heraus, John!

Der Angriff ihrer Reiterei auf die englischen Bogenschützen endet für die Franzosen im Chaos: Die flüchtenden Panzerreiter und durchgehenden Pferde überrennen die vordrängende eigene Infanterie und bringen deren Vormarsch zum Stocken, was wiederum den Engländern Zeit gibt, sie mit einem Pfeilhagel einzudecken. Trotzdem rückt die Masse der gepanzerten französischen Fußtruppen – darunter auch zahlreiche abgesessene Ritter – gegen die Engländer vor. Sie bedrängen allerdings nicht die Bogenschützen, sondern suchen den Kampf mit ihresgleichen, also mit den Gepanzerten im Mittelpunkt der englischen Linie. Die Übermacht der Franzosen, mehrere Tausend Mann, die gar nicht mitbekommen, was in den ersten Reihen vor sich geht, drängt nach vorne, um auch noch etwas von Ruhm und Beute abzukriegen. Die Engländer weichen um eine Lanzenlänge zurück, der erste Anprall der Franzosen geht dadurch ins Leere, sie stolpern, von den eigenen Leuten nach vorn gedrückt, direkt in die Schläge der Engländer. Die ersten fallen, rutschen im Schlamm aus, die nächsten stolpern darüber, und niemand ist da, den nachdrängenden Truppen Einhalt zu gebieten. In der drangvollen Enge haben die französischen Ritter gar nicht die Möglichkeit, mit dem Schwert auszuholen. Die Engländer brauchen nur zu stechen, zu hauen, abzuschlachten…

John, pass auf, es ist noch nicht vorbei! Jetzt zeig ich dir, wie man Jagd macht auf die hochnäsigen Herren im Panzer! Sie kämpfen nicht mit uns, sagen sie, wir sind nicht von Stand, da ist kein Ruhm zu ernten! Aber schau sie dir jetzt an, wie sie hilflos herumstolpern im Schlamm, hol dir den Jimmy, der steht dort drüben, und dann suchen wir uns einen aus, den wir niedermachen. Wir beide greifen von vorn an – von Jimmy kriegt er einen Axthieb in die Kniekehlen, dass er zu Boden geht – und dann mit dem Dolch durchs Visier ins Aug, und aus ist's mit ihm!

Die Franzosen an der Flanke des Angriffskeils, gegen die sich die Attacken der Bogenschützen richten, haben genauso wenig Chancen: Die ersten stürzen, die nächsten fallen darüber, das Chaos ist perfekt, Panik kommt auf; wer kann, wendet sich zur Flucht. Die zweite Schlachtreihe der Franzosen, die sich ein paar Hundert Meter weiter hinten bereitgehalten hat, glaubt, zu Hilfe kommen zu müssen, rückt vor und vergrößert dadurch noch den Druck auf die eigenen Linien. Die Engländer beginnen, Gefangene zu nehmen, viele Franzosen ergeben sich; Chancen, gegen ein Lösegeldversprechen am Leben bleiben zu können, haben freilich nur Krieger, die keinen allzu ärmlichen Eindruck machen…

Was zum Teufel ist denn da hinten los? Der Tross wird angegriffen! Und wir müssen wieder in die Linie zurück, weil dort vorne noch die dritte Franzosenreihe steht. Aber wo kommt denn jetzt dieser berittene Haufen plötzlich her? Das Banner kenn ich, das ist der Herzog von Brabant!

Na, mit den paar Männern haben die Unsrigen leichtes Spiel. Trotzdem, John, womöglich wird es doch noch gefährlich, ich trau mich gar nicht glauben, dass wir heil davongekommen sind.

Die dritte französische Schlachtreihe, ausschließlich Panzerreiter, hat sich bis jetzt zurückgehalten. Die eher unsinnige Attacke des zu spät zur Schlacht gekommenen Herzogs von Brabant – er war bei einer Taufe gewesen – zeigt zwar keinerlei Wirkung, veranlasst die Reiterei aber, sich zum Angriff zu formieren. Gleichzeitig wird der englische Tross angegriffen. Der Herr des nahe gelegenen Sitzes Azincourt hat die Gelegenheit beim Schopf gepackt und geht mit seinen Bauern auf Beutezug: Sie stehlen auch tatsächlich die Krone des englischen Königs! Heinrich aber vermutet ein bedrohliches Umgehungsmanöver; er gibt den Befehl, die Gefangenen, die – schlecht bewacht – eine Bedrohung darstellen könnten, umzubringen. Seine Ritter sträuben sich: Allzu viel Lösegeld ginge verloren, und viel Ehre kann man mit dem Abschlachten von Wehrlosen auch nicht gerade einlegen. So müssen 200 Bogenschützen einspringen…

He, John, für uns bleibt wieder die Drecksarbeit. Nach hinten treiben und niedermachen, hat es geheißen. Na dann, wenn es denn sein muss – he, loslassen, sag ich! Will der seinen Gefangenen nicht hergeben! Was faselt er denn da von Ritterehre und so weiter; ja klar, er hat sich dir ergeben, und eigentlich gehört er jetzt dir, aber dir geht's doch nur ums Lösegeld, hab ich Recht? Aber Befehl ist Befehl, hast eben Pech gehabt, ist wohl nichts mit dem schnellen Reichtum…

Als dann klar wird, dass die dritte Schlachtreihe der Franzosen doch nicht angreifen wird, sondern die Flucht vorzieht, lässt Heinrich die Hinrichtungen stoppen. Viele Gefangene sind erschlagen, trotzdem wird Heinrich noch etwa 2000 der vornehmen Gegner mit nach England nehmen können.

Schau, John, da kommt der König. Macht wohl einen Rundritt, bevor er sich zurückzieht. Heute Abend wird er mit den vornehmsten Gefangenen speisen, nehm ich doch an – mir läuft das Wasser im Mund zusammen, wenn ich nur ans Essen denke. Aber jetzt, wo alle Franzosen weg sind, die noch laufen können, schauen wir lieber, ob wir noch irgendwas Brauchbares finden auf dem Schlachtfeld. Den Toten geht's nicht mehr ab, und wir haben's uns verdient. Und wenn du noch einen lebenden Franzosen findest, dann weißt ja, was zu tun ist: den Gnadenstoß, schnell und sauber. Und jetzt komm schon, es wird bald dunkel…

Elisabeth Schiller

■ Links: Karl VI. (König Frankreichs von 1368-1422) (Boucicaut-Meister-Portrait, 1412).
■ Rechts: Heinrich V. von England, Anonymes Porträt, spätes 16. oder frühes 17. Jahrhundert.

Für die Schlacht verwendete Pfeilspitzen.

Burgen, Turniere, Alltagsleben

FRÄNKISCHES ALLTAGSLEBEN

DIE GESCHICHTE DER FRANKEN ERSCHEINT UNS MEIST ALS ABFOLGE MEHR ODER WENIGER ERFOLGREICHER SCHLACHTEN; URKUNDEN UND ANDERE SCHRIFTLICHE QUELLEN BERICHTEN ÜBERWIEGEND VON GEKRÖNTEN HÄUPTERN. WER ÜBER DIE EINFACHE BEVÖLKERUNG UND DEN ALLTAG GENAUERES ERFAHREN WILL, IST ZUNÄCHST AUF DIE ERGEBNISSE ARCHÄOLOGISCHER UNTERSUCHUNGEN ANGEWIESEN.

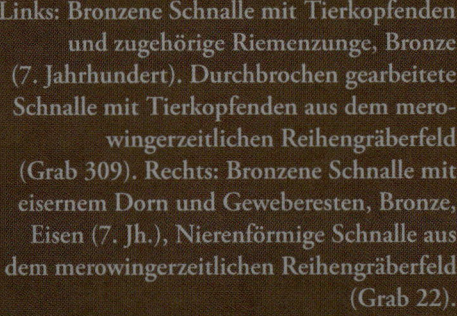

Fischmarkt zur Zeit des Konstanzer
Konzils 1414 – 1418; Zeichnung einer
zeitgenössischen Kopie aus: Ulrich
von Richental Chronik des Konstanzer
Konzils , 15. Jh. (Faksimile).

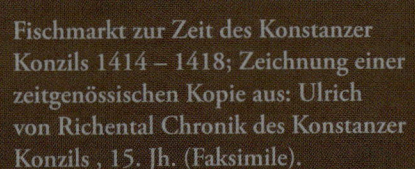

Links: Bronzene Schnalle mit Tierkopfenden
und zugehörige Riemenzunge, Bronze
(7. Jahrhundert). Durchbrochen gearbeitete
Schnalle mit Tierkopfenden aus dem merowingerzeitlichen Reihengräberfeld
(Grab 309). Rechts: Bronzene Schnalle mit
eisernem Dorn und Geweberesten, Bronze,
Eisen (7. Jh.), Nierenförmige Schnalle aus
dem merowingerzeitlichen Reihengräberfeld
(Grab 22).

Mittelalterliche Holzbottiche, kegelförmig.

Eine der wichtigsten archäologischen Quellen zum Leben der Franken sind paradoxerweise ihre Friedhöfe – der Brauch umfangreicher Grabbeigaben erlaubt uns heute einen tiefen Einblick in das Leben vor 1500 Jahren. Daher wissen wir auch, dass die damalige Volksmode nicht gerade farbenfroh war. Die Kleidung aus Leinen und Schafswolle wurde entweder in natürlichem Weiß oder gefärbtem Rot, Grau, Grün oder Blau getragen – je nach Webtechnik mit unterschiedlichen Mustern.

Die Männermode bestand aus langärmeligen Obergewändern (tunicae). Diese knielangen Hemden verdeckten die eng anliegenden knöchellangen Hosen bis zu den Waden. Das Bein darunter schmückten die Franken durch überkreuzte Leder- oder Stoffriemen. Die Schuhe waren aus einem Lederstück gefertigt und mit Riemen zusammengezogen.

Um die Taille trugen fränkische Männer einen Ledergürtel, dessen Schnalle und Metallbeschläge dem Wandel der Mode unterworfen waren. Die sich innerhalb von Jahrzehnten ändernden Formen und Verzierungen bieten den Archäologen heute wertvolle Hilfen bei der Datierung der Funde. Waren die Gürtel zunächst noch zehn Zentimeter breit und ähnelten den spätantiken Militärgürteln, wurden sie bis ins 7. Jahrhundert deutlich schmaler (zwei Zentimeter) und durch besonders verzierte Beschläge und zusätzliche Riemen erweitert.

In der kalten Jahreszeit warf man sich einen einfachen ärmellosen Mantel um, der aus einem rechteckigen Stück Stoff bestand. Zusammengehalten wurde das fränkische Cape an der rechten Schulter durch eine Fibel. Wichtiger als die Kleidung dürften für den Franken freilich seine Waffen gewesen sein. Sie zeigten seine Stellung in der damaligen Gesellschaft unmissverständlich an.

Eine ähnliche Funktion übernahm bei den Frauen wohl der Schmuck – je reicher eine Dame war, desto üppiger war sie behängt. Keine Unterschiede zwischen Arm und Reich dürfte es hingegen beim oft nur knielangen Kleid gegeben haben, durch das die kreuzweise um die Strümpfe gewickelten verzierten Riemen gut zur Geltung kamen. Um die Taille trug auch frau einen Ledergürtel, der vom gerafften Kleid zwar überdeckt wurde, an dem jedoch nützliche Dinge wie Messerchen, Kämme oder Schlüssel, aber auch Amulette oder Schmuckscheiben befestigt wurden. Die fränkische Frau von Welt trug außerdem zwei vergoldete Silberfibeln, die in Hüfthöhe am Kleid befestigt waren und von denen ebenfalls verschiedene Schmuckaccessoires herabhingen.

Natürlich gehörten auch Ohr-, Arm- und Fingerringe sowie Glasperlenketten zur Tracht. Das Haar, das übrigens auch die Männer mindestens schulterlang trugen, war bei den Frauen mit verzierten Haarnadeln hochgesteckt oder mit einer Haube bedeckt. Frieren musste auch die Fränkin nicht. Ähnlich wie ihr Mann trug sie einfache oder mit verschiedenen Mustern versehene gewobene Umhänge, die im Halsbereich durch eine kleine Fibel zusammengehalten wurden.

■ Hochzeitszug - der Schwiegervater führt die Braut, die Schwiegermutter den Bräutigam – Monatsbild April, Miniatur (um 1510) aus: Breviarium Grimani , einem flämischen Stundenbuch.

■ Die Weinlese - Monatsbild September Miniatur (um 1510) aus dem Breviarium Grimani, einem flämischen Stundenbuch.

So prachtvoll das Schmuckensemble einer Frau oder die Waffenaus-stattung eines Mannes auch gewesen sein mögen, im Alltag trug man wohl nur einen kleinen Teil davon. Das Leben der Franken war über-wiegend bäuerlich geprägt und erforderte einen hohen körperlichen Einsatz. Auch die Frauen mussten kräftig mitanpacken. Ringe oder baumelnde Schmuckriemen wären bei der Feldarbeit zweifellos ebenso hinderlich gewesen wie Schwerter oder Äxte.

Für die Fleischversorgung züchtete man Rinder und Schweine. Aber auch Schaf-, Ziegen-, Pferde- und Eselsfleisch sowie verschiedenes Ge-flügel kam auf den Tisch. Ergänzt wurde die Fleischkarte gelegentlich durch Wildtiere wie Hirsch, Wisent, Wildschweine, Rehe, Hasen oder der damals noch vertretene Elch.

Die vegetarischen Beilagen bauten die Franken selbst an. Die von ih-nen betriebene Dreifelderwirtschaft setzte sich im Mittelalter allgemein durch: Ein Drittel des Landes wurde mit Wintergetreide bepflanzt, ein zweites Drittel mit Sommergetreide; das letzte Drittel durfte sich als Brachland erholen. Angebaut wurden in den germanischen Gebieten traditionell Roggen und Gerste, in den einst römischen Gebieten dage-gen Saatweizen, Dinkel, Hirse und Hafer – die Zutaten für nahrhafte Fladenbrote oder Breie. In Gärten zogen die Franken Erbsen, Linsen, Ackerbohnen, Kraut, Kohl, Möhren oder Sellerie.

Für die Würze sorgten zahlreiche Kräuter. Zum Nachtisch gab es Äpfel, Birnen, Pflaumen oder verschiedene Wildfrüchte. Reiche Leute konnten sich auch Importprodukte leisten. Sie würzten mit Kümmel oder Koriander, naschten Mandeln, Datteln, Feigen oder Pistazien und gönnten sich Reis und Kichererbsen.

Man wohnte in kleinen Dörfern mit nur wenigen, sich selbst ver-sorgenden Gehöften. Die Wohnhäuser waren ebenerdig, bis zu vierzig Meter lang und sechs Meter breit. Anders als die Römer bauten die Franken ausschließlich mit Holz, die Wände bestanden aus mit Lehm verputztem Flechtwerk; die Dächer waren mit Stroh oder Schilf ge-deckt.

Um das Wasser schnell ablaufen zu lassen, waren die Dächer sehr steil, sodass Firsthöhen bis zu acht Metern keine Seltenheit gewesen sein dürften. Wahrscheinlich gab es in einem fränkischen Haus mehrere

Stockwerke, also eingezogene Decken, um diese Höhe auszunutzen. Ar-chäologisch kann das jedoch kaum bewiesen werden. Untersuchungen haben aber ergeben, dass ein Teil des Gebäudes als Stall diente; die Fran-ken lebten also mit ihren Tieren unter einem Dach: eine Vorsichtsmaß-nahme gegen Viehdiebstahl und in den Wintermonaten eine praktische Zusatzheizung für den Wohnbereich.

Zu jedem Hof gehörten neben dem Haupthaus Grubenhäuser, kleinere Gebäude, deren Boden etwa einen halben Meter unter der Erd-oberfläche lag. Sie dienten wohl vorwiegend als Lagerräume, wurden aber auch insbesondere für die Textilverarbeitung verwendet.

Der enge, meist auf Verwandtschaft begründete Zusammenhalt in-nerhalb dieser kleinen germanischen Ansiedlungen hatte lange Zeit großräumigere politische Strukturen unnötig gemacht: Das Familien- oder Sippenoberhaupt war Herrscher und Richter in einer Person. Nur wenn es darum ging, gemeinsame Ziele zu erreichen, bildeten sich über-geordnete Machtstrukturen.

Auf Kriegs- oder Plünderungszügen gelang es manchem Kämpfer, sich durch Leistungen hervorzuheben. Diese Personen, die wir als »du-ces« oder »principes« kennen, bildeten schon bald eine herrschaftliche Kerngruppe, quasi den fränkischen Adel. Aus dieser Oberschicht gin-gen während der Völkerwanderungszeit die Heereskönige hervor, die letztlich zu Stammeskönigen aufstiegen. Ihre Macht beruhte vor allem auf der traditionellen Gefolgschaft, bei der sich der Gefolgsmann durch einen Treueid an den König band.

Als sich der fränkische Herrschaftsbereich im 5. Jahrhundert auf römisches Gebiet ausdehnte, hatten dort die alten gallorömischen Adelsfamilien großen Einfluss. Ihre Loyalität mussten die barbarischen Herrscher gewinnen – und sie griffen dazu auf römische Repräsentati-onssitten zurück. Dazu gehörten prachtvolle Festgewänder und kom-plizierte Zeremonien, aber auch die kirchliche Liturgie wurde in den Dienst der Macht gestellt.

Die Taufe Chlodwigs und 3000 seiner Gefolgsleute diente daher wohl vorrangig dazu, den gallorömischen Adel zu gewinnen. Auf die Reli-gion im germanischen Stammesgebiet hatte dieser Schritt des Königs zunächst vermutlich nur wenig Einfluss, denn Chlodwig war weit davon entfernt, ein absolutistischer Herrscher zu sein. Man verehrte also auch weiterhin die alten Götter, glaubte an Odin/Wotan als obersten Gott, betete zu Thor/Donar und Freyja und fürchtete die Teufeleien des listigen Loki. Hinter all ihren Riten und Ritualen stand der unerschütterliche Glaube an ein alles beherrschendes Schicksal, das, von den Nornen an den Wurzeln des Lebensbaumes Ygdrassil gewoben, für jeden unausweichlich war.

Der Einfluss des Christentums nahm freilich stetig zu. Schließlich waren unter den gallorömischen Adligen eine ganze Reihe von Bischöfen, die in den alten römischen Städten residierten. Um seine Herrschaft zu sichern, ernannte der König überall im Reich Beauftragte (»comites«), die in seinem Namen agierten. Nicht selten beugte er sich dabei den Machtverhältnissen und übertrug diese Aufgabe dem einheimischen Adel.

Aus diesen königlich geförderten Grundherrschaften entwickelten sich die späteren Grafschaften (über das französische comte = Graf). Diese galt es freilich zu kontrollieren und sich ihrer Loyalität zu versichern. Dazu musste der Herrscher natürlich hin und wieder Präsenz zeigen.

Das führte dazu, dass die Könige bis ins späte Mittelalter hinein keine festen Residenzen hatten, sondern ruhelos durch ihr Herrschaftsgebiet zogen. So konnten Bischöfe und Grafen nicht nur an ihren Treueid erinnert, sondern im Bedarfsfall auch abgestraft werden. Den merowingischen Königen gelang dies jedoch im Verlauf des 8. Jahrhundert immer weniger; Herrscher konnte nur der sein, der Herrschaft auch durchsetzte!

Klaus-Dieter Dollhopf

Vier Emailfibeln, Provinzialrömische Gewandspangen. Die Gewandnadel diente dazu, die in der Antike meist nicht genähten Gewänder an Schulter oder Brust zusammenzuhalten.

„Der Kaufvertrag" Gemälde / Pergament auf Eichenholz von Quentin Massys (1465/1466-1530).

Tödliche Spiele – Turniere

Turniere waren die sportlichen Wettkämpfe der Ritter — kühne Vorbereitung auf den nächsten Feldzug, den Ernstfall. Später entstand aus den Manövern des Mittelalters eine höfische Lustbarkeit, ein Spektakel für Volk und Fürsten.

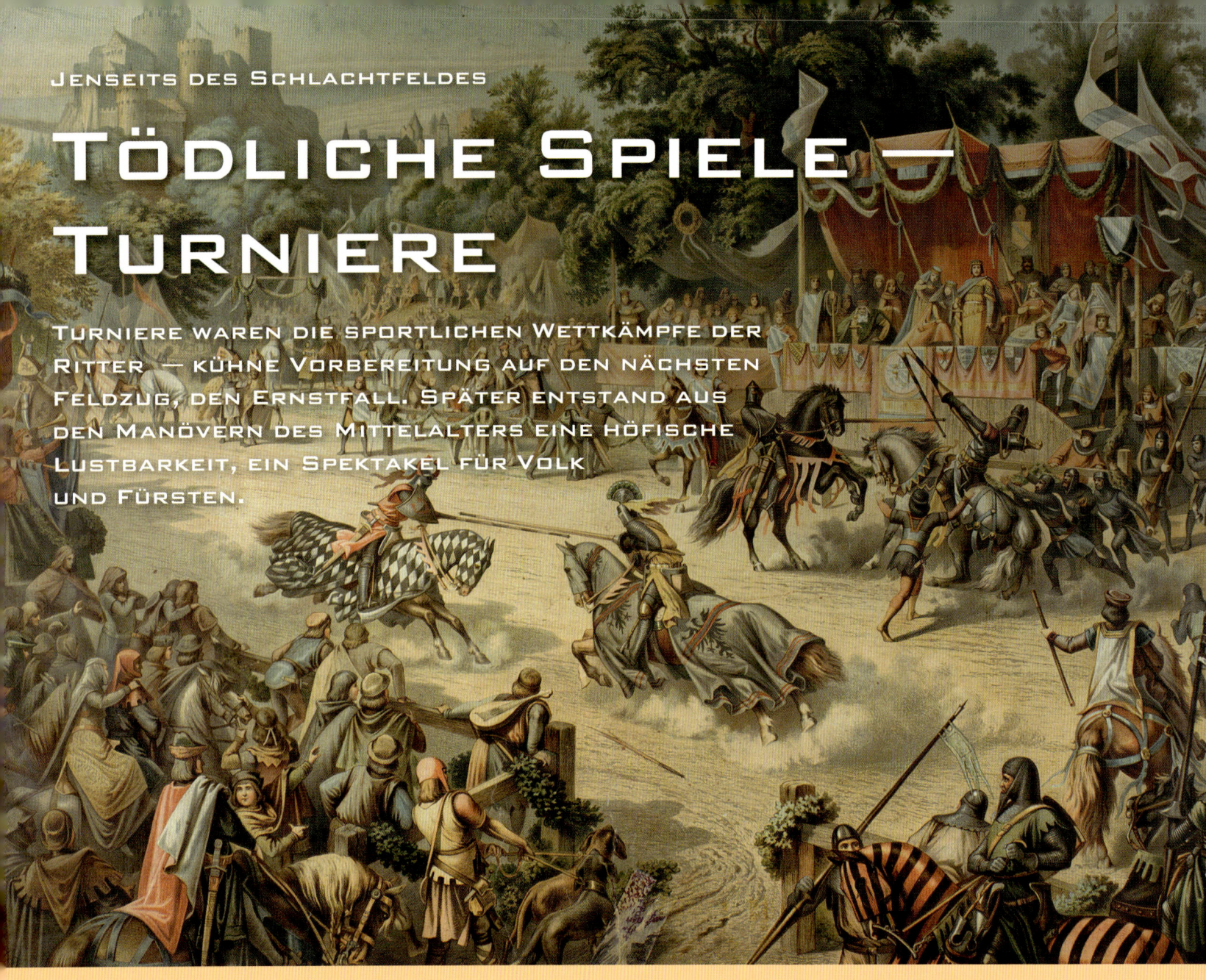

Es klappen Visiere und Harnische klingen, Lanzen krachen und Schwerter klirren: Das war der Sound der tapf'ren Rittersleut, wenn es galt, im Turnier um Ehr und Gunst und manchmal auch um Leib und Gut zu fechten.

So mehr oder weniger romantisch ist unsere Vorstellung, wenn wir das Wort »Ritterturnier« hören. Vor unserem Auge – schließlich haben wir solche Szenen oft genug gelesen oder im Film gesehen – preschen zwei prächtig gewandete Reiter im vollen Galopp aufeinander zu und versuchen, sich mit ihren Lanzen gegenseitig aus dem Sattel zu heben. Diese »Performance« des spektakulären Zweikampfes – auch Artusturnier genannt – stammt aus dem Spätmittelalter, dem 14. und 15. Jahrhundert. Sie diente nur noch dem Ruhm und der Legitimierung, der Selbstdarstellung und -behauptung.

Mit der ursprünglichen Bedeutung des Turniers als Kampfübung hatte das nur wenig gemein, umso mehr verfeinerte man die Turnierregeln. Besonders in Frankreich fanden die Turniere eine weite Ausbreitung. Sogar ein Goldenes Zeitalter lässt sich für die letzten Jahrzehnte des 12. Jahrhunderts in der Geschichtsschreibung konstatieren. So verwundert es auch nicht, dass in der Literatur häufig Frankreich als die Wiege der Turniere gilt und damit die Spiele als typischer Brauch. Die erste Hochburg der »tournois« war die Region um Paris. Aus dem französischen Wort tournoi, was so viel wie »Wendung« oder »Drehung« bedeutet, kam der Begriff als »Turnier« ins Deutsche.

Das früheste deutsche Quellenzeugnis ist eine Stelle in den »Gesta Friderici« des Bischofs Otto von Freising, der darin in seinem letzten Lebensjahr (1158) die Taten des Kaisers Friedrich I. Barbarossa (1155 – 1190) aufzuzeichnen begann. Er berichtet von einer »Ausbildung junger Kämpfer, die man jetzt Turnier nennt«, welche die staufischen Brüder Friedrich und Konrad von Schwaben, die Neffen Barbarossas, 1127 vor Würzburg veranstalteten. Dieses Turnier fand zu jenem Zeitpunkt statt, als ihr Gegner, der 1125 gegen Friedrich zum König gewählte Sachsenherzog Lothar von Supplinburg (1075 – 1137), die Stadt besetzt hielt.

Aus den frühen Anfängen des Turniers im 11. und beginnenden 12. Jahrhundert berichten nur wenige Quellen von Reiter- oder Kampfspielen. Seit der zweiten Hälfte des 12. Jahrhunderts nahmen diese jedoch stark zu. Es gab zwei Hauptarten von Turnierkämpfen: den »Buhurt« und die »Tjost«. Beim Buhurt ritten meist zwei Reiterhaufen gegeneinander an. Bei dieser Kampfform ging es es im Wesentlichen um die Geschicklichkeit beim Reiten und das Zerbrechen möglichst vieler Lanzen. Eine Sonderform des Buhurt war das »Gyrum«, eine Art Schauveranstaltung, bei der die Ritter ihre Fähigkeiten im Schwingen von Schilden, Bannern und Lanzen zeigten.

Der Minnesänger Ulrich von Lichtenstein (um 1200 – 1275) berichtet in seinem um 1255 entstandenen »Frauendienst« – übrigens die erste Autobiographie in deutscher Sprache – über einen Buhurt beim Turnier von Friesach anno 1224, veranstaltet von Herzog Leopold VI. Von Österreich (1176 – 1230): »Man gab den Rossen die Sporen, zu kräftigem Stoß sprengten die Ritter aufeinander los. Mann und Ross sah man stürzen. Mächtig krachten die Speere, heftig stießen die Schilde aneinander, davon schwollen die Knie. Beulen und Wunden von den Speeren gab es genug, die Panzerringe bereiteten Schmerzen, und manches Glied war verrenkt.«

Am häufigsten – weil am leichtesten zu veranstalten – war die Tjost, der Streitritt Mann gegen Mann. Auf abgesteckter Kampfbahn preschten zwei voll gerüstete Gegner mit stumpfen Lanzen aufeinander zu. Dieser Zweikampf zu Pferde scheint arabischen Ursprungs und hieß dort »Dscharid«. Bei der Tjost gab es zwei Stoßarten, einmal »unter das Kinn«: der Stoß gegen die geschützte Kehle, oder »zu den vier Nägeln«: gegen den mit Nägeln befestigten Schildbuckel. Mit beiden Stecharten versuchten die Reiter, ihre Gegner vom Pferd zu rammen. Der Gestürzte sollte dabei jedoch nicht überrannt, sprich totgetrampelt werden, vielmehr hatte der Sieger sein Ross fest in der Gewalt zu haben, um es sofort zügeln zu können. Der Tjost-Kämpfer hatte neben der Übung an sich vor allem die Chance, sein Können vor Zeugen unter Beweis zu stellen und sich zu präsentieren – nicht zuletzt vor der holden Weiblichkeit.

Eine Mischung zwischen beiden »Kampfsportarten« bildete das eigentliche Turnier. Hier trainierte man den Sturmangriff im Verband. Es wurden zwei Gruppen gebildet, welche unter schlachtähnlichen Bedingungen gegeneinander antraten. Bis zum Hochmittelalter war es auch üblich, zusätzlich Fußtruppen einzusetzen. Eine besondere Turniervariante bildete sich zu Beginn des 15. Jahrhunderts heraus: das Kolbenturnier. Hierbei waren die Streithähne nicht mit Lanzen, sondern mit hölzernen Kolben oder auch stumpfen Schwertern ausgerüstet. Bei dieser Kampfesart ging es darum, dem Gegner die Helmzier abzuschlagen; die Helmzier war ein auf dem Helm angebrachtes Kennzeichen in Gestalt von Hörnern, Flügeln, Federn oder plastischen Menschensowie Tierfiguren. Der speziell entwickelte Kolbenturnierhelm war auf den Schultern der Rüstung fest verschnallt, ließ aber im Gegensatz zum Renn- oder Stechhelm das Gesicht hinter einer vergitterten Sehöffnung frei.

Doch nicht nur die Reiter mussten wohl gewappnet sein, auch die Streitrösser trugen eigene Harnische: Die eisern geschützte Stirn war häufig ohne Augenlöcher, um ein Scheuen der Tiere zu unterbinden; ein Schellenkranz sollte dasselbe verhindern. Um Schulter und Brust trugen die Pferde ein Strohpolster, das sogenannte Stechkissen, das zugleich die Beine des Reiters vor Verletzungen bewahren sollte.

Bewaffnung und Rüstung waren ohnehin ein eigenes Thema im Turnierwesen. Die Bewaffnung orientierte sich zunächst am Schlachtfeld: von der Lanze über das Schwert bis zum Morgenstern. Die anfangs eingesetzten »scharfen« Waffen hatten eine erhebliche Anzahl von Verletzten und Toten zur Folge. Somit ging man bald dazu über, »stumpfe« Waffen zu verwenden. Auch die Rüstung war anfänglich die gleiche wie auf dem Schlachtfeld. Der Kopf wurde geschützt durch einen Helm, welcher auch das Gesicht verdeckte und bald in der Form des Topfhelmes auf den Schultern aufsaß. Später entwickelte man spezielle Turnierhelme, die mit dem Brustharnisch fest verschraubt waren.

Bei der Bedeutung der richtigen Rüstung wundert es nicht, dass deren Schöpfer die wohlhabendsten Handwerker im Reich waren: die Zunft der »Plattner«. Die Harnischmacher, deren Hauptstätten in Augsburg und Nürnberg lagen, wurden vor allem im Spätmittelalter gerade von den Fürsten, denen sie ihr Rüstzeug mit den kunstvollsten Verzierungen und Ziselierungen lieferten, ebenso bezahlt: fürstlich – viel besser selbst als berühmte Künstler. Dazu ein Beispiel: Der Bildhauer Tilman Riemenschneider erhielt für die Schnitzfiguren und die Relieftafeln des berühmten Heiligblut-Altars in der Jakobikirche zu Rothenburg ob der Tauber, die er zwischen April 1501 und Januar 1505 schuf, 60 Gulden. Eine Turnierausrüstung de luxe mit vergoldetem Helm und Harnisch schlug dagegen mit bis zu 7000 Talern zu Buche.

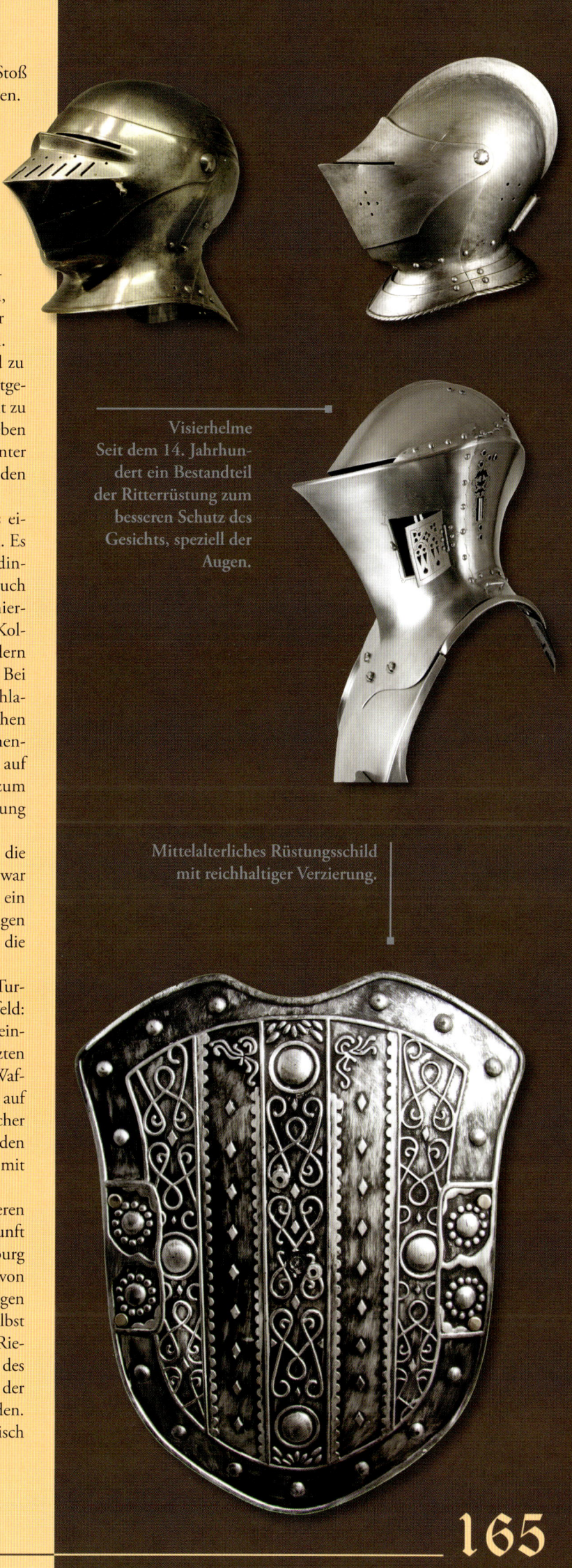

Visierhelme Seit dem 14. Jahrhundert ein Bestandteil der Ritterrüstung zum besseren Schutz des Gesichts, speziell der Augen.

Mittelalterliches Rüstungsschild mit reichhaltiger Verzierung.

Am augenfälligsten wurde die »Rüstungsfrage« beim Reiterkampf zu zweit. Hierzulande verbreitet waren beide Hauptformen: das »Rennen« und »Stechen«, was auch zwei unterschiedliche Panzerungen hervorbrachte. Beim Rennen kämpften die Teilnehmer mit langen scharfen Lanzen, beim Stechen mit stumpfer Lanze mit dem »Krönlein«, einer drei bis fünfgeteilten Bekrönung. Ziel des Lanzenstichs war die »Tartsche«, ein schildartiger Aufsatz vor der rechten Schulter des Geharnischten, der so befestigt war, dass er notfalls abspringen konnte.

Das »Stechzeug« bildete eine besonders schwere Rüstung, bei welcher der Helm auf dem Bruststück fest verschraubt war. Damit war der Reiter so schwer und unbeweglich, dass er sein Pferd nur auf einer Leiter oder gar mittels eines Flaschenzugs besteigen konnte. An der Rüstung waren an der rechten Seite vorne und hinten massive Haken angebracht, der Rüst- und Rasthaken, in die die Turnierlanze eingelegt werden musste. Diese hölzerne Lanze hatte einen Durchmesser von acht bis zehn Zentimetern, bei einer Länge von fast vier Metern. Die aufgesteckte Brechscheibe deckte Hand und Achselhöhle des Reiters.

Jetzt konnte der Kampf beginnen: Der Ritter hatte nur noch die Lanze zwischen den beiden Haken festzuhalten, damit sich die Kraft des galoppierenden Pferdes als »Wuchtgewicht« auf den Gegner übertragen konnte und diesen im besten Falle mit einem Schlag vom Pferd fegte. Der Zusammenprall konnte so stark sein, dass es zu Armbrüchen führte, wie es die Annalen zum Beispiel zum Herzog Wilhelm IV. von Bayern (1493 – 1550) von einem Rennen anno 1513 berichten. Und wer zu lange sattelfest blieb, von dem Ritter wurde alsbald gemunkelt, er sei »angeschraubt«. Um einen solchen »Dopingverdacht« zu entkräften, ritt Ritter Caspar Nothaft von Wernburg im Jahre 1568 absichtlich gegen ein Scheunentor, um zu stürzen und damit zu beweisen, dass er lose im Sattel saß.

Überhaupt: Die Gefährlichkeit der Turniere belegen zahlreiche Zeugnisse, glichen doch die Turniergänge oftmals mehr einem Gemetzel als einer sportlichen Übung. Wobei das Turnier von Neuss 1241 eine mehr als unrühmliche Ausnahme blieb, trug man schließlich 60 tote Ritter von der Walstatt. Am gefährlichsten war neben dem Lanzenstoß des Gegners der Fall vom eigenen Pferd oder, noch schlimmer, am Boden liegend von demselben zu Tode getrampelt zu werden.

Die Geschichte vermeldet einige berühmte Turniertote: 1186 ist in Paris Geoffroy Plantagenet, der Sohn König Heinrichs II. von England (1133 – 1189), noch auf der Kampfbahn verschieden, und zwar nach einem Sturz, bei dem sein Kopf von Pferdehufen zertrümmert wurde. Erinnert sei auch an Herzog Johann von Brabant, der bei einem Turnier in Bar-le-Duc 1293 eine so schwere Verwundung erlitt, dass er im darauffolgenden Jahr verstarb. Ein Todesfall sollte gar das Aus des Turnierwesens in Frankreich bedeuten: 1559 starb König Heinrich II., weil seine Helmvisier einemLanzenstich nicht standgehalten hatte. Ein ähnliches Schicksal erlitt 1601 der erst 23-jährige Pfalzgraf Ludwig Philipp von Veldenz,

als ihm ein Lanzensplitter durchs Auge ins Gehirn drang.

Doch wenn es zumeist glimpflicher abging, jedes Turnier hinterließ bei den Teilnehmern so seine Blessuren. Hier sei noch einmal Ulrich von Lichtenstein zitiert: »Wir banden die Helme ab und zogen alle in die Stadt, jeder in seine Herberge. Da waren für die Ritter schöne Bäder gerüstet. Mancher wurde vor Müdigkeit ohnmächtig. Hier verband man den einen, dort salbte man den anderen, dem dort die Arme, dem hier die Knie. Mancher fiel um vor Schlaf.«

Es verwundert nicht, dass die Kirche ob der hohen Unglücksrate den Turnieren recht ablehnend gegenüberstand. Und so versuchte sie bereits seit Ende des 12. Jahrhunderts, die Kampfspiele, diesen »Sport«, durch Verbote aller Art – bis hin zur Androhung der Exkommunikation der Teilnehmer – zu unterbinden. Selbst höchste kirchliche Gremien befassten sich mit dem Thema. Außer dem Konzil von Clermont 1130 untersagten auch die Laterankonzilien von 1139, 1179 und 1193 die Teilnahme an Ritterspielen.

Doch der Grund der Ablehnung lag nicht allein in den vielen Todesfällen begründet. Die sogenannten ritterlichen Tugenden waren in den Augen der Kirche Sünden, da sie zum »Lotterleben« verleiteten. Und waren es doch gerade die Turniere, bei denen die »liederliche Lebensart« der Ritter in besonders ausschweifender Weise zur Geltung kam, allzumal jene der überzogenen Selbstdarstellung, ja Selbstverherrlichung.

Doch die Mahnungen und Drohungen der Kirche nützten insgesamt wenig. Es war weiterhin das höchste Ziel mittelalterlicher Adliger, »turnierfähig« zu sein. Nicht zuletzt um den Andrang von Neulingen zu kanalisieren, entstanden im 14. und 15. Jahrhundert »Turniergesellschaften«. In ihren Satzungen wurde für die Englischen Ritter bei einem Turnier: prächtig die wappengezierten Kuvertüren (Pferdedecken) geblütsrechtliche Abstammung zur Grundvoraussetzung erhoben; so entstand der »Turnieradel«. Man wollte sich damit auch von den »unechten« Mitgliedern des von Kaiser Karl IV. (1355 – 1378) eingeführten »Briefadels«, des Adels mittels Diplom, absetzen.

Klar ist, dass unehelich Geborene oder straffällig gewordene Personen nicht als turnierfähig galten, aber auch handeltreibene Adlige waren verpönt. Zur Ehrenhaftigkeit der Teilnehmer gehörte allerdings auch der Ehestand mit einer gesellschaftlich ebenbürtigen Frau. Doch gegen eine finanzielle Zuwendung an die Ritterschaft oder an die Turniergesellschaft konnte man einen Makel »sühnen«. So beschloss die fränkische Ritterschaft 1485, es einem Angehörigen des Turnieradels nicht »zu verargen«, wenn er die Tochter eines städtischen »Ehrbaren heirate – sofern sie mindestens 4000 Gulden in die Ehe einbringe«. Entstammte der Bewerber einem erst seit 50 Jahren turnierenden Geschlecht, stieg die »Sühnesumme« – von der selbstredend ein Batzen als »Eintrittsgeld« an die Ritterschaft abgeführt werden musste – auf 10 000 Gulden.

Mit der Zahlung einer Geldsumme war es für den »unrechten« Aufnahmewilligen nicht getan. So hieß es in einer Turnierregel: »Item alle die sich aus dem Adel bewerben, mit denen mag man turnieren. Item alle die von adel kaufschläge oder händel treiben oder mit ihnen legen als ander gemein kaufleut, die soll man straffen.«

Und diese Strafen waren nicht symbolisch zu verstehen, sondern ganz real: Vor allen Turnierteilnehmern »vor die Schranke gestellt«, erhielt der Delinquent eine gehörige Tracht Prügel. Ein alter Strafspruch lautete denn auch: »Wer untüchtig war zum Turnier, den schlugen oft drei oder vier und taten ihn mit Kolben bläuen, dass ihn sein Leib wohl möcht gereuen.«

Bevor ein Turnieranwärter nun endlich zum Kampf in den Sattel steigen konnte, musste er sich noch einer »Helmschau« stellen. Dabei hatten die Ritter ihre Schilde und Helme dem Turnierleiter, zumeist ein Herold, zu präsentieren, ob sie denn den heraldischen und anderen Turnieranforderungen entsprächen. Überdies konnten hier, zum letzten Male, auch noch Einwände gegen die Lebensweise des einen oder anderen Bewerbers erhoben werden. Wurde beides positiv beschieden, war die »Ritterbürtigkeit« festgestellt – das Turnier konnte beginnen. Hatte sich jedoch jemand unrechtmäßig zum Turnier angemeldet, musste er rücklings »auf der Schranke« sitzen und hatte sich in dieser unbequemen Prangerposition den Kampf anzusehen.

Woher weiß die Nachwelt eigentlich so viel über die Ritterturniere? Die große Fülle von Nachrichten und Einzelheiten über die Kampfspiele verdanken wir dem 15. und 16. Jahrhundert – einer Zeit also, in der geharnischte Ritter im Kriegswesen zunehmend überflüssiger wurden. Es war die Ära des Spätmittelalters, wo das Turnier nicht mehr als Vorbereitung für den Kriegseinsatz, sondern als »Ersatzschlacht« bei höfischen Festen diente. Kurz und gut: Ein Turnier war auch immer ein gesellschaftliches Ereignis.

Doch eine Literaturform kündet uns schon aus früheren Turnierzeiten: die Dichtung. Sie gab schon seit dem 13. Jahrhundert recht genaue Beschreibungen der Teilnehmer, der Formalitäten, der Bewaffnung und des Verhaltens der Ritter. Eine der frühesten Darstellungen der mittelalterlichen Ritterpoesie ist uns von Hartmann von Aue aus seiner Erec-Dichtung überliefert. Die zwischen 1180 und 1190 entstandene Verserzählung gilt als erster Artusroman deutscher Sprache. Nach Hartmann von Aue ist seine Titelfigur Erec ein wahrhaft edler Ritter, kämpft er doch nicht um Gut und Geld, sondern allein um die Ehre: »ob er den prîs möhte bejagen«, auf gut Deutsch: »den höchsten Ruhm zu erringen«.

Neben den Berichten der Chronisten und den Werken der Dichter gibt es noch eine dritte bedeutende Turnierquelle: die Turnierbücher. Hier unterscheidet man zwei Arten: Die persönlichen Turnierbücher sind für einen bestimmten Auftraggeber erstellt worden. Die historischen sind zumeist von Städten veröffentlicht worden und verzeichneten alle einst in der Kommune veranstalteten »Stechen«. Sie geben zum einen zeitgenössische Zeugnisse ihrer Entstehung ab, geben zum anderen aber auch verklärte Rückschauen auf die Blütezeit des Rittertums.

Die Ära der Ritter und Turniere, der mittelalterlichen Höfe und Feste und nicht zuletzt die Rittersagen klingen nach bis in unsere Tage. Das macht sich an der häufigen literarischen und filmischen Reflexion zu diesem Thema fest – und an der Sprache. Wörter und Begriffe rund ums Rittertum sind fester Bestandteil unserer Alltagssprache, ohne dass wir uns immer bewusst sind, welchen »ritterlichen« Hintergrund sie haben. Hier einige Beispiele: Wenn man für »jemanden eine Lanze bricht«, kann man ihm vielleicht helfen, dass er in seinem Beruf »sattelfest« wird. Und wer vor »die Schranken« eines Gerichts kommt, kann nur hoffen, dass seine Anwälte »gut gerüstet« sind. Und sollte Ihnen dieser Artikel nicht zusagen, können Sie ein »geharnischtes« Schreiben an den Chefredakteur senden – ohne den »ritterlichen« Ton vermissen zu lassen, möchte der Autor doch hoffen.

Harry Schurdel

Ritterturnier
Elfenbeinrelief an einem Schmuckkästchen (um 1300).

Turnierpferd
Kunstguss-Darstellung.

BARBAROSSAS HOFTAG ZU MAINZ

DER FEIERLICHE MOMENT AN DIESEM 20. MAI
IM JAHR DES HERRN 1184 WAR NUN GEKOMMEN:
HEINRICH UND FRIEDRICH, DIE SÖHNE KAISER
FRIEDRICHS, LEISTETEN DEN EID DES CHRISTLICHEN
RITTERS: »GELOBE ICH FEIERLICH, DIE SCHWACHEN
ZU SCHÜTZEN. MIT DIESEM SCHWERT WERDE ICH ALLE
FEINDE UNSERES REICHES, ALLE UNGLÄUBIGEN
UND ALLE FRIEDENSBRECHER NIEDERWERFEN!«

■ Siegel König Rudolfs I. (1218-1291)
Römisch-deutscher König seit 1273.

bwohl die beiden Prinzen laut sprachen, hörte nur ein Teil der riesigen Menge ihre Worte. Aber die meisten Menschen auf den Rheinwiesen vor den Mauern der Stadt Mainz kannten den Eid und jubelten, als Heinrich und Friedrich ihre Schwerter hoch über den Köpfen schwangen und dann den Kaiser mit dem roten Bart umarmten.

Friedrich Barbarossa hatte für Pfingsten zum Hoftag gerufen, und gut 200000 Menschen aus allen Winkeln des Heiligen Römischen Reiches waren an diesem 20. Mai 1184 zusammengekommen. Natürlich konnte auch eine große Stadt wie Mainz mit ihren fast 10000 Einwohnern so viele Besucher nicht aufnehmen, und deshalb war man auf die andere Seite des Stromes ausgewichen: Direkt am Fluss die Prunkzelte der Fürsten, Grafen, Bischöfe und Äbte, im Hintergrund die kleineren Zelte für die Ritterschaft und ihre Bediensteten. Die Schaulustigen aus anderen Städten, dazu die Gaukler, Vagabunden und Sänger hatten im nahen Wäldchen einen Platz zum Schlafen gefunden.

Für den Kaiser und den höchsten Adel wurde eine Pfalz aus Holz gezimmert. Im Kreis angeordnet lagen ein zweistöckiges Gebäude für den kaiserlichen Hof, dann die Häuser der Reichsfürsten sowie eine Kirche und ein großer Festsaal. Dahinter, inmitten der Holzhütten, die als Küche dienten, die Feuerstellen und zwei vier Mann hohe Bauten, in denen bis unter das Dach Sitzstangen angebracht waren: Auf ihnen saßen Tausende von Hühnern und Gockeln und gackerten so laut, dass die Köche sich schreiend verständigen mussten…

Den Hoftag selbst erregte zunächst ein Hahnenkampf ganz anderer Art: Der Abt von Fulda beschwerte sich darüber, dass er beim Gottesdienst nicht zur Rechten des Kaisers sitzen durfte, wie es die Äbte seines Klosters bei früheren Hoftagen getan hatten. Barbarossa hatte aber für diesen Ehrenplatz den Erzbischof von Köln, der ihm in der Auseinander-

setzung mit dem Papst tatkräftig geholfen hatte, vorgesehen. Um einen Eklat zu vermeiden, bat der Kaiser den Bischof, zurückzustehen. Der räumte zwar seinen Platz, bat aber, in sein Zelt zurückkehren zu dürfen. Ihm wollten sofort Barbarossas Halbbruder, der Pfalzgraf vom Rhein, und Mitglieder des gesamten rheinischen Adels folgen, die eine solche Schmach des Bischofs, ihres Lehnsherrn, nicht dulden wollten. Andere Adelige wie der Landgraf von Thüringen stellten sich dagegen auf die Seite des Abtes von Fulda, bis sich in der Kirche zwei wütende Parteien gegenüberstanden. Nur mit Mühe gelang es dem Kaiser und seinem Sohn Heinrich, den Streit zu schlichten, indem die beiden geistlichen Herren zur Linken und zur Rechten des Kaisers platziert wurden.

Nach der ansonsten friedlichen Frühmesse formierte sich der Zug, der an Tausenden von Schaulustigen vorbei zu einem erhöhten Podest inmitten des Festplatzes führte. An der Spitze die hohe Geistlichkeit, angeführt von den Erzbischöfen Konrad von Mainz und Philipp von Köln, dahinter Dutzende von weiteren Bischöfen und Äbten, dann alle Reichsfürsten, Herzöge und Grafen. Über ihre Rüstungen hatten sie kostbar verzierte Tuniken gezogen, sonst wären bei der starken Sonne die Eisenhemden zu heiß geworden. Dann kamen die Damen in langen Gewändern, Knappen führten ihre Pferde und halfen ihnen herunter. Dann schritten sie – Kaiserin Beatrix an der Spitze – zu der überdachten Balustrade; selbstverständlich durften die hohen Frauen sitzen.

Nun aber konzentrierte sich alle Aufmerksamkeit auf den Kaiser und seine beiden Söhne. Sie trugen ein aus Goldfäden gewirktes Oberkleid, darüber einen Purpurmantel, seidene Strümpfe und goldverzierte Schuhe mit silbernen Sporen. Unter dem Jubel der Menge stiegen die drei auf das Holzpodest, bis der Kaiser die Arme hob und um Ruhe bat. Dann sprachen Heinrich und Friedrich ihren Rittereid; Barbarossa legte ihnen den Schwertgurt um.

Die frischgebackenen Ritter sollten dann auch im Turnier ihr Können zeigen. Sie stiegen auf ihre mit bunten Tüchern, Gold- und Silberplättchen geschmückten Pferde und ritten auf den mehr als hundert Meter langen und fast ebenso breiten Turnierplatz. Weil auch der 62-jährige Barbarossa am Turnier teilnehmen wollte, wurde kein »Tjost«, kein Lanzenstechen, durchgeführt, bei dem es nicht selten zu schweren Ver-letzungen kam. Die Turnierform für den Kaiser und die meisten Großen des Reiches war ein »Buhurt«, bei dem es damals noch nicht darum ging, gegeneinander zu kämpfen. Es war ein Schaureiten mit schwierigen Reitmanövern wie etwa Schwenkungen in vollem Galopp oder der Vorführung verschiedener Gangarten. Auch wenn derartige Darbietungen wenig Nervenkitzel boten, so waren die Zuschauer an diesem Maitag dennoch begeistert, vor allem, als die Bediensteten aus Schatullen und Ledersäcken Silber- und sogar Goldmünzen in die Menge warfen…

Kurze Zeit später füllte sich der Festsaal mit gut 3000 Adeligen. Die kaiserliche Familie und die Reichsfürsten nahmen am hohen Tisch an der Stirnseite des Saals Platz. An den Längsseiten oben saßen die Bischöfe, Markgrafen und Grafen, in der Nähe des Eingangs an kleinen Tischchen und in den Nischen die rangniedrigeren Edelleute.

Mit einer Fanfare wurde der erste Gang des Festmahls angekündigt. Der Küchenmeister und seine Gesellen erschienen mit goldenen und silbernen Tabletts, die leckersten Gerüche erfüllten den Raum. Da gab es eine »Zimtkraftsuppen« – gekochte Hühner mit einer dicken Zimtsauce überzogen, dazu Erbspüree mit Speck und Milch, eingerührtem Eigelb und eingelegten Hühnerkeulen. Beliebt war auch die »Essigbrühe«, ein Gemisch aus gekochtem, klein geschnittenem Rindfleisch und Rinderzunge, Feldsalat und Kohlstreifen.

Beim Mahl übernahmen die Großen des Reiches wichtige dienende Funktionen als Zeichen und Symbol ihrer Treue zum Kaiser: Der Herzog von Böhmen schenkte Barbarossa den Wein ein, Ludwig von Bayern legte ihm vor, und als Kämmerer fungierte erstmals der Markgraf von Brandenburg. Nachdem der Kaiser getrunken hatte, riefen ihm alle Anwesenden laut Segenswünsche zu und tranken ihrerseits auf sein Wohl. Nun konnte das Tafeln beginnen; der Tischservice wurde jetzt von den Pagen übernommen, sie schenkten nach, reichten auch Wasser und Handtuch zum Putzen der Hände.

Unterdessen ging in der riesigen Zeltstadt zwischen Rhein und Main das Fest erst richtig los. Neben dem Gefolge des Kaisers und der Adeligen war natürlich die gesamte Bevölkerung aus der Umgebung gekommen, ein solches Schauspiel würden sie zeit ihres Lebens nicht mehr sehen! Zudem hatte der Hoftag fahrendes Volk aus ganz Europa angezogen, darunter Pilger in Büßerhemden, Wandermönche und arme Kreuzfahrer, die ihre vielleicht nur gut erfundenen Geschichten erzählten, um Mitleid und ein paar Münzen zu ernten. Im Mittelpunkt standen aber die Spielleute, die von alten Tagen erzählten, von Helden wie Siegfried und Hagen und dem Nibelungenschatz. Derbe Minnelieder, von der Fiedel begleitet, fanden ebenso begeisterte Zuhörer wie Hörner- und Lautenspieler. Bestaunt wurden auch fremdartige Instrumente; so spielte ein Musikant aus Paris die Zither, und ein Normanne entlockte einem eigenartigen, Dudelsack genannten Ding seltsame Töne.

Die meisten Anwesenden zogen freilich handfestere Vergnügen vor. Da gab es Tanzbären, Meerkatzen, die auf Pferden ritten, Hahnenkämpfe, daneben die beliebten Tierstimmenimitatoren. Und erst die Akrobaten: Drahtseilkünstler, Feuerschlucker, menschliche Pyramiden, Stelzengänger, Messerwerfer und ein Mann aus Tirol, der Steine klein beißen konnte! Dann natürlich Zauberkünstler aller Art, die freilich von den Knechten des Erzbischofs von Mainz ebenso ungern gesehen wurden wie die zahlreichen Frauenspersonen, die ihre Reize freigebig zur Schau stellten. Aber das gehörte zu solchen Festen wie auch das eigentlich von der Kirche verbotene Glücksspiel, das dennoch im nahe gelegenen Wald überall stattfand. Und so mancher, der gerade erst ein paar Münzen ergattert hatte, würde sie dort beim Würfel- oder Kartenspiel wieder verlieren und

trotzdem seinen Kindern und Enkeln noch begeistert von diesem einmaligen Fest erzählen…

Währenddessen ging es im Festsaal um handfeste Politik, um Erbstreitigkeiten und Heiratspläne. Im Mittelpunkt des Interesses stand die bevorstehende Eheschließung Heinrichs mit der Erbin von Sizilien. Hatte sich der junge König wirklich erst geweigert, die 15 Jahre ältere Konstanze zu heiraten? Die Umgebung des Kaisers und Königs dementierte dieses Gerücht: Selbstverständlich sei sich Heinrich über die staatspolitische Seite der Heirat völlig im Klaren. Die Verbindung mit Sizilien erlaube es dem Kaiser, den Papst und den Kirchenstaat in die Zange zu nehmen!

Am meisten Aufsehen erregte freilich ein müde aussehender Mann mit grauem Bart: Der nach England verbannte Herzog Heinrich der Löwe war mit Erlaubnis des Kaisers zum Hoftag gekommen. Zeichnete sich hier wohl eine Annäherung zwischen Heinrich und seinem Vetter Barbarossa ab? Durfte er nach Braunschweig zurückkehren? Würde er vielleicht sogar sein Herzogtum Bayern wieder erhalten? Aber der alt gewordene Löwe gab sich schweigsam.

An diesem Tag präsentierten sich Kaiser und Reich in bester Verfassung. Der Konflikt mit dem Papst schien ausgestanden zu sein; Barbarossa hatte sich in wesentlichen Punkten durchgesetzt. Die Konflikte mit den norditalienischen Städten waren ebenfalls beigelegt – hätte jemand vor einigen Jahren prophezeit, der Kaiser und seine Erzrivalin Mailand würden zusammenarbeiten, den hätte man ausgelacht. Der »Staat im Staate«, das Doppelherzogtum Heinrichs des Löwen, war zerschlagen; mit der Reorganisation der Herzogtümer Sachsen, Bayern, Österreich und Böhmen war die Gefahr gebannt, dass wieder ein Reichsfürst allzu mächtig wurde…

Dafür zogen am nächsten Tag andere Wolken auf: Ein immer heftigerer Wind fauchte durch die Zeltstadt, der Reichstruchsess musste das zum Abschluss des Hoftages geplante große Schaureiten absagen. Am späten Nachmittag begannen einige Zelte durch die Luft zu fliegen; eine Windböe wirbelte die Holzkirche durch die Luft, und der große Festsaal, in dem am Abend zuvor noch 3000 Menschen getafelt hatten, krachte zusammen. Überall hörte man Schreie, die Pferde entkamen aus den Stallungen des Kaisers und galoppierten mitten durch die panische Menschenmenge. Am Ende galt es noch als kleines Wunder, dass das Unwetter nur etwa 15 Tote und an die 100 Schwerverletzte gefordert hatte.

So wurde der Glanz des Hoffestes von Mainz überschattet, und die Menschen fragten sich, was dieses Unglück bedeute. Einig waren sich alle darüber, dass es sich um einen Fingerzeig Gottes gehandelt habe. Wurde hier etwa der Tod eines hohen Reichsfürsten oder gar eines Mitglieds der kaiserlichen Familie angekündigt? War es ein böses Vorzeichen für das ganze Reich? Die meiste Zustimmung fand die Interpretation des Erzbischofs von Köln, der meinte, Gott habe den hier Versammelten zu erkennen geben wollen, dass der Mensch trotz aller Entfaltung von Prunk ein ohnmächtiges Wesen sei.

Hans-Peter von Peschke

Sogenannter Barbarossakopf – vergoldetes Kopfreliquiar (1156 – 1160) mit dem mutmaßlichen Abbild Kaiser Friedrichs I.

DAS LEBEN DER KRIEGERKASTE

AUF DER SCHELDE NAHTE EIN KAHN, IN DEM STAND AUFRECHT EIN RITTER IN SCHIMMERNDER WAFFENRÜSTUNG. UND OH WUNDER: NICHT SEGEL ODER RUDER TRIEBEN DAS FAHRZEUG; ES WURDE AN SILBERNEN KETTCHEN GEZOGEN VON EINEM SILBERGLÄNZENDEN SCHWAN.

Leichtfüßig sprang der Fremde ans Ufer, schritt in selbstbewusster Haltung durch den Kreis der Ritter auf den Thronsessel zu, beugte vor dem Kaiser das Knie und verneigte sich dann ehrfurchtsvoll vor Elsa, der Herzogin von Brabant: »Verstattet mir, edle Frau, Eure Sache zu verteidigen. Ich bin gekommen, Euch zu Eurem Recht zu verhelfen!«

So romantisch und verklärt wie hier in der Sage vom »Lohengrin« stellt sich das Bild vom Ritter auch heute noch für uns dar: ein Ehrenmann in schimmernder Rüstung, stark und edelmütig. In der Tat galt es im Mittelalter für jeden Ritter, ein höchst anspruchsvolles Ideal zu erfüllen. Nicht nur seine Künste mit der Waffe waren gefragt. Über Kampftechniken hinaus war er angehalten, gottesfürchtig zu handeln und seine edle Gesinnung gegenüber den Damen im Rahmen des Minnesangs zu beweisen. Er war verpflichtet, Arme und Kranke, Witwen und Waisen zu beschützen, zudem nur notwendige Kriege – wie etwa Kreuzzüge zur Ehre Gottes – zu führen und formvollendete Manieren zu zeigen.

Diese hehre Vorstellung eines ritterlichen Edelmannes entsprach freilich nicht immer der Realität. Der Alltag ließ ihnen oft kaum Gelegenheit, ihr Rittertum in angebrachter Weise auszuleben. Angehörige des niederen Adels konnten aus ihren kleinen Herrschaftsgebieten kaum genügend Ertrag erwirtschaften, um sich die kostspielige Rüstung samt Schlachtross zu leisten. Sich auf einem Kreuzzug als wahrhaftiger Ritter zu beweisen, bedeutete häufig die völlige Verschuldung des Herrschaftsguts. So kann es nicht verwundern, dass uns Ausgrabungen von mittelalterlichen Klein-

burgen verraten, dass bei diesen Rittern die Landwirtschaft eine deutlich größere Rolle spielte als die militärische Komponente ihrer Wohnstatt. Ihr »Kerngeschäft«, sich im Kampf zu bewähren, trat somit notgedrungen an die zweite Stelle.

Die Burg stellte mit ihrem weithin sichtbaren Wohnturm ein deutliches Zeichen des Adelsstandes dar. Für dieses Herrschaftssymbol nahm der Besitzer auch die Verlagerung seiner Wohnstätte vom Tal auf eine Anhöhe in Kauf. Die Versorgung wurde dadurch erschwert, und die Wohnqualität nahm ab. Die Wirtschaftsgebäude befanden sich auf dem meist beengten Burggelände. Das Vieh lebte hier, ebenso wie die

Jagdhunde und die Pferde. Die Schweine quiekten, die Pferde wieherten, dazwischen schrien die Knechte, riefen die Mägde und tobten die Kinder – es herrschte permanent ein ohrenbetäubender Krach.

»Die Burg selbst, ob sie auf dem Berg oder in der Ebene liegt, ist nicht als angenehmer Aufenthalt, sondern als Festung gebaut. Sie ist von Mauern und Gräben umgeben, innen ist sie eng und durch Stallungen für Vieh und Pferde zusammengedrängt. Daneben liegen dunkle Kammern, vollgepfropft mit Zubehör für Waffen und Kriegsgerät. Dann die Hunde und ihr Dreck, auch das – ich muss es schon sagen – ein lieblicher Duft! Man hört das Blöken der Schafe, das Brüllen der Rinder, das Bellen der Hunde, das Rufen der auf dem Feld Arbeitenden; ja sogar das Heulen der Wölfe hört man in unserem Haus, weil es nahe am Wald liegt.« Das idyllisch anmutende Burgleben erwies sich in der Realität als deutlich weniger angenehm, wie es der Humanist Ulrich von Hutten (1488 bis 1523) noch am Ende des Mittelalters in einem Brief beschrieb.

Der große Turm – im 12. Jahrhundert begannen Steinbauten die früheren Holzkonstruktionen zu ersetzen – diente insbesondere beim niederen, wenig begüterten Adel zumeist als Wohnstätte. Die wenigen Fenster ließen kaum Licht einfallen, so war es stets dunkel, feucht und muffig. Im Winter pfiff es im ganzen Turm eiskalt durch jede Ritze, Schießscharte und durch jedes Fenster. Abdichtungen fanden mehr schlecht als recht durch Stroh, Moos oder Holzläden statt. Die exponierte Stellung der Burg lieferte sie dem Wetter ungeschützt aus. Ein offener Kamin wärmte im Winter notdürftig ein einziges Zimmer auf der Burg, Schlaf- und Wirtschaftsräume blieben stets ungeheizt. Das offene Feuer verräucherte mit seinem Qualm den Wohnraum, in dem gegessen, gesessen und gespielt wurde. Die Kemenate war meist nur spärlich erhellt durch Talgkerzen und Kienspanfackeln, die die Luft zusätzlich verpesteten.

Die Ernährung war sehr einseitig, -insbesondere in der kalten Jahreszeit. Fleisch war rar und der Herrschaftsfamilie vorbehalten. Dies führte zu Krankheiten. Über Erkältungen hinaus waren die Burgbewohner ohne ärztlichen Beistand hilflos schweren Leiden ausgeliefert. Die Sterblichkeitsrate, insbesondere unter den vielen Kindern, die auf der Burg lebten, war sehr hoch. In dieser trübsinnigen Atmosphäre blieb für Minnesang keine Muße, und auch die guten Manieren des Ritterideals blieben hierbei auf der Strecke. Statt mit Worten verwöhnt, wurde die Frau nicht selten geschlagen. Die Minne hatte dem patriarchalischen Mittelalter ein neues Frauenbild abgewonnen: Die Anbetung einer oftmals höher gestellten Dame galt als höchste Ehre. Im rauen Ritteralltag zeigte eine männerdominierte Gesellschaft jedoch ihr wahres Gesicht.

Maike Berg

DIE WELT DER BURGEN

HEUTE SIND ES LUXUSHOTELS, MUSEEN ODER NUR NOCH RUINEN.
DAMALS WAREN ES BOLLWERKE GEGEN FEINDE, SYMBOLE DER
MACHT, HEIMAT DER RITTER. BURGEN HABEN SICH VERÄNDERT —
NICHT NUR IN DER NEUZEIT, SONDERN BEREITS ZU IHREN HOCHZEITEN.
WIR WERFEN EINEN BLICK HINTER DIE INSZENIERUNG MITTELALTER
UND RÄUMEN MIT DEM EINEN ODER ANDEREN KLISCHEE AUF.

Wenn Angelika Nelius einen Nagel in die Wand hauen möchte, dann ist Vorsicht geboten! Denn sie lebt in der Vergangenheit. Jeden Morgen, wenn sie aufwacht, steckt sie schon mittendrin – im Mittelalter. »Leben in der Zeitreise« nennt die Kastellanin selbst ihre ungewöhnliche Wohnsituation auf der Burg Eltz. Es ist eine von mehr als 10 000 Burgen im deutschsprachigen Raum.

Die Burgen sind in Gefahr. Sie brauchen Schutz. Nicht vor Angreifern in Rüstungen, mit Wurfmaschinen oder Rammböcken: Die Feinde bestehen aus Massen an Touristen, fehlender Burgenforschung und dem weit verbreiteten romantischen Bild einer Burg. Hinter der Inszenierung Mittelalter, mit all ihren Verklärungen, steckt ein hartes Leben – auf engstem Raum. Wer davor die Augen verschließt, lässt eine Aushöhlung des Begriffes »Burg« zu. Auch Rückschlüsse vom Wort auf Bauformen oder Bedeutung greifen nicht: Zu viele Entwicklungen, abhängig von Region und Epoche, von Aufgabe und Zugehörigkeit, fließen in Stile und Funktionen mit ein. Denn die Burg steht für alles – auch für Schlösser in der frühen Neuzeit.

Womit die Frage aufkommt, ob die typische Burg und das typische Burgenleben nicht existiert? »Durch die Einsamkeit und Schönheit der Lage der Phantasie wunderbar entgegenkommend – ist Burg Eltz für den unmittelbaren Eindruck die Burg schlechthin«, schrieb schon Georg Dehio bei seiner berühmten Wertung deutscher Kunstdenkmäler. Nicht nur er sieht in der Burg Eltz »die Burg schlechthin«, bei seinem Besuch sagte auch Altbundespräsident Horst Köhler, dass sich so jeder Erwachsene eine Burg vorstelle. Es gibt sie also doch, »die Burg«?

»In der Burgführung holen wir die Gäste ab bei diesem Gedanken und laden sie ein zu einer Zeitreise durch acht Jahrhunderte. Vieles wird heute durch eine ›romantische Brille‹ betrachtet«, sagt Angelika Nelius, die gemeinsam mit Stefan Ritzenhofen die Kastellanei der Burg Eltz leitet. Sie weiß um das Bild in den Köpfen und weist die Besucher regelmäßig darauf hin, dass vieles durch die Gedanken und Bilder der Romantik geprägt ist, denn das Leben im Mittelalter war vermutlich eher mühsam, die Wohnsituation in den Wintermonaten kalt und feucht. »Sie müssen sich die Tatsache vor Augen führen, dass im 14. Jahrhundert eine rege Bautätigkeit auf Burg Eltz einsetzte, die über 500 Jahre andauerte. Dies spiegelt sich gerade in der Architektur der Burg wider.«

Eigentlich hören die Arbeiten mit Instandsetzungen und Restaurierungen gar nie auf. Neue Erkenntnisse werden dabei immer wieder erlangt. Sie werfen neue Fragen für die aktuelle Burgenforschung auf: Was wissen wir über das Leben auf einer frühen Burg? Wie viel von dem, was wir zu wissen glauben, entpuppt sich als Fiktion, was als Tatsache?

Einige Fakten bringt die jüngere Forschung hervor: In den 1980er Jahren begann die Mittelalterarchäologie. Allerdings existiert an deutschen Universitäten bis heute kein Lehrstuhl für Burgenforschung. Eine zentrale Meldestelle fehlt. Das weiß niemand besser als Prof. Großmann, Generaldirektor des Germanischen Nationalmuseums in Nürnberg: »Von den bis zu 50 000 im deutschsprachigen Raum nachweisbaren Burgen oder Burgstätten sind kaum 200 gründlicher untersucht – für viele Grundsatzfragen, erst recht für zahlreiche Burgen, fehlen gründliche aktuelle Arbeiten«, berichtet der Mitbegründer des Deutschen Burgenmuseums, das voraussichtlich 2013 eröffnet wird.

Was bei fehlender Forschung bleibt, sind Rückschlüsse auf die Geschichte, die mit einigen Ungenauigkeiten der frühen Geschichtsschreibung zu kämpfen haben. Beispiel: »Die Burg ist ein mächtiger, wehrhafter Bau, der Belagerern und Eroberern trotzen will.« Tatsächlich aber dienten die meisten Anlagen in ihrer langen Nutzungszeit vor allem als Wohnbau. Der Charakter der Architektur erfüllt eher das »Prinzip der Abschreckung« als wirkliche Verteidigung. »Die berühmten Pechnasen, wo heißes Pech hinuntergeschüttet wurde, hat es so nicht gegeben. Das ist eine Erfindung des 19. Jahrhunderts«, erklärt Dr. Reinhard Friedrich, Leiter des Europäischen Burgeninstituts. »Macht ja auch keinen Sinn, den teuren Rohstoff zu verwenden.« Auch »Bergfried« ist – wie wir ihn kennen – kein mittelalterlicher Begriff. »Der Bergfried als letzte Zuflucht ist zudem wissenschaftlich kaum zu belegen. In der Forschung geht die Bedeutung als Zufluchtsort zu Gunsten einer symbolischen Bedeutung zurück«, sagt Dr. Friedrich weiter. Ein Symbol der Statussicherung, der Machtteilhabe am Reich, das bei allen Adelsschichten beliebt ist.

Das war nicht immer so: In der Frühzeit der Burgen sind Verteidigung und Schutz gefragter. Quasi aus der Not geboren, ging die Burg in Nord- und Osteuropa aus den vor- und frühgeschichtlichen Fluchtburgen hervor. In Süd- und Westeuropa, besonders Gallien, Italien und Spanien, liegen die Wurzeln in den regelmäßigen, von Türmen flankierten römischen Kastellen. Allgemein beginnt der Burgenbau in Europa am Ende des 9. Jahrhunderts und erreicht seinen Höhepunkt im 12. und 13. Jahrhundert.

Kurz: Am Anfang war die Motte. Das ist eine Turmhügelburg, die sich auf einem befestigten, natürlichen oder aufgeschütteten Hügel befindet. Wohn- und Wehrturm sowie die Palisaden, die neben den Gräben die Anlage schützen sollen, bestehen aus Holz. Im Inneren liegen die Vorburgen mit den Wirtschaftshöfen, die der Bevölkerung Schutz gegen die Bedrohung durch Wikinger und Ungarn liefern. Das ist auch nötig, denn das Versagen der karolingischen Zentralgewalt fordert die lokalen Herren. Im 10. und 11. Jahrhundert dann eine Konsolidierung: Ab 926 erlässt

Slawische Alltagsgegenstände - Angelhaken, Sichel, Messer und Axt.

Angriff auf eine Stadt, Miniatur (1493) aus Otkar der Däne.

Heinrich I. (919 – 936), der auch der »Burgenbauer« genannt wird, seine bekannte Verordnung: Schon bestehende Burgen seien zu bemannen und neue zu bauen. Sinn: reichsbildende Wirkung bei einer breiten Bevölkerung erzielen.

Während 1096 der erste Kreuzzug stattfindet, kommen im Heiligen Römischen Reich die Turmburgen in Mode; in Frankreich mit bewohnbarem Donjon, in England mit Keep wie der Tower in London. Die Funktion der Burg wandelt sich zu Wohnbauten oder bewohnten Wehrbauten.

Palasse entstehen. Dahinter verbergen sich Wohnbereiche großer Adelsburgen, die die Repräsentationsräume wie Rittersäle beherbergen. Ein einheitlicher Baustil lässt sich nicht erkennen, zu viel experimentieren die Herren in dieser Epoche.

Mit dem 12. und 13. Jahrhundert bricht die Hochzeit der Burgen an. Der Bauboom kann beginnen. Tatsächlich entstehen zahlreiche, multifunktionale Burgen: jetzt fast durchgängig aus Stein – das monumentalisiert. Nun spielt es keine Rolle, ob das Befestigungsrecht eingehalten wird. Denn eigentlich kann nur vom König die Genehmigung zu »krenelieren«, die Burg mit Zinnen zu versehen, kommen. Die selbstbewussten Ritter verlangen nach mehr, das Feudalsystem gibt Aufwind. In dieser Zeit entstehen unterschiedlichste Burgen: Die großen erweisen sich als praktische Stützpunkte. Sie stellen Versammlungsort, Marktplatz, Verwaltungszentrum, Gerichtsstätte, Waffenkammer, Zollstation und vieles mehr für das umliegende Land und seine territoriale Strukturierung dar.

Landeinnahme und herrscherliche Durchdringung des Raumes bieten vor allem den Ministerialen die große Bühne: Ihre Aufgaben bestehen in Schutz- und Verwaltungsarbeiten. Sie zählen seit dem Hochmittelalter zum Dienstadel, dem niederen Adel, können aber auch aufsteigen, sobald sie das Erbrecht erhalten. Das wirkt dem Schwund an gefallenen Rittern im Kampf entgegen, bedeutet aber auch einen weiteren Boom an Burgen, wenn aus Lohn Lehen wird. Kleine, private Burgen verteilen sich nun über das Land. Sie sind meist bessere Wohnhäuser.

Klotzen statt Kleckern scheinen sich stattdessen die Staufer auf die Fahne zu schreiben. Denn sie entpuppen sich als begeisterte Burgenbauer. Gäbe es damals schon ein Guinness-Buch der Rekorde, sie stünden am Ende des 12. Jahrhunderts als Besitzer mit den meisten Burgen drin. Herzog Friedrich II. von Schwaben (1105 – 1147) sagt das Volk nach, er ziehe am Schweif seines Pferdes immer eine Burg mit sich. Der Stil des Herrschergeschlechts: räumliche Konzentration, vereinfachter Grundriss und erhöhte Verteidigung durch stärkere Ringmauern.

Mit dem Einsatz des Schießpulvers werden die Mauern allerdings wieder kleiner, dafür aber dicker. Auf der anderen Seite werden die Bergfriede höher. Sie sind aus weiter Ferne zu sehen und scheinen zu schreien: Hier wohnt ein mächtiger Herrscher. Der Effekt potenziert sich, je höher die Burg liegt, desto protziger wirkt sie. Kleiner Schwachpunkt: Die Verwaltungsfunktion lässt sich schwerer wahrnehmen.

Langsam wird es eng auf der Burg. Und so kommt es, wie es kommen muss: Aus repräsentativen Gründen und praktischer Einfachheit wird bei Grafen und Fürsten das Schloss gefragter. Die Audienzen verlangen prunkhafte Säle, die große Familie mehr Platz. Aber nicht nur der Wunsch nach komfortablem Wohnen beendet den Burgbau, mit dem Siegeszug der Artillerie verliert die Burg ihre strategische Bedeutung. Bei den kleinen Reichsrittern sind es vor allem wirtschaftliche Faktoren, die die Burg zum Auslaufmodell machen. Mit der wachsenden Geldwirtschaft verliert

■ Beispiel einer zeitgenössischen Burgküche.

das alte Feudalsystem an Bedeutung. Während die Städte immer reicher werden, verarmen die Ritter. Die Burg ist im 15. Jahrhundert angekommen. Neue Anlagen werden kaum errichtet.

Bevor überhaupt begonnen wird, muss sich der Bauherr entscheiden: Was will ich? Eine Felsenburg, Hangburg, Tiefenburg, Wasserburg, Höhlenburg, Zwingburg, Hausburg? Einen Wehrbau, einen Wohnbau, eine Grenzfestung oder Waffenplatz? Welche gesellschaftliche Stellung muss der Bau widerspiegeln: eine Dynastenburg vielleicht?

Sein wichtigster Mitarbeiter ist jetzt der Baumeister. Ihn und weitere Fachleute wie Steinmetze, die die Quader in Form bringen, oder Schmiede für die Nägel muss der Burgherr bezahlen, sie kommen von außerhalb. Dagegen können die einfachen Arbeiten die Bauern aus den umliegenden Dörfern, die mit dem Burgenbann belegt sind, verrichten – außer zur Erntezeit oder im Winter, denn da herrscht Baustopp.

Keine Burg gleicht der anderen. Denn die Bauleiter verstehen ihr Handwerk. Wenn sie mit ihrer Arbeit beginnen, zeichnen sie zunächst grob eine Skizze auf Holz oder den Erdboden. Ist der Bauplatz beispielsweise durch Rodung oder Trockenlegung vorbereitet, stecken sie den Grundriss auf dem Gelände mit Richtschnüren und Stäben ab. Als Baumaterialien stehen ihnen Mörtel, ein Rauputz aus Lehm, Mist und Pferdehaaren sowie Quadersteine zur Verfügung. Wichtige Hilfsmittel sind im Mittelalter Handbohrer, Bohrleier, Pinsel, Breitbeil, Spitzhacke, Schaufel, Hammer, Meißel, Axt, Brett- und Spannsäge … Auch Kräne gibt es. Sie funktionieren durch Körperkraft.

Die Arbeiter selbst kommen per mittelalterlichem Gerüst in höhere Etagen: Zum Beispiel ist für das Auslegergerüst das Mauerwerk mit Rüstbalkenlöchern versehen – heute noch an den Burgmauern zu erkennen.

Auf den Rüstbalken können Holzbretter für eine durchgehende Fläche angebracht werden. Wichtigste Bauteile einer klassischen, dem Grundtypus nahen Burg sind Graben und Gebücke, Zugbrücke mit Falltor, das Tor mit metallenen Beschlagnägeln, ein Wachturm, Torhaus als Heimat der Garnison, Flankentürme als Gefängnisse, mindestens eine Ringmauer mit Rund- oder Ecktürmen und einem Wehrgang, der ein schützendes, hölzernes Schanzkleid tragen kann. Nicht zu vergessen der meist rechteckige »Bergfried«, ein Arsenal, die Schatzkammer, die Zisterne und der Brunnen sowie eine Kapelle, die oft sehr ausgeschmückt und hoch gelegen ist, da nichts zwischen Kapelle und Himmel stehen soll.

Der untere Burghof umfasst Werkstätten, Ställe und Gesindehäuser. Im oberen Burghof befinden sich dagegen die »festen Häuser« der adeligen Burgfamilie: Neben Wirtschaftsräumen zählen dazu Wohn-, Speise- und Schlafgemächer. Nur über einen schmalen Zugang erreicht man die oberen Räume. Das könnte zum Schutz gegen Angreifer gedient haben.

Apropos Wehranlagen: Neben dem natürlichen Schutz, den eine Höhen- oder Wasserburg liefert, sind weitere Vorkehrungen gegen den möglichen Feind zu treffen. Die Erfahrungen aus den Kreuzzügen bringen neue Elemente wie Schildmauer, Ecktürme oder Kasematten. Ein System an hintereinander liegenden Torbefestigungen entsteht. Im 13. und 14. Jahrhundert kommt auch der Zwinger zum Typus hinzu. Nicht zu vergessen die Zinnen und Schießscharten als das augenscheinlichste Wehr-Indiz. Aber leider, auch dort Enttäuschung: Manche Scharten sind aufgrund des Ausschnittes nicht für Bogenschützen geeignet. An den Schießscharten lässt sich zudem die Entwicklung der Waffentechnik ablesen. Sind noch einfache Bogen- oder Armbrustschützen am Zug, zeigt

■ Einhorn"-Rammbock
Holzschnitt, koloriert (Anfang 16. Jh.).

die Mauerauslassung eine Ausschrägung nach innen. Die Form ändert sich für Handfeuerwaffen.

Die Flagge ist gehisst, der wichtigste Mann weilt auf der Anlage: der Burgherr. Gerne auch ein Burggraf. Konrad III. schafft diesen Stand des Sachwalters. Er betreut die Verteidigung und Rechtsprechung sowie die Abgaben und Steuern – egal ob Holzpfennig für das Sammeln von Feuerholz oder Weidegeld für das Vieh. In seinen Diensten stehen je nach sozialem Stand Pagen und andere Adlige. Die kleineren Burgen haben vielleicht eine Handvoll Bewohner. Die Landesfürsten können dagegen in ihrem »Haus« schon mehr Komfort aufweisen.

Mitbewohner der Anlage sind in Kriegszeiten die Untertanen, die der Burgherr zu schützen hat. Dafür leisten sie die Frondienste, die sowohl Hand- als auch Spanndienste umfassen. Die Burghut zeigt sich zuständig für die Bewachung und Verteidigung. Die Kommandantur unterliegt dem Burggrafen oder einem ritterbürtigen Burgmann, der über niederes Hilfspersonal wie die Torwarte waltet. Eine Entlohnung an die Burgmannen kann auch in Form weiterer Lehen geschehen. Kommen noch die nötigen Handwerker zur Besatzung einer größeren Burg hinzu, kann es richtig voll werden, aber schließlich braucht so eine Autarkie einen Gerber, Stalljungen, Köche mit ihren Mägden, Schneider, Schmied, Zimmerer, Wagner, Töpfer …

Die Aufsicht über die Handwerker und Dienstleute führt der Burgvogt. Er bekommt Unterstützung vom Kaplan. Wenn dieser nicht die adeligen Kinder unterrichtet, dann übernimmt der Geistliche die Funktion eines Sekretärs. Und die Burgherrin? »Die erste und wichtigste Pflicht jeder Frau, egal welchen Standes sie war, war das Gebären von vielen Söhnen, mit denen der Fortbestand der Dynastie und der Familie ihres Gatten garantiert war. Außerdem war sie die Hauptverantwortliche für das Wohl der Familie. Sie war für die Zubereitung der täglichen Mahlzeiten (selbst

oder durch die Überwachung der Untergebenen), für die Anfertigung und Ausbesserung der Kleidungsstücke, für die Gesundheit ihrer Familie und besonders für das Wohlbefinden ihres Gatten verantwortlich«, erklärt Maike Vogt-Lüerssen, Autorin des Buches »Der Alltag im Mittelalter«. Wir stellen uns die Dame des Hauses vor allem spinnend in der Kemenate vor. Oder ist das eine Erfindung?

Dabei bedeutet Kemenate nicht immer Frauenzimmer. Kaminzimmer scheint da die passendere Übersetzung. Wohnen, arbeiten und schlafen gerne auch in Raumunion. Hier lassen sich die schweren Truhen finden, die als Möbelstücke weit verbreitet sind. Aber noch wichtiger ist das Bett: Das teuerste Inventar trägt eine Matratze, die mit Federn oder Tierhaaren gefüllt ist. Allerdings gibt es nicht viele dieser vertäfelten oder mit Kacheln und Mosaiken versehenen Zimmer: Wir haben bereits gehört, dass es vor allem eng, dreckig, feucht und kalt ist.

Ulrich von Hutten schreibt 1518, dass es schrecklich eng sei, überall rieche es nach Pulver, Vieh und Hunden und deren Exkrementen. Stroh und Matten auf dem Holzboden sowie Wandteppiche können ein wenig Abhilfe gegen die zugige Luft schaffen. Fensterglas gibt es zu Beginn noch nicht, zumindest ist es sehr teuer. Später kommen Butzenscheiben auf. Aber mehr Licht bringt das trotzdem nicht ins Dunkel. Kienspäne oder Talglampen können etwas Erleuchtung bringen. Auch wenn das verbrennende Fett der letzteren Variante die sicherere ist, so ist sie garantiert auch die mit dem größten Gestank.

Die Küche befindet sich in der Nähe des Palas oder Wohnhauses – manchmal integriert, manchmal aufgrund der Öfen etwas abgewendet. Je nach Größe der Burg können des Weiteren auch Backstuben oder Brauhäuser zur Anlage gehören.

Egal ob Köche, Mägde oder andere Bewohner der Burg: Der Tag beginnt mit dem ersten Hahnenkrähen. Zeit, sich an die harte Arbeit zu machen. Zum Beispiel verlangt die Anlage fortwährend nach Reparaturen. Kleidung muss ständig angefertigt und ausgebessert werden. Und natürlich die Beschaffung und Zubereitung von Nahrungsmitteln: Braten oder kochen, das kann die Küche leisten. Am Ende steht oft Brei von Erbsen mit Kraut- und Getreidesorten auf dem Speiseplan, denn nicht jeden Mund schmücken noch die Zähne. Zur Not spült Milch, gewürzter Wein oder Bier das Ganze herunter.

Für die mit Geld, Macht und Zähnen Gesegneten zählt Tier zu den Lieblingsspeisen: »Auf den Burgen war der Fleischverbrauch weitaus höher als in den Städten oder auf dem Lande bei den Bauern. Die adligen Herren erstanden das Fleisch auf der Jagd, einer ihrer liebsten Freizeitbeschäftigungen«, erklärt Maike Vogt-Lüerssen. Eine Sonnenseite des vermeintlich dunklen Mittelalters: die Jagd – ganz edel die Falknerei.

»Den adeligen Herren und Damen standen eine ganze Reihe von Vergnügungen zur Verfügung wie die Jagd, viele Würfel- und Brettspiele, der Tanz, das Lauschen von Musik und die Unterhaltung durch fahrende Spielleute«, sagt die Fachfrau und schließt die großen Feste zur Ernte, zu kirchlichen Feiertagen, Amtsantritt oder zur Rückkehr vom Kreuzzug mit ein. Sie begleiten meist die berühmten Turniere, die sich aber nicht jede Burg leisten kann. »Es ist schön, dass uns kein Hofnarr am Burgtor begrüßt«, hört Angelika Nelius häufig von Gästen auf Burg Eltz. Das Team des Museums bemüht sich, die Gäste an Geschichte heranzuführen, und macht diese – auch für manchen jungen Gast – erlebbar. Fernab eines Mittelalter-Events und zur Erhaltung der Burgen und ihres wahren Charakters.

Janina Lingenberg

■ Das Leben auf einer Ritterburg im 13.Jahrhundert,
Lithografie (19.Jh.).

DIE SCHULE DER RITTER

IM ALTER VON SIEBEN JAHREN BEGANN FÜR DEN ZUKÜNFTIGEN RITTER DER ERNST DES LEBENS: ALS SOHN DES BURGHERRN MUSSTE ER SICH FRÜHZEITIG AUF DEN RITTERLICHEN STAND UND DIE AUFGABEN EINES KRIEGERS VORBEREITEN. BEGLEITEN WIR OTTO DURCH SEINE KNAPPENJAHRE.

Am härtesten war für den Jungen: Otto musste die Burg seiner Eltern verlassen, um Ritter Godehard, einem Freund seines Vaters, als Page zu dienen. Seine Familie hoffte, dass Otto auf diese Weise lernen würde, später im harten Erwachsenenleben gut zurechtzukommen. Unter den gestrengen Augen von Zuchtmeister Roland durchlief Otto zunächst einmal die Grundausbildung, bei der die praktischen Fähigkeiten im Vordergrund standen. Als zukünftiger Ritter musste er natürlich den Umgang mit Pferden und das Reiten erlernen; zusätzlich wurde er mit Sportarten wie Faustkampf und Bogenschießen vertraut gemacht, um den Körper zu kräftigen.

Besonderen Wert legte der Lehrer auf anständige Manieren. Nicht selten bekam Otto eine schallende Ohrfeige, weil er sich bei Tisch nicht richtig benahm, wenn er etwa ins Tischtuch schnäuzte oder beim Essen rülpste. Auch das ritterliche Verhalten den Damen gegenüber wollte gelernt sein; immer wieder gab es Ärger mit Meister Roland, weil Otto in Gegenwart einer adeligen Dame aus Versehen eine unflätige Bemerkung machte, weil er sich nicht galant genug vor ihr verbeugte oder er sich beim Schleppetragen ungeschickt anstellte.

Nachdem der eifrige Page die wichtigsten Begriffe des ritterlichen Tugendbuches gelernt hatte, bestand seine Hauptaufgabe darin, Ritter Godehard zu dienen. Er musste den Dienstboten zur Hand gehen, Botengänge erledigen oder seinen Herrn bei Tisch bedienen, indem er ihm das Fleisch zerschnitt oder Wein nachschenkte.

Mit 14 Jahren wurde Otto von Ritter Godehard endlich zum Knappen »getreten«. Diese symbolische Geste, die vor einem großen Publikum stattfand, bestand in einem kräftigen Tritt ins Gesäß des vornüber gebeugten Pagen und führte bildhaft vor Augen, dass Otto sich für seinen Ritter notfalls auch »in den Dreck treten« lassen würde.

Nun standen Otto weitere sieben harte Jahre bevor. Welche Anforderungen er erfüllen musste, ist in zahlreichen Handbüchern festgehalten worden, wie etwa im »Ritterspiegel« von Johannes Rothe, der um 1410 geschrieben wurde. Weil Ritter Godehard Ottos großes Vorbild war und er alles von ihm lernen sollte, musste er seinem Herrn in jeder Lebenslage treu und ergeben sein. Schon bald sollte Otto seinen Herrn in die Schlacht begleiten, doch zunächst musste er das Reiten in schwerer Rüstung üben – eine schweißtreibende und nicht ungefährliche Angelegenheit! Auch das Kämpfen mit Lanze, Streitaxt und Schwert wollte gelernt sein. Zu den Waffenübungen gehörte es auch, eine hölzerne Ritterattrappe, die mit Schild und Keule ausgestattet war, vom herangaloppierenden Pferd aus mit der Lanze umzustoßen. Hatte Otto einen schlechten Tag und verfehlte sein Ziel, so drehte sich die Attrappe, und die Keule traf ihn mit voller Wucht!

Der Aufseher der Rüstkammer, Waffenmeister Ekkehard, brachte dem jungen Knappen die Pflege und Reparatur der Waffen bei. Nachdem Otto von den Stallknechten gelernt hatte, wie man ein Streitross richtig pflegt, durfte er Ritter Godehard endlich auf ein Turnier begleiten. Wie stolz war der junge Mann, als er seinen Ritter in seiner blitzenden Rüstung und mit dem riesigen Federbusch auf dem Helm heranreiten sah! Leider zerbrach Godehards Turnierspieß schon beim ersten Zweikampf am Brustpanzer seines Gegners – doch Otto war sofort zur Stelle und reichte ihm einen neuen.

Kurze Zeit später bekam Ritter Godehard den Befehl, für seinen Landesfürsten in den Krieg zu ziehen – jetzt wurde es ernst für den inzwischen 17-jährigen Knappen! Obwohl Otto noch kein richtiger Krieger war, hatte er doch die Pflicht, seinen Herrn in die Schlacht zu begleiten. Auch im dichtesten Kampfgetümmel musste er ihm im wörtlichen Sinne den Rücken decken. Otto hatte sich bisher immer für tapfer gehalten, doch als er die donnernden Hufe der herannahenden Pferde, das furchterregende Klirren der Waffen und das schreckliche Brüllen der Verwundeten hörte, wäre er am liebsten weggelaufen. Nur der Treueschwur, den er Godehard geleistet hatte, hielt ihn davon ab.

In den folgenden Jahren wurde Otto noch mehrmals »die Ehre« zuteil, seinen Herrn in die Schlacht zu begleiten – glücklicherweise blieb er bis auf ein paar unbedeutende »Kratzer« unverletzt. Sein Freund Guntram jedoch wurde vom Bolzen einer Armbrust durchbohrt und verblutete auf dem Schlachtfeld.

Nach einer besonders furchtbaren Schlacht, in der er Ritter Godehard das Leben gerettet hatte, sollte Otto endlich zum Ritter geschlagen werden. Am Tag vor der Sonnenwende wurde Otto in einem rituellen Bad von allen Sünden freigesprochen. In eine einfache Kutte gekleidet, legte er seine Waffen, die Rüstung und das Familienwappen auf den Altar und verbrachte die darauffolgende Nacht betend und fastend in der Burgkapelle. Bei Tagesanbruch durfte er sich mit einem einfachen Mahl für die bevorstehende Schwertleite stärken.

Die ganze Burg war festlich geschmückt; vor den Toren drängte sich das einfache Volk. Von weit her waren viele Ritter gekommen, um an der großen Feier teilzunehmen; schließlich wurden außer Otto noch fünf weitere Knappen zum Ritter geschlagen. Auch Ottos Eltern hatten den langen Weg nicht gescheut und warteten jetzt in der Kapelle, um die Zeremonie aus nächster Nähe mitzuerleben.

Stolz beobachteten sie, wie ihr ältester Sohn nach dem heiligen Abendmahl in ein kostbares rotes Gewand gekleidet wurde. Die Farbe Rot sollte ihn an die Pflicht erinnern, sein Blut notfalls für den christlichen Glauben zu vergießen. Die schwarzen Strümpfe, die er darunter trug, mahnten an den Tod. Außerdem reichte ihm der Priester einen weißen Gürtel, welcher das Symbol für ein Leben ohne Sünde war.

Nachdem der Geistliche den Segen gesprochen hatte, musste sich Otto vor seinem Herrn niederknien: Vor den Augen der Gemeinde band Ritter Godehard seinem ehemaligen Knappen feierlich das Schwert mit einem Waffengurt um; außerdem reichte er ihm als weiteres Zeichen der Ritterwürde vergoldete Sporen. Jetzt begann das neue Leben als Ritter.

Marion Jung

Kampfschwert mit Knauf und Ledergriff.

181

DIE ERFINDUNG DER LIEBE

LIEBESHEIRATEN WAREN IN DER
FEUDALGESELLSCHAFT EINE
AUSNAHME, DENN MEISTENS
DIKTIERTEN POLITISCHE GRÜNDE
DIE GATTENWAHL. TROTZDEM
WURDE VON DEN FRAUEN EHELICHE
TREUE ERWARTET. EIN ÄUSSERST
UNROMANTISCHES LEBEN, BIS DIE
LIEDER DER TROUBADOURE ZU EINER
POETISCHEN FLUCHT AUS DIESEN
STRENGEN KONVENTIONEN VERHALFEN.

Auch wenn historische Spielfilme mitunter ein anderes Bild vorgaukeln – besonders »ritterlich« ging es auf den mittelalterlichen Burgen nicht zu, im Gegenteil. Die Männergesellschaft, die sich hier im 11. Jahrhundert versammelte, war von guten Manieren und höfischer Etikette weit entfernt. Meinungsverschiedenheiten legte der Ritter mit der Faust oder notfalls auch mit dem Schwert bei. Denn Krieg war sein Handwerk, etwas anderes hatte er nicht gelernt.

Dass Frauen in dieser ritterlichen Gesellschaft nicht viel zu sagen hatten, lässt sich nachvollziehen. Auf der Burg war der Mann der Herrscher, wenn er da war. Das Leben der Burgherrin konzentrierte sich auf den hauswirtschaftlichen Bereich und die Wohlfahrt. Hier hatte sie keine Wahl, Berufswünsche konnten nicht erfüllt werden. Im Gegenteil, denn nicht selten war ihr Schicksal und auch das ihres zukünftigen Gemahls schon im Kindesalter vorbestimmt: Teils schon mit vier Jahren war die Ehe eine abgemachte Sache zwischen zwei adeligen Familien gleichen Standes. Von Liebe war also selten die Rede, und jeder Ritter, der zugegeben hätte, zärtliche Gefühle gegenüber einem weiblichen Wesen zu empfinden, wäre vielleicht sogar Zielscheibe des Spotts geworden.

Aber keine Sorge, die Liebe – oder vielleicht lieber das Thema »Liebe« – sollte ihren Platz im Abendland und der männlichen Kultur finden: Im südfranzösischen Aquitanien, einer Gegend, die auch unter dem Namen Okzitanien oder Languedoc bekannt ist, vollzog sich ab 1100 allmählich eine Veränderung in der Einstellung zur Frau. Hier hatten sich die Menschen seit Jahrhunderten ihre eigene, aus dem Galloromanischen stammende Sprache bewahrt und eine eigenständige Kultur gepflegt.

Damals herrschte über Aquitanien der lebensfrohe Herzog Wilhelm

IX. (1071–1126), ein vielseitig begabter Mann, der in seiner Freizeit poetische Verse zu schreiben pflegte und damit einen völlig neuen Stil begründete. Bestand die mittelalterliche Literatur bislang nahezu ausschließlich aus frommen lateinischen Texten, so verfasste der virile Wilhelm jetzt etwas ganz Unerhörtes: Liebesgedichte in okzitanischer Sprache! Seine ersten Werke waren zwar noch wenig »gentlemanlike«, sondern eher schlüpfrig-obszön und ohne Respekt gegenüber den von ihm bedichteten Damen, doch das änderte sich mit den Jahren. Vielleicht, weil der Herzog selbst von starken und klugen Gefährtinnen umgeben war. In fortgeschrittenem Alter – und womöglich aufgrund nachlassender Libido – besang er später jedenfalls nur noch das Idealbild der Frau, seiner »Herrin«, der er Treue und blinden Gehorsam schulde.

Mit diesen gefühlvollen Versen ging Wilhelm IX. als der erste Troubadour in die Geschichte ein. Die Herkunft des Wortes »Troubadour« ist nicht ganz geklärt. Vermutlich stammt es vom altprovenzalischen trobar ab, was so viel wie »finden« bedeutet. Auch die Frage, warum die Troubadourlyrik ihre Wiege ausgerechnet in Okzitanien hatte, kann nicht endgültig beantwortet werden. Vielleicht lag es daran, dass zumindest adelige Frauen hier mehr Rechte besaßen als anderswo, Besitz erwerben und auch politisch aktiv sein konnten, so wie die berühmte Eleonore von Aquitanien, eine Enkelin Wilhelms IX. Hinzu kam, dass konservativ kirchliche Einflüsse – und damit ein negativ besetztes Frauenbild – im südlichen Frankreich weitaus geringer waren. Eine andere Theorie verweist auf die kulturelle Nähe zum islamischen Spanien, wo verklärende Liebeslieder an unerreichbare Frauen schon lange ein beliebtes Sujet waren.

Wie auch immer, das Beispiel Wilhelms IX. machte Schule, und Aquitaniens Hauptstadt Poitiers entwickelte sich zum blühenden Zentrum der neuen Troubadourdichtung mit berühmten Poeten wie Bertran de Born, Marcabru oder Bernard de Ventadour. Sie und weitere Troubadoure beherrschten mit ihren Liebesliedern nicht nur ein Jahrhundert lang die okzitanische Literatur. Sie trugen auch maßgeblich dazu bei, dass sich Sitten und Gebräuche des Adels allmählich veränderten, so dass sich mit der Zeit tatsächlich so etwas wie »Ritterlichkeit« und »höfische Kultur« durchsetzten. Im Zentrum der Troubadourdichtung stand nicht die »gemeine« Frau, sondern die hochstehende und somit für den Sänger verehrungswürdige, aber unerreichbare »Herrin«.

Genau dieses unerfüllte Begehren, die »höfische Liebe«, die nichts mit reiner Sinnlichkeit zu tun hatte, machte die Poesie des Troubadours aus. Hier konnte der Sänger womöglich auch eigene zarte Empfindungen ausdrücken, die er ansonsten wohl niemals in Worte gefasst hätte. Allerdings gab es auch eine prosaische Seite: Wer seinen Lebensunterhalt mit Liebesliedern und -gedichten verdienen wollte, musste sich wohl oder übel nach einen Gönner umsehen. Die meisten Troubadoure entstammten nämlich dem niedrigen, verarmten Adel. Nur wenige fanden eine feste Anstellung, denn die kriegerischen Burgherren hatten meist weder die finanziellen Mittel für die musikalische Unterhaltung zur Verfügung, noch stand ihnen der Sinn danach.

Wohlhabende Mäzene fanden sich ausschließlich an den größeren Höfen, an denen mehr Zeit mit angenehmer Geselligkeit zugebracht wurde und wo auch Frauen eine Rolle spielten. Die fürstlichen Damen verfügten im 12. Jahrhundert meist über eine bessere Bildung als ihre vom Krieg geprägten Ehemänner. Sie hatten mehr Zeit für die Lektüre von Gebetbüchern oder literarischen Texten und fanden zudem Gefallen daran, Musik und Gesang zu lauschen. Das wussten natürlich auch die Troubadoure. Ganz nach dem Motto »Wes Brot ich ess, des Lied ich sing« priesen sie daher die Schönheit, Klugheit und Großzügigkeit der angebeteten Herrin und sicherten sich damit nicht selten ein festes Einkommen, wenn auch oft nur vorübergehend. Dann zogen sie eben weiter zum nächsten Hof.

Denn obwohl die adeligen Männer in der Regel nur wenig mit den zarten Versen anfangen konnten, hatten sie zumindest keinen Anlass zur Eifersucht. Zudem schmeichelte es ihrem Ego, eine bewunderte Frau an ihrer Seite zu haben. Letzten Endes vergrößerten die Troubadoure das Ansehen des Fürstenhofes nicht unerheblich, so dass auch andere Adelige nicht zurückstehen wollten.

Damit breitete sich die Troubadour-Bewegung rasch von Okzitanien nach Nordfrankreich aus und erreichte schließlich den deutschsprachigen Raum. Hier, jenseits des Rheins, wurden die Künstler Minnesänger genannt, denn mit »Minne« bezeichnete man die »höfische Liebe« eines Ritters zu seiner Dame. Bald wurde der Hof des thüringischen Landgrafen Heinrich I. zum Zentrum der hochmittelalterlichen Dichtung. Auf der Wartburg soll 1207 auch der legendäre »Sängerkrieg « stattgefunden haben, angeblich unter Beteiligung der Minnesänger Walther von der Vogelweide und Wolfram von Eschenbach. Anders als im benachbarten Frankreich entwickelte sich in Deutschland neben der »höheren Minne« die sogenannte »niedere Minne«, in der erstmals auch der körperlichen Liebe gehuldigt wurde.

Die Forschung ist am Minnegesang nicht weniger interessiert als beispielsweise Freunde der Lyrik. Heute gehen Wissenschaftler teilweise davon aus, dass die Inhalte nicht wirklich tiefempfundene Gefühlsausdrücke für eine spezielle Dame waren, sondern auch Teil einer gesellschaftlichen

Norm. Nur wenige Quellentexte geben heute Informationen – wie zum Beispiel der Codex Manesse, der in Heidelberg liegt. Weitere Überlieferung geben die Weingartner, die Würzburger und die Jenaer Liederhandschrift.

Bei der lyrischen Form selbst lassen sich verschiedene Gattungen ausmachen: Mit dazu zählt zum Beispiel das Frauenlied. Auch Frauen sollen übrigens Minnelieder gesungen und damit ihrer Liebe zu einem Mann Ausdruck verliehen haben. Oder haben Männer den Frauenpart übernommen? Das kann nicht ausgeschlossen werden. Die Pastourelle beschreibt die Begegnung eines Ritters mit einer Frau minderen Standes auf dem Land – Verführungsszenen nicht ausgeschlossen.

An den großen Höfen ließen sich dank Minne bereits die ersten Veränderungen im Umgang miteinander feststellen. Zumindest in der höfischen Oberschicht setzten sich durch ein neues Prestige- und Repräsentationsbedürfnis andere, verfeinerte Umgangsformen durch: Man wurde höflich, im wahrsten Sinne des Wortes, gerade den Frauen gegenüber.

Gleichzeitig gab es eine weitere wesentliche Veränderung: Bislang hatten ausschließlich Angehörige des Klerus kulturelle Maßstäbe gesetzt. Jetzt aber begannen die Fürstenhöfe, die Klöster und Bischofssitze als Kulturzentren abzulösen.

Die Menschen der Oberschicht schufen sich ihre eigene, weltliche, »höfische« Kultur. Europa hatte dem kleinen Okzitanien also viel zu verdanken. Doch ausgerechnet das vergleichsweise freie Klima wurde den Menschen dort zum Verhängnis. Es zog nämlich nicht nur Troubadoure an, sondern auch eine religiöse Sekte wie die Katharer (vom griechischen Wort für »rein«). Wegen ihrer als ketzerisch eingestuften Lehre rief Rom zum Kreuzzug gegen diese Schwärmer auf, mit denen Teile des okzitanischen Adels sympathisierten. Am Ende des Krieges, der von 1209 bis 1229 wütete, waren nicht nur die Katharer ausgelöscht, sondern auch die Kultur Okzitaniens vernichtet. Das Zeitalter der Troubadoure hatte für immer ein Ende gefunden.

Karin Feuerstein-Prasser

Leier, Musikinstrument
Nachbau von Ed. Krause nach alemannischen
Laierfunden aus dem 6./7. Jh..

Codex Manesse, Bl. 22 verso - Graf Kraft von Toggenburg
Miniatur / Pergament (1305 - 1340).

SCHWERT UND KETTENHEMD

DURCH TRAINING, AUSRÜSTUNG UND MOTIVATION WAREN DIE RITTER DIE MILITÄRISCHE ELITE DER STAUFERZEIT. ES GALT IN JENEN TAGEN DER GRUNDSATZ, DASS EIN SCHWER GERÜSTETER REITER ZEHN ANDERE KÄMPFER AUFWIEGT.

Mir hüpft das Herz im Leibe,
wenn ich auf den Feldern gewappnete
Ritter zu Pferde zur Schlacht aufgereiht erblicke.
Ich sage euch, weder Speis noch Trank noch
Schlummer können sich mit dem Vergnügen
messen, den in beiden Lagern erschallenden
Schlachtruf ›Zu mir!‹ zu vernehmen
und das Wiehern der reiterlosen
Pferde und die Hilferufe; die Streiter auf
beiden Seiten ins Gras bei den Gräben
sinken zu sehen und die Gefallenen, die
eine zerborstene Lanze mit kleinen Wimpeln
in die Seite bekommen haben."

Als um 1200 der kriegerische Troubadour Bertrand de Born diese blutrünstigen Zeilen verfasste, beherrschten seine ritterlichen Standesgenossen die Schlachtfelder Europas. Die berittenen Elitekrieger bildeten das Rückgrat jedes Heeres, ihr Mut und ihre Schlagkraft entschieden über den Ausgang der Kämpfe. In der Epoche Bertrands trugen die Ritter noch nicht die aufwändigen Plattenrüstungen, wie man sie heute in fast jeder Burg zu sehen bekommt. Diese schweren Vollrüstungen stammen aus dem Spätmittelalter oder der Renaissance. Stattdessen schützte in der Stauferzeit ein Kettenhemd – Haubert oder Halsberc genannt – den Körper. Die

Ringe dieser Kettenhemden waren aus Draht geformt, wobei jeder Ring jeweils in vier andere eingehängt und dann vernietet wurde. Mit einem Gewicht von 10 bis 15 Kilo war ein Kettenhemd für einen trainierten Ritter keine lähmende Behinderung – selbst wenn er einmal zu Fuß kämpfen musste.

Ein Haubert konnte zwar den Körper vor Schnittwunden bewahren, nicht aber vor schweren Prellungen oder Brüchen. Daher trug der Ritter unter dem Kettenhemd ein gestepptes und wattiertes Unterkleid, Gambeson genannt. Über dem Kettenhemd trug der Krieger in der Regel einen Waffenrock – eine Lehre aus dem Ersten Kreuzzug, als die Sonne des Orients die unbedeckten Kettenhemden zuweilen so stark aufheizte, dass einige Ritter an Hitzschlag starben.

Der typische Kopfschutz des 12. Jahrhunderts war der Nasalhelm, jener schlichte Kopfschutz, wie wir ihn bereits vom Teppich von Bayeux kennen: eine halbrunde Helmglocke, aus der ein Metallstreifen ragte, der die Nase abdeckte. Neben Kettenhemd und Helm komplettierte der Schild die ritterliche Rüstung. Im 12. Jahrhundert zogen die Reiter meistens mit dem mandelförmigen „Normannenschild" aus Holz in die Schlacht, dessen Länge bei ca. 1 Meter lag und die gesamte linke Seite des Reiters deckte.

Das Schwert war die wichtigste Waffe des Ritters und zugleich das stählerne Symbol seines Standes. Erst die Schwertleite, die feierliche Umgürtung mit dem Schwert, machte aus einem Knappen einen Ritter. Ein Schwert stellte einen beachtlichen Wert dar (von etwa sechs Schweinen), denn Eisen war im Mittelalter kostbar, und auch die Schwertschmiede ließen sich ihre qualifizierte Arbeit gut entlohnen. Die Schwerter der Stauferzeit hatten nichts mit den „Eisenbahnschienen" schlechter Hollywoodfilme gemeinsam. Die ca. 1 Meter langen Waffen waren überraschend leicht; selten wogen sie mehr als 1300 Gramm. Neben dem Schwert trug der Ritter einen Dolch, der eine doppelte Funktion erfüllte: Einerseits diente er dazu, einem niedergestreckten Gegner einen schnellen Tod zuzufügen, andererseits diente er als Miniaturschwert in repräsentativer Funktion, wenn ein Ritter einmal nicht das Schwert trug. Die Erstschlagwaffe des Ritters war die Lanze, an deren Ende eine dolchartige Spitze aus Eisen steckte. Ein frontaler Angriff mit der Lanze traf den Gegner mit der Wucht eines Hammerschlags.

Die speziell für diesen Kampf trainierten Streitrösser – fast ausschließlich Hengste – waren ungemein wertvoll. Leicht überstieg ihr Wert das Zwanzigfache eines durchschnittlichen Pferdes. Entgegen der landläufigen Vorstellung von gigantischen Ritterpferden mit den Maßen eines Brauerei-Kaltblutes war die Größe der Streitrösser eher bescheiden: Mit Stockmaßen zwischen 140 und 160 Zentimetern erreichten sie nur die Höhe eines heutigen Haflingers. Neben dem Streitross führte der Ritter noch ein ruhigeres Reitpferd mit sich sowie Pferde für den Transport seiner Ausrüstung.

Gegen Ende des 12. Jahrhunderts begann sich der Berufsstand der Söldner herauszubilden. Mit diesen Spezialisten gewann die Infanterie, die bislang in der Kriegsführung eine untergeordnete Rolle gespielt hatte, zunehmend an Bedeutung. Bewaffnet war sie mit Spießen, Äxten oder kurzen Hiebschwertern für den Nahkampf. Die mit Abstand gefährlichste Waffe dieser neuen Zunft aber war die Armbrust. Lange vor der Einführung des Schwarzpulvers war damit den Rittern eine tödliche Bedrohung erwachsen, denn auch mit wenig Übung konnte ein Armbrustschütze den besten Ritter niederstrecken: Bis auf 100 Meter Entfernung durchschlug ein Armbrustpfeil selbst noch das beste Kettenhemd. Zudem konnte der Schütze aus dem Hinterhalt operieren.

Immer wieder gab es daher Ansätze, diese heimtückische Waffe zu verbieten – doch selbst ein päpstlicher Waffenbann zeigte keinerlei Wirkung. Prominentestes Opfer eines Armbrustschützen wurde Plantagenetkönig Richard I. Löwenherz, den 1199 bei der Belagerung der Burg Chalus ein Bolzen niederstreckte. Nach der Erstürmung der Burg wurde der Meisterschütze bei lebendigem Leib gehäutet – ritterlich verhielt man sich im Krieg eben nur gegenüber den Standesgenossen…

Klaus Hillingmeier

SPÄTHERBST IM MITTELALTER

DIE RITTER TRETEN AB

IN DER EPOCHE DES HUNDERTJÄHRIGEN KRIEGES
BEGINNT DER ALLMÄHLICHE NIEDERGANG DER RITTER.
MILITÄRISCHE NIEDERLAGEN, DIE WACHSENDE BEDEUTUNG
DER LANDESFÜRSTEN UND DER STÄDTE SETZEN IHNEN ZU.
DIE ZEITEN ÄNDERN SICH UND NUR WENIGEN
RITTERN GELINGT ES, SICH ANZUPASSEN.

Der Sultan von Ägypten, al-Aschraf Halil, eroberte 1291 die befestigte Stadt Akkon und beendete damit die Geschichte der Kreuzfahrerstaaten. Die christliche Ritterschaft hatte eine schwere Niederlage erlitten. 1386 bei Sempach besiegten Schweizer Bauern eine habsburgische Reiterstreitmacht mit Spießen und Hellebarden. Stolz vermerkte ein Schweizer Chronist: »Und die Eidgenossen errangen viel Gut und viele Harnische, Helme, Gold und Silber.«

Bereits 1346 hatten sich englische Bogenschützen in der Schlacht bei Crécy den französischen Panzerreitern als überlegen erwiesen. Weitere Niederlagen von Ritterheeren folgten. Der englische Langbogen, mit dem ein geübter Schütze fünf bis sechs Mal in der Minute schießen konnte, und die treffsicherere, aber langsamere Armbrust gefährdeten die Sicherheit der Ritter ebenso wie die Spieße, mit denen ihre Pferde ausgeschaltet werden konnten. Auf der anderen Seite suchten sich die Ritter durch den Vollharnisch und den Visierhelm besser zu schützen, auch ihre Streitrösser bedeckten sie mit Rossharnischen.

Bis Mitte des 16. Jahrhunderts zogen die Ritter so mit ihrer Lanze in die Schlacht. Erst mit der Erfindung der Reiterpistole, die jeden Panzer durchschlug, änderte sich das. Trotzdem war der Panzerreiter auch nach Niederlagen noch lange ein wichtiger Bestandteil der Heere. Die eigentlichen Gefahren für die Ritter waren gesellschaftliche Änderungen. Jahrzehntelang tobten in der zweiten Hälfte des 13. Jahrhunderts Kriege zwischen konkurrierenden deutschen Königen. Gewinner waren die Landesfürsten, die Zug um Zug ihre Macht ausbauten. Die Folgen für die meisten Ritter waren fatal.

Sie verloren mit dem Wegfall der zentralen friedensstiftenden Macht und dem Hof als Zentrum der höfisch-ritterlichen Kultur nicht nur ihren Dienstherren, sondern auch den »Sinnstifter« ihrer Existenz. Andererseits profitierten nicht wenige von ihrer neuen Freiheit. Sie etablierten sich mit einer eigenen Burg und heirateten in alte Adelsgeschlechter ein.

Doch da traf sie schon die nächste Krise. Die wirtschaftlichen Rahmenbedingungen für landwirtschaftliche Produkte fielen. Ein Grund waren mehrere Pestwellen ab 1347, die auf dem Land weniger schlimm wüteten als in den Städten. Dies führte zu einem Überangebot landwirtschaftlicher Produkte und zu einem Arbeitskräftemangel in den Städten. Dadurch stiegen die Preise für handwerkliche Produkte, zum Beispiel auch für Rüstungen. Die Ritter saßen also mehrfach in der Klemme. Erhöhten sie den Druck auf ihre Bauern, um höhere Abgaben durchzusetzen, flüchteten diese eventuell in die Städte. Die Ritter hatten dann noch weniger Einnahmen.

Es gab Auswege aus dieser Zwickmühle, doch sie schmeckten den bisherigen stolzen Einzelkämpfern mit ihren hehren Idealen nicht. Die Nachkommen wirtschaftlich erfolgreicher Ritterfamilien verzichteten oft auf den Ritterschlag und widmeten sich ganz ihren Gütern. Mit dem abenteuerlichen Leben der Ritter war es dann vorbei. Eine weitere Möglichkeit war der Dienst am Hof. Doch den stolzen Individualisten war das oft zuwider. Ulrich von Hutten (1488 – 1523) empörte sich über das höfische Zeremoniell, das ihn und die anderen zum Kniefall mit entblößtem Haupt nötigte. Ein weiterer Ritter klagte, dass man am Hof wie ein Sklave auf Befehl kommen und gehen müsse. Militärisch ehrgeizige Ritter traten in die sich formierenden stehenden Heere ein und machten Karriere als Offiziere. Statt mit Standesgenossen gemeinsam zu kämpfen, kommandierten sie nun Landsknechte.

Ende des 13. Jahrhunderts gelang es, Schießpulver für Fernwaffen einzusetzen. Damit änderte sich die Kriegsführung. Kanonen, zunächst aus Schmiedeeisen, später aus Bronze, verschossen anfangs Steinkugeln. Sehr solide Mauern konnten ihnen zwar standhalten, aber der Geschützdonner, das Mündungsfeuer und der Pulverdampf beeindruckten allemal. Als ab dem 15. Jahrhundert Eisenkugeln geladen und auch frühe Formen von Bomben eingesetzt wurden, konnte sich kaum noch eine Burg lange halten. Selbst die Aufrüstung mit Hakenbüchsen zur Verteidigung konnte die »Mauerbrecher« nicht lange aufhalten.

Doch viele Ritter hatten weder wirtschaftliches Talent, noch waren sie bereit, sich in die Struktur der modernen Heere oder des Hofes einzuordnen. Sie gehörten meist zu einem recht armseligen niederen Adel. Nicht nur quartierten etliche Ritter Wegelagerer ein, sie waren selbst von Räubern nicht weit entfernt. Einer von ihnen war Götz von Berlichingen (1480/81 – 1562). Götz machte sich keine Illusionen über sein Tun, wie aus seiner Beschreibung einer Fehde um 1520 deutlich wird: »Ich wusste, dass die Nürnberger über Würzburg zur Frankfurter Messe zogen. Im Spessart kundschaftete ich sie aus und warf sechs von ihnen nieder; darunter war ein Kaufmann, den ich bereits zum dritten Mal in diesem halben Jahr gefangen und an seinem Gut geschädigt hatte. Die anderen waren Ballenbinder zu Nürnberg. Ich ließ sie niederknien, als wollte ich ihnen die Köpfe und Hände umhauen; aber es war nicht mein Ernst, sondern ich trat dem einen nur mit dem Fuß in den Hintern, und dem anderen gab ich eins hinters Ohr.«

Nicht zufällig legte sich Götz gerade mit Nürnberg an, war es doch mit 25 000 Einwohnern nach Köln die größte und bedeutendste deutsche Stadt. Nürnberger Handwerker fertigten ihre Waren nicht mehr auf Bestellung, sondern für Lager und Markt. Die Händler hatten weltweite Verbindungen und benötigten deshalb sichere Transportwege. Götz von Berlichingen tarnte seine Überfälle als rechtmäßige Fehden.

Seit germanischer Zeit sind diese Privatkriege zwischen Freien, zum Teil aus nichtigem Anlass, gesellschaftlich anerkannt – auch wenn die Kirche und die Könige immer wieder versuchten, sie einzuschränken. Das ausufernde Fehdewesen und die Sicherung der Städte verschlangen Unsummen. Im Kölner Haushalt von 1379, einem Friedensjahr, waren 82 Prozent aller Ausgaben für die Verteidigung vorgesehen. 1449 stand Nürnberg unter anderem mit 27 Fürsten und 40 Grafen in Fehde. Kein Wunder, dass sich gerade die Städte zu Städtebünden wie dem Schwäbischen Bund zusammenschlossen, um Frieden und Sicherheit auf den Straßen zu garantieren.

Erst auf dem Wormser Reichstag 1495 wurde die Fehde verboten. Durchgesetzt hatte das vor allem der Mainzer Erzbischof, weniger Kaiser Maximilian I. (1459 – 1519), der zum Beispiel lange bei Götz von Berlichingens Aktivitäten ein Auge zudrückte. Doch auch wenn sich in Gegenden mit vielen Rittern wie in Franken oder Schwaben das Verbot gegen den energischen Protest der Ritter anfangs nur schwer durchsetzen ließ, letztlich musste auch ein »Fehde-Fan« wie Götz Urfehde schwören, das heißt: zusichern, dass er in Zukunft auf weitere Fehden verzichten werde.

Der Habsburger Maximilian I. gilt zurecht als »der letzte Ritter«, interessierte er sich doch nicht nur für höfische Literatur und Kunst, sondern nahm auch selbst an Turnieren teil. Er träumte sogar von einem neuen Kreuzzug. Andererseits war er Realist genug, um das Heer zu reorganisieren. Der Schwerpunkt lag nun auf den Fußtruppen der Landsknechte. Ihr Führer wurde der Schwabe Georg von Frundsberg, den Maximilian I. zum Ritter schlug. Persönlich kümmerte sich der Kaiser um die Ausrüstung mit modernen Waffen, die Geschützgießereien in Mühlau bei Innsbruck lieferten. Er kombinierte so eine große Begeisterung für das Rittertum mit einer modernen Rationalität.

Nur wenige Ritter konnten sich mit der neuen Zeit so problemlos arrangieren. Die aufstrebenden Städte verachteten sie. Ihre Rittergesellschaften pflegten eine standesgemäße Lebensart, gedachten der Toten, unterhielten eigene Schiedsgerichte und vertraten ihre Anliegen nach außen. Die erste bekannte Rittergesellschaft ist der vor 1331 am Niederrhein auftretende »Rote Ärmel«, die letzte die vor 1492 gegründete St.-Georgs-Gesellschaft. Vor allem aber entschieden diese Gesellschaften darüber, wer als Ritter anerkannt wurde und wer nicht. War das Rittertum vom 10. bis 12. Jahrhundert eine Möglichkeit des sozialen Aufstiegs, so war es damit ab der Mitte des 13. Jahrhunderts vorbei. Wer jetzt nicht dazugehörte, blieb außen vor.

Auch wenn die Ritter ab dem 16. Jahrhundert als Einzelkämpfer keine Rolle mehr spielten, als Hofräte, Minister oder Offiziere hatten sie oft noch lange angesehene, gut bezahlte Aufgaben. Bis zum Ende des alten Reichs konnte die exklusive Gruppe der freien Reichsritter, die nur dem Kaiser unterstellt waren, ihre Souveränität behaupten. Erst mit dem Reichsdeputationshauptschluss (1806) verloren sie ihre Herrschaftsrechte.

Peter Bräunlein

Wallarmbrust des 15. Jahrhunderts
Diese schweren Armbrüste wurden auf die Mauer aufgelegt und zur Verteidigung bei Belagerungen verwendet.
Danebene: Armbrustbolzen, Pfeilähnliches Geschoss aus Metall oder Holz.

Perkussionspistole des 19. Jahrhunderts.